"十四五"职业教育规划教材

新媒体运营与推广方法研究

许文君 等 编著

上海远东出版社

图书在版编目(CIP)数据

新媒体运营与推广方法研究 / 许文君等编著. —上
海：上海远东出版社,2021
ISBN 978 - 7 - 5476 - 1747 - 2

Ⅰ.①新… Ⅱ.①许… Ⅲ.①传播媒介−运营管理−
研究 Ⅳ.①G206.2

中国版本图书馆 CIP 数据核字(2021)第 187174 号

责任编辑　程云琦　刘思敏
封面设计　徐羽情

新媒体运营与推广方法研究
许文君　等　编著

出　　版　**上海遠東出版社**
　　　　　　(201101　上海市闵行区号景路 159 弄 C 座)
发　　行　上海人民出版社发行中心
印　　刷　上海中华印刷有限公司
开　　本　710×1000　1/16
印　　张　16.25
字　　数　274,000
版　　次　2021 年 11 月第 1 版
印　　次　2021 年 11 月第 1 次印刷
ISBN 978 - 7 - 5476 - 1747 - 2/G・1117
定　　价　68.00 元

致谢与编写说明

本书由许文君统筹。八个章节理论部分由许文君、郑雅心、卫婷婷编写，书中涉及的新媒体主播实践和变现模式案例部分由郑雅心编写，新媒体内容推广、电商运营案例部分由卫婷婷编写。最后由许文君汇编成书。

上海大学生文创实践基地（影视与新媒体）
上海电影艺术职业学院影视制作学院
2021 年 11 月

前　言

　　早在"互联网+"一词出现在"两会"的政府报告之前,"互联网思维""移动互联网""大数据""云计算""跨界""O2O"等与互联网相关的词汇就已经相当火,而2014年、2015年中国的互联网相关行业更是"大动作"不断。互联网的发展已经使人们的生活方式发生了深刻变化,人们能接触到的信息越来越多,以往信息不对称的现象已经逐渐不复存在。而事实上,从传统媒体到新媒体,信息的载体——媒体的发展也是永不停歇的。那么,在这样一个剧烈变革的时代,面对这样一个炙手可热的领域,我们应该怎样理解新媒体? 如何探索新媒体平台的盈利模式? 怎样投入新媒体运营的实战当中? 是做内容还是求利润? 是发展广告还是积累粉丝? 是坚持原创还是随大流? 传统媒体人又该如何实现新媒体时代的战略转型呢? 本书给出了深入思考。

　　本书共八章内容,分别从新媒体及其运营概论、新媒体运营的变现模式、新媒体运营模式、大数据与新媒体运营、"互联网+"时代的新媒体运营、未来媒体运营设想(内容平台)、新媒体的传播推广、新媒体推广策略研究与实例分析等多个方面系统详细地分析了新媒体运营与推广的方法。希望能对读者有所帮助。

目　　录

第一章　新媒体与新媒体运营

目前,绝大多数主流传统媒体都开始尝试涉足新媒体运营,但无论是自主创建门户网站、运营公众号、开发客户端,还是与新媒体运营商进行合作,都没有真正将原有业务与新媒体全面融合。在信息传播渠道方面体现为二者并行。

第一节　新媒体与传统媒体

新媒体同传统媒体的关系是传媒业界关心的重点,也是新闻传播学术界高度关注的重要问题。社会普遍认为,新媒体的出现影响最大、改变最多的就是传统媒体。一般而言,传统媒体指期刊、报纸、电台、电视这几种形式,有时也会扩大范围,将图书、唱片、电影等包括在内。人们认为,互联网、手机、车载移动电视、楼宇电视等新媒体传播样式改变了受众的媒介接触行为,对传统媒体领域产生了深远影响。一方面,新媒体冲击和蚕食了传统媒体的传播领域,对传统媒体产生了巨大影响;另一方面,新媒体也为传统媒体的发展带来了机遇。

一、新媒体的冲击效应

(一)颠覆话语权利

在传统时期,报刊广电等媒体牢牢地掌握了社会的话语权。任何人想要广泛传播信息、营造或影响舆论,必须通过大众媒体。新闻工作者"无冕之王"的美称也来自传统媒体对社会的广泛影响。这种对社会舆论、社会公众的巨大影响,在新媒体时代发生了巨大改变。新媒体的出现对传统媒体的冲击,首要体现即是对传统媒体的话语垄断产生了强烈冲击,媒体生态的传播权、话语权得以重塑。

传统媒体的信息生产传播是以传播者为起点,接收者为终点,是一种线性传播。这种传播模式是少数人对多数人的传播,信息生产的话语权掌握在少数媒体精英手里,他们设置社会话题、引导舆论走向、控制信息类型、垄断传播渠道。

而互联网及新媒体的出现,使普通信息接收者也能够进行信息发布,并且可以不通过传统媒体发布信息,就达到影响社会、引导舆论的作用。这样,新媒体为社会公众提供了话语平台,同时也赋予了公众话语权。草根的话语表达虽然往往有庞杂性、纷繁性、多变性的特点,但也体现了当代社会的基本价值观念,形成了社会主流价值观的传播。

新媒体对传统媒体的冲击除了体现在传播渠道和方式的改变外,还体现在对传统媒体的内容生产造成了一定的冲击。新媒体的内容生产不再遵循固有的传统思维逻辑,内容生产拥有了很大的自主性,并且更加贴近平民的趣味和喜好,更加符合普通民众的眼光和价值。如新媒体中"标题党"现象更加严重,这是因为在一定意义上,新媒体本身就是一个视觉性的媒体。要在五花八门的信息中更多地吸引大家的注意,"争抢眼球"就得更加显眼、更加"出众",甚至哗众取宠。有一个抢眼的标题,吸引人点击观看,就算成功,至于内容,难免会发生不过如此、文不对题、错漏百出的问题。

新媒体是制造碎片化阅读、微传播内容的行家。从这一层面上,它冲击了传统媒体的深度报道,限制了内容生产的深度性。新媒体的出现降低了传统媒体的内容生产能力。一方面,新媒体掠夺了传统媒体的内容资源。新媒体传播的门槛与成本都比较低,随意引用传统媒体的内容,导致传统媒体的内容资源逐步流向新媒体。另一方面,新媒体重构了传统媒体的内容价值,不再讲究舆论的引导,也不再看重媒体的责任,这也引致社会的一些批评和担忧。

(二) 解构把关角色

在传统媒体时期,"把关人"(Gatekeeper)是非常重要的概念,它涉及新闻的选择与判断,关系着新闻价值的选择。"把关人"又称"守门人",是指那些在新闻媒介系统中居于决断性的关键位置,既可以指个人,如信源、记者、编辑等,也可以指媒介组织,如报社、电视台等。他们依据既有的价值倾向或者经验对信息进行筛选和过滤,保证传播给受众的信息是"正确"及"适当"的。而新媒体时代,传统媒体"把关人"的角色遭到了颠覆和解构。信息传播的自由度得到了空前解放,信息传播容易带有感性色彩,助长非理性思潮的泛滥。其表现在社会层面,则是极端性、冲突性以及情绪性的舆论容易制造各种事端,甚至引发暴力。

(三) 重构广告产业

广告是传统媒体生存发展的重要依仗,一般来说,一个没有可靠财政来源的媒体,每年吸纳的广告费如果低于全年经费支出的 50% 就很容易面临财政问题。发展态势越好的媒体,广告的吸纳能力、吸纳比例也越好。随着新媒体的迅猛发展,新媒体成为广告的新载体,瓜分了传统媒体的市场份额,传统媒体的影响力降低后,广告的吸纳能力也随之降低,然后进入恶性循环。对于受众而言,传统媒体的广告是强迫式的,而新媒体广告是软性的。对于广告主而言,传统媒体的广告像农田的漫灌,片面追求覆盖面,费用高、效率低;而新媒体的广告总体费用低,而且投放精准,效率大大提高。这种结果导致越来越多的广告主把广告投放的重心转移到新媒体领域,这对传统媒体来说无疑是雪上加霜。

二、传统媒体的转型升级

新媒体打破了传统媒体的生存格局,对传统媒体的发展带来了巨大挑战,但传统媒体并未宣告死亡而从此退出历史舞台。反之,传统媒体利用自身巨大优势,直面新局,积极应对。近年来,传统媒体提出了多种主张,力图采取措施以多种方式进行自我改变,来适应新媒体时期的不同要求。传统媒体根据自身优势和特点,主要抓住内容、渠道、终端三个方面,主动向新媒体延展,力图打造出跨界与混搭的新媒体样式。传统媒体希望与新媒体以"媒介融合"为核心,实施全面转型升级,开创全媒体发展的新战略。

(一) 广播电视: 社交化之路

"媒介融合"是近年来传媒界频繁使用的一个词语。1978 年美国著名媒介学者尼葛洛庞帝(Nicholas Negroponte)提出"媒介融合"的概念,并对计算机网络、出版业和广电业未来的融合作出了判断。如今,这一个预见已经成了千真万确的事实。在"媒介融合"不断推进的情况下,"三网融合"的主张被不断强化,即电信网、广播电视网和互联网的融合。

三网本来是三个不同形态的、为了自身发展需要而兴建的网络系统,兴建之初三者之间并没有直接关系。但是网络和新媒体的发展改变了这一切,在新媒体的冲击下,电视也需要"上网",具体做法是:借助"媒介融合"的力量,将社交网络(推特、脸书、微信等)的主动体验和电视的被动观看进行有机结合,让它们进行无缝连接,从而形成"社交电视"。"社交电视"是"能够在看电视的情境下支援传播及社交互动的任何技术,并包含能够研究电视相关的社交行为装置及网络",表现为人们"拿着平板看电视"或"拿着手机看电视"。也有厂商力图发展出智能化的电视机,通过电视可以有效连接网络,实现网络功能与电视节目观看的有机统一。

"社交电视"是通过社交平台或社交终端来实现电视内容的社交化。在互联网终端的支持下,互联网与电视等视频内容的提供方相互合作,可为用户提供电视签到,而且可以把签到的状态分享、传播至第三方平台。"社交电视"在依托多种技术终端的同时,重构了用户的消费体验,改变了用户看电视的习惯。"社交电视"是一条完整的产业链。在"社交电视"铸就的产业链上,内容提供商、平台运营商以及广告主都起到了关键作用。

(二) 报业:融合式生存

面对新媒体的冲击,报纸是最早意识到危机并力图改变的传统媒体。在"媒介融合时代"来临的同时,"纸媒贬值论""纸媒边缘论""报纸消亡论"不绝于耳。2005年菲利普·迈耶(Philip Meyer)在《正在消失的报纸:如何拯救信息时代的新闻业》一书中说:"30多年来,新闻报纸一直以缓慢却稳定的速度丧失着读者。"

报纸面临的挑战很多,主要有报纸销量下降、报纸读者减少、面临数字化困境。也有学者认为,报纸媒体独有的物理及传播特性是其他媒体无法替代的。第一,报纸仍然具有权威性。第二,报纸具有史料性。第三,报纸具有思想性。第四,报纸具有地域性。报纸的这些特性很大程度上来自其历史惯性,习惯阅读报纸的读者不愿意迅速改变自身的习惯。老读者可以使报纸继续存在,但报纸不能面对自己成为老年用品并最终消失的现象坐视不管。让青年一代养成读报的习惯是报纸需要关注的头等大事,出路是网络,具体做法为数字化。

为了促进报业的数字化发展,报业在多年实践中总结出以下几条准则:①发挥报业优势,坚持内容为王。②满足读者需求,坚持受众为本。③提高社会影响,打造品牌价值。④积极转型升级,坚持媒介融合。"媒介融合"促进了新闻传播业务的全面变革,产生了"融合新闻",又称为"多样化新闻",它是当前新闻传播领域的主流。

(三) 期刊:数字化发展

美国学者道琼斯的"波纹理论"从整体上提出了信息资源管理的理念,"一个新闻事件发生,就像一块石头投进水里,会产生很多波纹,一个波纹一个波纹地扩散开,影响面会迅速放大。道琼斯可以把这个新闻通过道琼斯通讯社、《华尔街日报》(网络版)、CNBC电视频道、道琼斯广播、《华尔街日报》等七种不同的媒体卖七次"。

如我国的《家庭》杂志,通过互联网多个载体进行转载传播,在资源共享的基础上较为成功地利用不同类型媒介的内容差异生产出个性化的产品来满足不同受众的需求。它有手机版、多媒体版、语音版、网络版、博客版,可实现信息资源的全方位挖掘和价值的再传播、再利用。在实践新闻"波纹理论"的基础上,新闻产品链也由此形成。

从某些方面看,新媒体为期刊的发展提供了难得的机遇。数字技术的发展为跨媒介之间的融合、合作提供了技术支撑和保障。数字技术能够"借助专门的设备将各种信息片断,包括视频、文字以及声音等转化为电子计算机所能够识别的二进制数字,通过在网上处理、传送和压缩,打破了以往不同传媒之间的技术阻碍而被整合成为单一媒介"。在此语境下,"媒介融合"可以进行各种形态的信息传播,报纸、期刊、网络、广播电视等媒介互相渗透与联动。麦克卢汉(Marshall McLuhan)也早已预见到"媒介融合"的这种混杂特性,他把它称为一种"内战",其中"媒介的交错或混杂释放出新的巨大的力量和能量,如同核裂变、核聚变产生的一般"。

可见,跨媒介间的这种"杂交"力量是惊人的。数字化期刊是媒介融合的典型产物,它是传统期刊形式的大解放,是音频、视频、数码图片、文字符号等多媒介形式和资源的整合,成为"一切媒介的延伸"。

"媒介融合"引发连锁反应将促使"大媒体"经营理念的产生。在"大媒体"产业时代,产业结构转型的动力来自产业融合,整个传媒业需要在一个新的更高的层次上进行融合、重组。从全社会层面看,媒介产业融合是次新型的产业革命,它不仅会改变传统的媒介产业结构,其资源配置、整合方式也必然会发生结构性变化,形成新的经济增长点。

数字化期刊是一种信息产业的经营和延伸。期刊产业突破原有形态束缚后,正在向其他传统产业渗透,即把其他产业的信息资源整合成数字期刊的产品和服务,把内容、包装、传送和终端紧密结合起来。有学者认为:"准确地说,我们传统媒体在未来的定位应该是内容的经营者。不单单呈现内容,还要经营内容。不单单有资源,还要把这个资源变成一个产品,变成产品以后,要把它经营好。经营的话,不单单是销售的问题,还要有多种产品的开发,多种开发的销售,然后实现我们复合性的生活。"数字化期刊走向产业化、集团化和品牌化是必然发展趋势。它由单一产品发展为多介质、多媒体产品并利用品牌优势资源向相关产业延伸。"融合新闻"的发展,有演变成一种独立运行、流程完整、操作规范的新闻生产模式的可能。

三、"媒介融合":传统媒体的最终选择

尼葛洛庞帝在《媒体实验室:在麻省理工学院创造未来》一书中描绘了"媒介融合"的蓝图。他用三个圆圈来描述计算机、印刷和广播三者的技术边界,认为三个圆圈的交叉处将成为成长最快、创新最多的领域,并且这三个圆圈呈现出叠加和重合的发展趋势。在他看来,"媒介融合"是在计算机技术和网络技术二者融合的基础上用一种终端和网络来传输数字形态的信息,由此带来不同媒体之间的互换性和互联性。美国佛罗里达州坦帕市(Tampa)"媒体综合集团"(Media General)的经典案例,从真正意义上迈出了"媒介融合"的跨时代步伐。

(一)"媒介融合"的界定

对于"媒介融合"概念的界定至今没有定论,比较具有代表性的是美国新闻学会媒介研究中心主任纳齐森(Andrew Nachison)的观点。他认为"媒介融合"是指:"印刷的、音频的、互动性数字媒体组织之间的战略的、操作的、文化的联盟。"此定义更多是指各个媒介之间的合作和联盟。我国学者许颖发现,"媒介融合"是分层次、分阶段进行的。第一层次是媒介互动,即媒体战术性融合;第二层次是媒介整合,即媒体组织结构性融合;第三层次是媒介大融合,即不同媒介形态集中到一个多媒体数字平台上。

有学者对"媒介融合"进行了分类。学者戴默等人提出了"融合连续统体"的概念,界定了"融合新闻"的几种模式,包括交互推广、克隆、合竞、内容分享和融合五个方面。还有学者把"媒介融合"界定为一种能力。美国堪萨斯大学新闻和传播学院的甘特认为它是"一种可以通过报纸、电视、广播、网络、个人数字助理以及其他一切可能出现的信息平台进行信息传递、广告售卖的能力"。学者宋昭勋曾经对"融合"一词的演进历史进行过梳理,认为在不同传播语境下该词可以表达多种不同含义,即媒体科技融合、媒体所有权合并、媒体战术性联合、媒体组织结构性融合、新闻采访技能融合和新闻叙事形式融合。

"媒介融合"是在传统媒体与新媒体从对立碰撞转向合作依存的背景下提出的,加上媒介市场的不断细分、社会阶层的分化、受众的"碎片化"、新媒介形式层

出不穷、媒介终端功能日益强大、跨媒体所有权成为可能等因素,促使"媒介融合"成为不可逆转的潮流。"媒介融合"是在数字技术、网络技术等传媒技术的基础上,以受众需求为导向,从整体上打破传统传媒业的边缘,凸显个性媒介的优势,实现立体式传播效果的演变过程。

(二) 传媒从业人员的融合媒介素养

"媒介融合"极大地改变了媒介生态,导致媒介文化的重构与整合,人们也趋向于适应更加混合、多样化的文化生存模式。同时,"媒介融合"重新整合了新闻与传播业务,建构了新的传播模式和采编流程。传统媒体同新媒体的融合协作,不断充实、更新与优化新闻和信息内容,促使大量优质内容的生成与共享。而这个过程也对编辑、记者等传媒从业人员的媒介素养提出了更高的要求。

跟传统媒体的媒介素养相比,"媒介融合"时期的媒介素养具有"双向沟通"和"去中心化"等基本特征。对记者而言,"媒介融合"的结果要求他们不仅仅是单纯的报刊、广播或电视记者,而是综合性的信息采编者,"媒介融合"为记者提供了充分施展才能的机会。媒体形态的多样化使他们有了更多的选择平台,记者需要成为能在跨媒介、跨平台中承担不同工作的全能型记者,需要以多媒体融合的技能完成新闻事实的采集与表达。

对数字编辑而言,"融合媒体"下的编辑思维是极为复杂的。媒介编辑的思维是多种思维方法相互结合、补充的产物,也是发散性与聚合性、线性与非线性、静态与动态等思维方式的融合。对期刊编辑而言,由于媒介融合带来的不同媒介内容的流动和相互整合,传统媒体单向的"议程设置"变为了双向互动,"议程"开始更多从网络媒体向传统期刊媒体"溢散",因而编辑要善于通过对文稿的选择、版面的优化、"超链接"运用信息检索、网络论坛等方式来有效地设置媒介议程,满足公众的信息及内容需求。

此外,编辑内部以及和其他团队之间的合作变得更加重要,在内容和形式方面,都要适应融合媒体时期的要求,要有多向思维、独特视角和新颖创意。融合媒体时代的合作不仅是记者编辑的合作,也不仅是作者、读者、广告、发行等相关人员的密切协作,而是要与社会和市场紧密联系,不断地碰撞、协商和适应。

总之,今后的融合媒体必然更加个性化、精准化。如果"内容决定论"继续成为新媒体时期媒介信息生产的基本规则,"以编辑为中心"就仍然是媒体运作的主要模式,编辑对浩如烟海的信息进行过滤、聚合和整合,以实现对新闻资源的最大优化。无论是记者还是编辑,都要在大文化、跨学科视野中拥有"大编辑"全方位、立体式的思维方式,充分利用"大媒体"、多媒体传播手段和渠道,生产出极具多样化和个性化的优质新闻产品。

四、我国传统媒体与网络新媒体融合的探索

1995年10月20日,中国传统媒体《中国贸易报》最早触网。1996年,广东南海音乐台、广东人民广播电台等率先开办了网上节目,1997年在网上连续48小时直播香港政权交接仪式。同年,中央电视台通过网上视频开始播出部分节目。1998年12月31日,上海电视台与中央电视台合作,首开大型活动网上视频直播的先河,但由于带宽的限制,当时能够欣赏到网络直播的网民寥寥无几。网上广播到1999年后才在互联网络上崭露头角。到2002年底,全国有近200家广播电台在互联网络上开办了网络电台或实现广播节目网络播出。报纸、杂志、广播电台、电视台纷纷上网,形成了中国网络媒体发展的初级阶段。

传统媒体一直在努力与网络融合,从初始没有独立域名的网站、文字单一的信息、没有多媒体呈现、不能定时更新、信息缺少交互、无数据查询功能,到后来广泛采用独立域名、使用多媒体信息、定时更新、增强网络交互、网络媒体品牌化和独立性逐步突出,甚至融入网络多种服务功能,传统媒体的挣扎不可谓不剧烈,但随着时间的推移,大家发现无论是在被关注度、传播影响力,抑或在广告经营等方面,很多传统媒体的网络化尝试都不同程度地陷入了困境。大量的报纸关停,不少电视台栏目停播。传统媒体从业人员流向网络新媒体。人才流失进一步加大了传统媒体数字化转型的难度。

2010年后,移动互联网迅速崛起,面对来势汹汹的新媒体浪潮,传统媒体在微博、微信和新闻App兴起之际,纷纷上马这"两微一端"的标配,以此作为自身的"新媒体装备",甚至一个媒体可能有多达数十个微信公众号。但其核心发展思路还是"传统媒体为体,新媒体为用",而在这种思路指导下的媒体转型是治标不治本的"+互联网"行为。我们可以做一个对比,截至2013年3月,《南方都市报》新闻App有11万的用户量,而2013年5月腾讯新闻App的装机量却是2个亿。传统媒体新闻客户端走的是"内容驱动"路线,网络媒体新闻客户端走的是"技术驱动"路线。"酒香也怕巷子深",没有传输的渠道,优质的内容难以传达给受众。如腾讯、新浪、搜狐、网易、今日头条等,以网络技术为核心支撑的商业网络公司对媒体传播业务的介入结果要远远优于传统媒体对网络新媒体的拥抱。

仔细思考,商业网络公司对传统媒体施以影响可分成三大阶段:

第一阶段是网络这种全新传播介质出现,数字化、即时传播和海量链接、利用网络"去中心化"的技术影响了传统媒体的垄断地位,但由于商业网络公司没有新闻采访权,所以它们还得向传统媒体支付费用以获取一手内容的版权,这个阶段传统媒体的主流地位还是不容置疑的。

可是,随着第二阶段网络公司大量的 UGC 出现,它们冲击着核心内容生产业务,实现了功能价值上的替代,传统媒体的客户折服于新媒体,广告被分流到了新媒体,传统媒体的商业模式根基受到动摇,"泛媒化"直接影响市场份额。

第三阶段由于智能终端设备在大众中的普及,碎片化时间的力量最大限度地发挥出来,商业网络公司对传统媒体的依赖持续减弱,甚至于彻底"脱媒化",这是颠覆性的改变。传统媒体跟网络新媒体的融合不是在原有模式基础上画延长线,而是把互联网作为基础,当运营的基本逻辑,所有的内容生产、营销行为都要考虑网络的规则与机制。传统媒体更需要依靠多年积累而来的影响力、独特的新闻视角和鞭辟入里的新闻解读能力,保持并突出自身专业内容和原创优势。同时,还要适应新环境下用户需求的变化和多元化的特点,转变内容运营的思维,实现从传统的新闻思维到以产品思维、服务思维、数据思维和互动思维为中心,才有可能在与新媒体的竞争中争得一席之地。

第二节　新媒体的发展趋势与优势分析

一、新媒体的发展趋势

新媒体的出现与发展会对传统媒体造成较大的冲击,它不仅改变了媒介形态,甚至对信息传播的范围、速度及人们接收信息的方式都产生了一定的影响。在新媒体飞速发展的同时,传统媒体也做出了相应的改变,开始谋求共同发展,由此呈现出了"媒介融合"的趋势,出现了网络电视等,以此可以看出,传统媒体也在积极发掘 5G 与网络市场。即便如此,新媒体——网络与手机媒体的出现依然会对传统媒体带来较大的冲击。

参照中国互联网信息中心在 2020 年 3 月发布的调查结果表明,我国网民人数规模已达 9.04 亿。较 2018 年底增长 7 508 万,习惯使用手机上网的网民的比例约为 99.3％,其中青少年占了很大的比例,同时,青少年网民选用台式机上网的比例有所下降。由此可以看出,手机已然成为中国青少年首选的上网工具。同样,由中国互联网信息中心在 2020 年 4 月发布的报告显示,截止到 2020 年 3 月,我国网络视频用户规模人数约为 8.5 亿,其中,"抖音""快手"等短视频平台逐渐成为网络视频主流,传统电视视频所占比例逐步下滑,很多网友表示手机端短视频已经成为生活中的必需品。

由此可见,随着互联网的迅速发展,5G 时代的到来,人们越来越离不开新媒体所带来的便捷和足以改变人们生活方式的丰富内容。互联网时代必然会给人们带来巨大的时代机遇,同时也承载着前所未有的挑战。如何正确看待新媒体,把握机遇抓住新媒体优势,让它服务于社会成为我们必须要面对的社会话题。

二、新媒体发展的优势

(一)不断增长的信息数量

新媒体同传统媒体相对比,拥有着海量的信息内容,而互联网技术又为如此庞大的信息量节约了存储空间。正因如此,网络媒体得到了迅速发展,从而成了与传统媒体相抗衡的新媒体。新媒体承载着巨大的信息量,在为我们的日常生活提供了极大便利的同时,也提高了我们的办事效率;另外还有助于缩小不同国家的人民之间的距离,使得"地球村"不再只是空谈。

(二)不断加强的舆论监督

新闻媒体自身所承担的一项最为重要的社会功能即舆论监督功能。伴随着新媒体的普及,新闻媒体的舆论监督功能也得到了相应的增强,促使信息的传播体现出了高效性与及时性的特征。一般情况下,传统媒体除了对重大事件以外,是某一事件进行长期追踪报道的,而新媒体碍于自身传播方式的特殊性,会使传播效果获得较强的穿透性。

(三)提高了受众的参与性

新媒体的特点之一即是其具备较强的交互性,媒体与受众群体可以起到相互影响的作用。传统媒体却与此不同,主要依靠单向传播,经常会带有"宣传"的目的,难以与受众人群进行即时沟通。不过,新媒体在向受众群体传播信息时,可以同时收获人们所给予的反馈,以此实现新闻的"传播"功能。长此以往,受众偏好的新闻风格、价值观念等,都会促使媒体的报道风格发生改变。正是由于新媒体的出现,才能为普通受众提供一个可以表达自身看法的机会与平台,以期提高受众的参与性。

(四) 改变了传播方式

以往,传统媒体是受到时间与空间限制的线性传播。传统媒体在传播方式方面分别展现出了优势与劣势,优势为报纸等传统媒体较易保存、且便于携带、可以对事件进行富有深刻性的评价,但其所能传递的信息量也有限,时效性差强人意,此乃劣势。新媒体却与此不同,可以打破时间与空间的限制,促使媒体与受众实现零距离接触。并且,新媒体既能帮助受众阅览报纸、书籍等,又可使受众观看各类视频与图片。新媒体在信息传播方面拥有着较好的实效性,具体表现为:虽然现在的电视媒体可以使用"直播"技术,但是其在遇到普通或一般突发性事件时,仍然需要沿用"采播"模式才能将信息传递给观众,可是,新媒体却可以在事件发生的第一时间内播出信息,这方面的时效性要明显强于电视、广播等传统媒体。

第三节　新媒体运营概述

一、新媒体用户运营

(一) 用户思维的内涵

用户思维是指以用户体验为中心,让用户在产品或服务使用过程中更好地实现个人价值的思维方式,即生产者与消费者的关系倒转。换言之,就是将自己代入到用户的角色当中,把自己当作产品用户的一员,从用户的角度来思考问题,通过深入的分析,结合用户的需求来设计产品、生产内容、策划活动、推广方式等。这样才能真正做到急用户所急、想用户所想、被用户所需。

小到上美团团购个套餐,大到去医院挂个号,都有消费者评价系统。好的评价就意味着好的口碑,好的口碑象征着好的用户体验,而好的用户体验直接影响到了品牌的形象和美观度。用户思维是新媒体运营,尤其是自媒体领域的核心不仅要让用户感兴趣,还要让用户看得痛快、用得痛快,在看完用完后还能成为你的粉丝,这是用户思维关注的问题。

（二）抓住用户"痛点"

如何抓住用户的"痛点"是用户思维的关键。一切产品和服务都离不开这一点：了解用户的内心。这也就是说，运营者需要比用户更了解用户自己，赋予用户强烈的价值感，让用户成为产品的粉丝。因此，一旦抓住了这个点，便有了和用户进行互动的切入点，有了和用户建立良好关系的"通行证"。很多新媒体输出虽不像家用电器、服装等能直接服务于用户，满足他们的物质需求，但却能满足他们对新生事物的求知欲、了解资讯等一系列精神需求。只有深入了解用户的"痛苦"，才能给予用户最直接的好处。此刻，产品、情怀都是工具，而服务则更是工具。其实用户并不会太关注你是什么产品，更关注的是你能够带给他们什么样的好处。抓住用户的感觉，让用户觉得新颖、有趣、好玩，是新媒体人必须面对的问题。

（三）提高"用户黏性"

"用户黏性"是指用户对于品牌或产品的忠诚度、信任度、依赖度以及对再消费的期望度。有学者将其定义为吸引和保留消费者的能力，是在互联网上表现用户和服务者之间某种关系的强度指标，类似于传统媒体所指的"忠实读者""忠实观众"，但多了一种服务意识，更趋向于平等。"用户黏性"的衡量标准主要体现在两个维度：

一是使用频率，互动深度。如 App 是否经常被打开，用户是否深入其中；公众号是否经常被打开阅读，用户是否有互动等。

二是稳定性。稳定性是指用户是否会长期使用此产品，是否会迁徙到其他竞争产品当中去等。

影响"用户黏性"的一个必不可少的因素就是：建立在真实的需求之上，而且需求越大越好，越硬越好。除了真实的需求外，还要求产品真正有用。如外卖订餐 App 就是为了满足单位没有食堂的办公人员希望吃上优质便捷的午餐的需求，这是上班族的真实需求，也是硬需求。但是，如果无法保证服务质量，出现了饭菜不好吃、等待时间长等问题，那就无法真正满足用户的需求，自然也无法产生"用户黏性"。

所以，另一个必要的因素是真正有用，能解决问题。不仅能满足真实需求而且还真正有用，那么一般来讲就能够产生价值。然而在当今市场激烈竞争的大环境下，有价值不一定就能产生黏性。市场是巨大的，不免会出现替代产品，这里有两个因素值得注意：转换成本和可替代性。其中的转换成本是指新媒体用户离开产品时所要承担的损失。用户一旦选择了使用其他平台的产品，那么所要面临的是损失了在原有平台上付出的时间精力金钱以及积累的成果，其中最具影响力的是用户付出的社交成本和培养的习惯。如果产品转换成本低，就很难形成较高的黏性，因为当用户发现更好的产品时，就会毫不犹豫地离开。因此，要提高新媒体用户的转换成本，增强"用户黏性"，就必须注重培养用户的消费习惯甚至是生活方式，并且让用户与其他用户之间建立起深厚的关系。

与此同时，从新媒体运营者的角度来讲，提高"用户黏性"，也可以在感性方面做文章。利用"情怀"等多种因素，建立起用户与产品之间的情感联系，提升产品的社会价值，这样对于提高"用户黏性"同样有较为显著的效果。

二、新媒体内容运营

（一）加强政府监管工作，提升信息的公信力

通过新媒体发展趋势图来看，对辟谣类与数据分析认可的网民大约占据33％左右，网民希望在新媒体平台上看到真实的信息内容。目前，我国对新媒体产业管控比较严格，但是仍然存在监管力度不强与预计不足等问题，从而对行政管理部门提出了更高的要求与挑战。想要实现对新媒体行业的监管职能。首先要建立健全的法律法规体系。2017 年，国家出台的相关规定中明确了跟帖评论的权限，规定跟帖服务提供者要对用户真实信息进行核对，未得到真实身份认证的用户禁止跟帖评论与转发。由于政府部门加大了监管力度，从而遏制了有害信息的传播。近几年，随着新媒体技术与运营服务的全面升级与改革，政府监管部门要适当调整监管力度，对新时期新媒体领域存在的问题进行全面分析与解决。

（二）创新内容形式，提升市场核心竞争力

新媒体运营过程中要注重运营思维创新与内容创新，结合新时期发展特点，通过深度调查与分析，提出鲜明的观点，从而找到适合自身的运营模式与发展模式。在运营模式创新中，可以通过跨企业合作的方式实现资源的共享与互换，充分运用各类新媒体传播平台的优势获取更多权威性信息内容，从而更新传播模式，促进经济效益与社会效益的统一发展。

除此之外，要结合大数据分析技术进行新媒体运营，通过分析结果作为参考

依据,分析用户的兴趣爱好与浏览习惯,从而精准地推送信息内容,通过这样的方式锁定目标受众群体,逐渐提升市场竞争力。也就是说,新媒体产业发展要遵循差异化原则,在逐渐发展过程中进行总结与分析,从而形成与自身发展相匹配的运营模式,最终提升在市场上的核心竞争力。

(三) 严格做好内容把控工作,促进行业健康发展

首先,提高内容发布的门槛,增加实名认证环节,全面控制发布者的信息传播情况,有效控制信息传播源头,将低俗、违法等不健康信息及时删除,阻止二次传播。对信息内容的发布者要进行专业知识教育,针对一些网红要进行正能量传播教育,从而提高个人素质,积极引导他们发布正向健康的信息,远离网络谣言与虚假信息。

其次,面向受众群体要及时传播准确与客观的信息内容,以免公众未能及时了解事情真相而出现恐慌情绪。新媒体把控人员可以设置专门的网络版块,及时发布权威信息来辟谣,并且在网络上普及网络公德意识,引导人们正确处理网络信息内容。

最后,要完善新媒体审核技术应用。新媒体平台每天产生海量的信息内容,如果仅仅依靠人工审核无法及时跟进与解决,此时就需要人工智能技术的应用。例如,可以通过人工智能手段,针对文章中的关键字、敏感词进行屏蔽,所以内容制作者与编辑者只需要避开这些关键字就可以控制不良内容。同时审核人员在处理人工智能标记的文章后,会学习工作人员的处理方式,从而提升审核工作的效率与能力。

三、新媒体活动运营

(一) 确立活动主题

活动主题是针对活动对象的,它主要的目标是快速吸引活动对象的注意以及清晰地展现活动的内容。确立活动主题要分别从产品利益和用户需要两个方面分析。

首先,从产品利益出发,弄清楚用户到底追求什么产品利益。用户遇到了什么问题需要产品给他们帮助?产品利益中最具差异化或者说最亮眼的点是哪一个?通过这个维度可以找到我们活动主题中优先要体现的元素。

其次,理清目标对象的需求。策划的活动是对什么样的用户进行拉新、促

活、留存、转化？做好了人群细分，才能更好地设计主题的内容和表达方式。要明确目标用户的物质需求、生活需求、情感需求等各种需求。根据用户所在场景的不同，提炼出用户的需求，并根据用户的需求构思出活动方案。例如：世界杯猜球活动（积分猜球），用户的身份场景就是球迷，他们需求就是打赌、竞猜、助威。用户的核心需求映射出心理状态的变化，也是创意玩法的主干，活动运营人员要使用各种手法来牢牢抓住用户的心。

用户的心理需求分为深度心理需求和基础心理需求。深度心理需求包含：好奇心、虚荣心、好胜心、成就感、从众心理等等；基础心理需求包含：利益心理（优惠、奖品等）。例如拼购这种比较火的活动形式，其基础心理需求是优惠心理；集卡这种活动形式，其深度心理需求是成就感，基础心理需求是金钱诱惑。

（二）策划核心玩法

常见的即有创意又能实质落地的活动玩法

1. 抽奖

抽奖活动是网络线上活动中最为常见的，其特点是用户参与门槛低，中奖有一定的概率性，利用的是人们对未知事物的期待，大部分用户的参与意愿很高。这种类型的活动只要设置对于用户有一定的吸引力的奖品，并让用户相信活动能领到奖品，参与人数一般不会很低。

2. 竞猜

竞猜类活动经常出现在一些比赛、竞技类产品上，利用的是人们喜欢预知未来等心理特点。例如，世界杯期间很多竞猜活动就深受球迷们的喜爱，再加上有吸引力的奖品，很能鼓励用户积极参与。

3. 红包

红包活动是自微信平台开始流行，在用户群体中广受喜爱的一种形式。结合中国的文化，人们一直对红包赋予喜庆、吉利的意涵。红包活动的策划也是比较复杂和考验运营能力的，还有很多玩法创新，例如：新人红包、口令红包、语音红包，以及最近拼多多上热度很高的邀请朋友助力开红包。

4. 投票

投票活动是一个可以让用户自愿带来流量的活动，因为参与竞选的用户为了获得荣誉或者赢得奖励，一般会邀请好友帮忙投票。投票是公众号吸粉最快的一种活动，但是通常粉丝质量不高。常见类型有选美、优秀行业评比等。

5. 拼团砍价

拼团砍价是电商平台常用的活动促销手段,经过几年的演变也衍生出了很多新的玩法,如满减、限时特价、好友砍价等。

6. 新人有礼

新人有礼活动的目的是拉新,针对新注册的用户直接给予一些平台的奖励,鼓励新用户前来注册,并培养用户常登陆平台,熟悉产品常规功能的习惯。

第二章　新媒体运营的变现模式

新媒体变现有多种形式,本章在介绍了公域流量和私域流量的基础上,主要分析了品牌广告变现、知识付费变现和社群运营变现三种形式。

第一节　公域流量和私域流量

一、公域流量：历史与继承

任何营销概念的诞生都有其历史继承性,大多会带有之前一些概念的影子或者基因,毕竟在这个世界上绝大多数的创新是渐进性创新,那种颠覆性或者破坏性创新永远是少数。按照这一标准,公域流量的前身又是什么呢？回答这个问题还是需要回到公域流量(平台流量)的诞生地——电商,平台流量最大的特征就是垄断性,即电商平台掌握着一切有关流量的入口渠道,平台上的企业如果想接触到这些流量,一定要服从平台的分配与管理规则,甚至要以平台主导议定的价格来购买这些流量。

公域流量的两个基本特征即垄断性与付费。各位看着这两个特征是不是感觉有些眼熟？这分明就是以前媒介资源售卖的模式。在传统媒体时代,大众传媒掌握着触达用户注意力的主要流量渠道,因此很多企业只能通过大众传媒这个渠道来实现对用户注意力的触达,也就是互联网常说的导流。在这个模式中,大众传媒主导着流量的引入与分配,而且由于大众传媒本身的稀缺性,造成了事实上的流量垄断。讲到这里大家就明白了,公域流量(平台流量)其实走的就是以往大众传媒售卖媒介资源的老路,只不过在具体的产品类型、数量、迭代速度等方面完全超越后者。

企业在大众传媒时代面对流量的垄断是不是就束手无策了呢？当然不是,既然今天能够找到私域流量这种破局之路,那么以前也有相应的应对办法。这就是企业通过自身对于用户注意力接触点的体系化管理来实现对流量的自主引入与管理,比如企业线下门店的存在就具有重要的作用,7-11便利店的遍地开花使得它与用户的接触能够实现高频和随时随地,那么以门店为代表的线下渠道就成为企业可以自主掌握的流量获取途径,且是不用付费的,这一点和今天的私域流量并无多大差异。从这个角度来说,当下很火的线下渠道建设,某种程度上也是企业为了应对流量争夺格局日益严酷的一种自救。

二、私域流量的定义和特征

从公域、他域(平台、媒体渠道、合作伙伴等)引流到自己的私域(官网、客户名单),以及私域本身产生的流量即为私域流量。私域流量是可以进行二次以上链接、触达、发售等市场营销活动客户数据。私域流量和域名、商标、商誉一样属于企业私有的经营数字化资产。

获取私域流量有两条途径,从公域到私域,比如今天的广告投放,引导用户下载品牌App;或从私域到私域,比如线下门店会员扫码加入微信群。

私域运营的特点是从"流"量到"留"量,首先,在私域运营中,品牌直面消费者,直接触达用户,与用户建立联系,如此建立依赖性,降低流量成本,用户数据也可追踪、可控。其次,围绕"人"运营,私域运营以用户为核心,精细化运营,与用户共创产品与内容,提升用户活跃度和黏性,深度挖掘用户价值,维护用户生命周期。再次,存在信任感。通过私域运营,可以更直接地向消费者传达品牌理念和价值观,拉近与消费者的距离,与其建立情感联结,提高消费者的忠诚度。最后,流量可重复使用,拥有用户池,品牌可免费且不限次地触达消费者,提升复购率,共创商业价值。

我们以美妆品牌完美日记为例,该品牌在营销中,线上线下两条路导流,汇集公域和私域,构建微信公众号、微信个人号和微信群这一私域流量模式。

从公域到私域来看,用户在线上旗舰店购物,快递中含有红色小卡片,用于引导加"小完子"的微信号;从私域到私域来看,用户关注完美日记的公众号或者视频号,公众号会自动回复,引导用户添加"小完子"微信号。当用户加完"小完子"的微信号后,"小完子"将用户拉入"小完子玩美研究所"微信群中,在微信群中,引导用户至"完子之家"小程序下单复购。

即使用户在线下门店进行消费,线下门店也会通过送美妆蛋等形式引导用户扫码加"小美子"微信号,"小美子"将用户拉入"完美日记体验店"微信群,引导用户至"完美日记会员商城"小程序下单复购。

私域不仅能带来新的增量空间，更有助于品牌的塑造。公域流量获客成本高，私域流量能为品牌带来新的用户；私域流量用户池更具有品牌黏性，可以提升老用户的复购率。私域流量缩短了品牌与用户的传播链路，能更直接有效地传递品牌理念，有助于提升品牌力，塑造品牌形象。注重的是用户需求而不是货品，如此一来，用户忠实度提高了。另外，自有用户池能够沉淀数据，成为品牌的数字化资产。

三、"公"与"私"的审视：本质与趋势

不管是公域流量还是私域流量，其本质就是企业获取用户注意力的工具和途径，因此"你方唱罢我登场"的背后是市场竞争格局的变化以及企业应对措施的演变，公域流量与私域流量兴衰、起落的背后是企业面对市场生态发展趋势的判断以及在成本与收益之间艰难的平衡。

公域流量（平台流量）的兴起，充分释放了互联网平台的巨大媒介性影响力，也赋予了企业和商家高速的导流能力与销售增长，而平台对于流量的垄断性掌控使得企业在流量上处于依赖的状态与位置，这在商业竞争中有很大的风险性，再加上平台流量价格的日益上涨，使得其性价比急剧降低，最终迫使企业寻求新的、高效、高性价比的导流渠道。私域流量的兴起，正是为了解决企业在公域流量方面的痛点，相较于公域流量高昂的价格，私域流量的免费和自主掌控无疑对企业有着极大的吸引力，毕竟放在自己口袋里的才是钱。

既然公域流量和私域流量的焦点主要集中在流量的价格与自主权上，那么认清楚它们就不难了。价格涉及的是企业的成本与收益，购买流量的价格高，对企业来说意味着成本增加，相应会挤压收益的增长空间。自主权方面，由于公域流量强调控制，因此企业会沦为平台的附庸，流量是互联网商业和营销的基础，身家性命岂可握于他人之手，因此对流量自主控制的追求是企业的本能行为。需要注意的是，流量本身可能有免费和付费的差异，但构建流量获取的通道却是极难免费的。比如，在大众传媒时代企业可以不去做媒介广告展示而选择线下门店导流，虽然从表面上看是免费的，但线下门店这个通道的建设本身却仍然花费不菲。传统营销理论中的品牌忠诚强调的是用户对企业品牌的关注与认可，从本文话题探讨的角度来看，属于私域流量的范畴，虽然一旦形成了品牌忠诚，企业就可以对用户的注意力实现免费和自主的掌控，但

问题在于形成品牌忠诚需要使用大量的营销工具,这些工具的使用大都是要花钱的,而且维护这种品牌忠诚也需要投入大量的资源,这些资源不可能都是免费的。

综上所述,我们需要认识到:一方面对私域流量不要做过高的期许,它仍然存在间接付费的可能性,而且实际效果如何仍待市场检验;另一方面,对公域流量也不要过于贬低,它有长期存在的历史基因与必然性,从大众传媒时代到互联网时代都有它的身影,这并非偶然,平台对于商业资源的整合能力与效果仍然不容置疑,虽然这种注意力或者流量资源的整合主体发生了变化,从大众传媒变成了互联网公司,但这种主导模式与效应并没有面临根本性的挑战。

第二节 品牌广告

一、建立可变现的品牌

品牌是一个抽象的词,只有赋予它可经济变现的能力,它才会活起来。品牌最大的作用是拉动销售。一款不能拉动销售的品牌,只靠品牌本身带来溢价,是很难获得消费者的长期认同的。因此,打造一个可以变现的品牌才是至关重要的。

(一) 什么是品牌

1. 品牌的三种诠释

2017 年 9 月 16 日,聂卫平围棋道场品牌战略发布会在襄阳万达皇冠假日酒店举行。这则新闻引起了诸多体育爱好者的关注,因为在这场发布会上,同时出现的除了汉江控股董事长,还有棋圣聂卫平、围棋世界冠军柯洁以及很多围棋界的知名人士。报道称,这是聂卫平围棋道场的双喜临门——襄阳的新校区开业了,同时聂卫平围棋道场又获得了襄阳东证和同探路者体育基金 2 000 万元人民币的注资。显然,这次战略发布会意义非凡,它见证了中国围棋史上的一次品牌的诞生。

那么,到底什么是品牌呢? 理论界对品牌有三种诠释:

(1) 品牌是指一个组织和它提供的服务或产品,在这个过程中的有形和无形的综合表现。品牌的目的，就是使自己的产品放在同类竞争对手的产品或服务中一眼就能被区分开来，借以辨认组织产品或服务。

（2）品牌是辨别企业提供给某一个消费群体的一种产品或服务，它们具体表现为一种名称、术语、标记、符号或图案，以此与竞争对手的产品或服务相区别。

（3）品牌是一种无形资产的全息浓缩，浓缩的是某个企业或主体（包括城市、个人等）。为了与其他企业和主体等进行区别，会用特别的符号来代替。

在聂卫平围棋道场发布会上，聂卫平围棋道场显然是一个品牌，其成立于1999年，是一家综合性公司，主要经营围棋培训、围甲联赛队伍建设、围棋文化传播等项目，专门为国内的围棋爱好者提供服务。

2. 品牌认知度

品牌，是消费者对产品和产品服务的认知度。聂卫平围棋道场成立了18年，其核心价值观是"以棋育人"。该围棋道场的主要负责人又是大名鼎鼎的棋圣聂卫平，当年，他在中日围棋大赛中的神勇表现一直印在人们的脑海里。因此，由他作为负责人组建的这个公司更容易引起人们的关注。再加上出身于聂卫平围棋道场的世界冠军柯洁的参与，再度提高了聂卫平围棋道场的认知度。

市场营销专家菲利普·科特勒（Philip Kotler）博士对品牌下了定义，他说："品牌是一个名称、名词、符号或设计，或者是它们的组合，其目的是识别某个销售者或某群销售者的产品或劳务，并使之同竞争对手的产品和劳务区别开来。而城市营销学家兰晓华针对这种定义，又做了进一步阐述，她说："品牌是通过以上这些要素，及一系列市场活动而表现出来的结果，所形成的一种形象认知度、感觉、品质认知以及通过这些而表现出来的客户忠诚度。总体来讲，它属于一种无形资产。"

事实的确如此。聂卫平围棋道场通过名称、负责人和公司到校园进行公益围棋培训等活动，在一定程度上形成了一种形象认知度，从而也让投资者们看到围棋爱好者对聂卫平围棋道场的喜爱和敬慕。于是，他们纷纷对道场进行投资。在这次战略发布会上，由和同资本联合探路者控股集团、东北证券股份有限公司、汉江控股共同发起设立的东证和同探路者体育产业基金会给聂卫平围棋道场投资了2 000万元人民币并进行了注册，以求共同打造中国围棋教育体系。这些都是聂卫平围棋道场的无形资产。

品牌之所以被称为品牌，必须具备三要素：

（1）差异化。差异化是指公司的产品能与市场里的其他产品区分开来。比如，聂卫平围棋道场的品牌中，聂卫平这个称号就是其区别于其他围棋产品的最大标识。

（2）关联性。关联性是指产品为潜在客户提供的可用性程度。消费者能够在实际生活中看到品牌的存在，品牌才有意义。而聂卫平围棋道场走进校园，与学生的体育紧密挂钩，这本身就已经是一个实实在在的存在。

（3）认知程度。认知程度则是一个品牌的价值。聂卫平围棋道场的价值刚才已经详细说过，在这里就不再赘述了。毋庸置疑，聂卫平围棋道场已经成为一个品牌。

（二）为什么要建立品牌

1. 当然是为了利润

为什么要建立品牌？答案很简单：为了利润。2017 年 9 月 13 日，喜欢手机的朋友们都在关注两场发布会。这两场发布会分别是苹果手机发布会和三星手机发布会，而且它们发布的都是第八代的年度旗舰机。苹果发布的 iPhone X 在中国市场上引起一片哗然，很多人都笑称它为"挨粪叉"。但无论怎样，iPhone X 的科技含量与同类的手机相比还是很高的，只是它的价格和它的品牌一样昂贵，让人望而却步。在 9 月 13 日的这场发布会上，苹果公司还发布了两款手机，这两款手机分别是：iPhone8 和 iPhone8 Plus 作为一个有着十多年历史的品牌手机，苹果公司此次发布的两款新手机的尺寸分别是 4.7 英寸和 5.5 英寸。

从外观上来看，此次发布的手机全部采用双面玻璃和金属中框的机身材质；从性能上来说，iPhone8 系列搭配了全新 A11 处理器，也是首次搭配由神经网络引擎的 A11 Bionic 芯片和自主设计的全新三核心 GPU；在充电方面，iPhone8一改有线充电，将支持无线充电。这些改变都是时下所有手机都不曾有过的提升和改变，这也证明苹果再次走在了科技和时尚的前沿。它依然引领着手机的品牌潮流。苹果努力打造手机品牌的目的，自然是为了利润。

利润＝产品利润＋品牌利润

无论是在性能上还是在外观上，苹果公司一直力求做最好的手机。苹果手机的质量、性能、外观等各个方面都做得很好，因此，很多人都成了苹果的忠实粉丝。每当有新款苹果手机发布的时候，人们都会争相购买。消费者增多，销量上去了，利润也就随即产生了。

2. 强大的品牌效应

在发布会上,苹果财报汇报了苹果公司的销量成绩。随着中国市场的对外开放,大中华区已经成为购买苹果手机的最大的市场之一。早在 2014 年,苹果公司在大中华区推出 iPhone6 和 iPhone6 Plus 后,市场就被打开了,销售业绩也迅猛增长。到了 2015 年,苹果手机在中国的营收额同比增长了 11.1%,成为苹果全球销量市场中的第二大市场,第一市场为美国本土市场。这就意味着,苹果这一品牌已经深入人心。在这些购买苹果手机的消费者中,有大部分购买者是看中它的性能,还有一部分购买者是看中了它的品牌。

别人都在使用苹果手机,自己不用的话感觉会很掉价,这种心态导致很多人都竞相购买苹果手机。当使用苹果成为一种身份的象征的时候,苹果的品牌效应就会变得越来越强大。所以说,品牌也代表着利润。Strategy Analytics 在 2017 年发布了一则报告,文中称:"全球智能手机市场 2017 年一季度的营业利润总额达 121.1 亿美元。其中苹果就占 83.4%,三星瓜分了 12.9% 利润,两大巨头利润相加,就已拿走智能手机市场约 96% 的利润,而中国手机品牌利润还分不到 2.5%。从这组数据中我们能看出品牌的重要性。产品只有建立了品牌才能获得高额的销量,从而获取高额的利润。

(三) 如何找到品牌定位

1. 品牌定位的六个规则

想要建立一个品牌,以获得经济变现,定位很关键。虽然说当今时代是互联网时代,但是消费人群却没有改变,所以说,互联网时代的品牌定位和传统时代的品牌定位是一样的。传统时代的品牌定位规则同样适用于互联网时代的品牌定位。传统时代的品牌定位规则有六个:①特点和属性;②产品功效;③目标市场;④精准用户;⑤竞争;⑥价值观念。

保时捷汽车是世界上知名度最高的品牌汽车之一。但在创建之初,保时捷只不过是一个名不见经传的汽车设计研究所。后来,它之所以能够成长为全球最著名的品牌汽车之一,和它精准的品牌定位是分不开的。高速公路最早出现在德国,而且德国的高速公路和其他国家的高速公路不同,它不限速。汽车可以在德国的高速路上任意驰骋。保时捷汽车公司正是针对德国高速路不限速这一特点,设计出一款以速度著称的汽车,这便是保时捷汽车。保时捷汽车一经上市,就受到众多汽车爱好者和极速运动爱好者的追捧。他们喜欢驾驶着保时捷在高速路上纵情疾驰的快感,那会让他们有一种置身天堂的美妙感觉,他们发自内心喜欢它。根据产品的特点来对品牌进行定位,就能获得事半功倍的效果,保时捷恰好证明了这一点。保时捷的产品功效也是非常强大的。一个品牌产品的功效定位,是要强调用户的消费主张之独特,而且能让用户获得强有力的认同感,而勾起用户的消费欲望。

2. 寻找消费者的买点

保时捷曾经有一句广告词是这样的:"在一个充满多余和肤浅的时代,在一个充满轻浮与粗糙的年代,唯有保时捷 911 是真正的必需品。无可替代。"这句广告词的功效就是让用户感觉到购买保时捷汽车不是购买奢侈品,而是购买生活必需品,从而产生购买的欲望。

和其他汽车想要兼顾所有年龄段的用户不同,保时捷的目标市场很精准,就是拥有激情的爱车一族。因此,保时捷汽车又被打造成跑车。保时捷汽车的流畅性车型和豪华的内饰,又满足了爱车一族喜欢奢华的生活态度。任何一个产品品牌的诞生,都是在无数家同类产品的厮杀中脱颖而出的。保时捷汽车一开始是以赛车的用途出现在人们的视线中。在赛场上,保时捷汽车凭借迅猛的速度,将其他赛车都远远地甩在后面,保时捷汽车也因此成为赛车手们心目中的珍品。后来,在打造跑车品牌的时候,保时捷汽车又将自己定位在高端跑车之列,无论是在配件还是性能上,保时捷汽车都用了顶级的配置,这样的跑车是其他任何跑车都无法媲美的。也正因为如此,保时捷汽车才能十年如一日地稳居汽车品牌顶端。关于价格,保时捷的昂贵价格令普通消费者咋舌,动辄几百万的价格岂是一般人能承受的。但这并不能体现保时捷的价值。虽然说,价值和价格有关,但价值并不等同于价格。物超所值,才会吸引人去消费,这就意味着价值要远远高出于价格。保时捷的做工完全体现了德国人的匠心精神,而且车厢内的配置也非常高端。

无论是性比价还是产品价值,保时捷汽车都堪称世界一流。因此,消费者才舍得花高价去购买它。一款产品要想成为品牌,设计产品的人就应该多方面用心,找到体现消费者欲望的,企业可满足的,同时未被满足的卖点。从这些卖点中着手研发产品,就能把产品做成品牌。

(四) 品牌人格化,打造自有 IP

IP 营销中的 IP 不是 IP 地址和知识产权,而是一种能实现裂变的营销模式。而 IP 化品牌打造是品牌通过产出优质内容形成人格化吸引力,实现在多个平台自由畅行、获取流量的特权,再通过品牌魅力来聚拢粉丝,最后实现品牌信任和品牌溢价的过程。

将品牌或产品打造成 IP，是一种把品牌已然人格化的 IP 价值观与消费者建立信任代理关系，从而实现品牌溢价的过程。在市场中，具体的品牌 IP 形式丰富多元。比如承载着褚时健人生传奇的云南褚橙，利用一系列策划案打造成了精神 IP 符号；江小白白酒，利用情怀文案等极具个性化价值的形象符号打造了备受青年群体喜爱的 IP 白酒；黑白夹心饼干奥利奥通过一系列动态广告音乐饼干唱片机、权力的游戏饼干城堡等营销广告打造成了"真会玩"、年轻、有创意等等的 IP 形象。

我们依旧以完美日记的私域流量模式为例，完美日记成功引爆"小完子"这个 IP，并且实现全渠道布局，背后基于大数据的精细运营更是可见一斑。根据招股书数据，截至 2020 年 9 月 30 日，完美日记在中国电商和社交平台上拥有和运营的各种官方账户累计超过 4 800 万粉丝。仅微信上的 1 500 万粉丝和小红书的 200 万粉丝，再加上 800 多个百万粉丝大 V 的联合推荐，这放在任何一个市场都是不可小觑的。

完美日记打造了"小完子"这个 IP 充当客服与美妆顾问的角色，可以与用户建立有针对性、有"温度"的双向沟通；IP"小完子"的更重要的角色就是管理用户留存、刺激复购，而与其分工、配合的还有另一个 IP——"小美子"。

两个 IP 主要对应品牌的两条获取"私域流量"的基本链路：

线上：各电商平台购买产品附赠的口令红包卡片——（PerfectDiary 完美日记服务号——）小完子个人号——小完子玩美研究所微信群。

线下：各快闪店、实体店 BA 引导和赠品福利——小美子个人号——（完美日记会员商城小程序——）小美子的微信群。

两个社交账号"小完子"和"小美子"为品牌名和谐音，通过人设 IP 化，以方便与消费者产生精准、有效、深入的沟通。

"小完子"的人设，大概可以分成以下几个层次的认知：

1. 外在层：用户感知

让用户感知到人设角色的颜值，仪表，穿着，谈吐，消除距离感，拉近和用户的关系。所以，我们就看到了一个活在朋友圈里的精致女孩小完子，她不仅颜值高，还是一个美妆达人。除了经常分享美妆好物之外，她还经常打卡网红旅游点，和大家唠嗑周末日常聊聊美食，就像一个陪伴在你身边的有温度有情感的好朋友。

2. 内在层：制造势能

势能是构建在用户认知你的基础之上，获取别人的信任和依赖的必要条件。一个具备高势能的人，是可以影响非常多的人。她通过高度活跃的文字，彩妆测评图片和专业教程把"私人美妆顾问"的人设给立了起来，让用户感受到，和她沟通的是一个鲜活的人，在彩妆领域是专业的可以信任的。

"小美子"主要面向线下实体店的用户，引导用户进入完美日记会员小程序，这一账号的定位主要是品牌服务和品牌宣传人员，她会在群内发布优惠活动、直播预告、笔记晒单分享、邀请好友裂变、抽奖、拼团、穿搭分享、妆容分享、产品试色等内容。实时更新库存剩余量，刺激用户下单。除了完美日记产品外，还有合作的产品，比如服饰、鞋子等，配上实体店产品小视频解说。依据目标受众群体的相同性，异业销售，为品牌开拓新市场。

二、品牌的价值

品牌的价值渗透在企业盈利的各个方面，它是品牌资产的主体部分，是让用户喜欢并愿意为之付费的主要力量。品牌看上去很简单，但它提供给企业的价值却无法估量。因此，迈克尔·波特（Michael E. Porter）才会说："品牌的资产主要体现在品牌的核心价值上。"也可以说，品牌的核心价值就是品牌的精髓所在。

（一）品牌的属性价值

1. 拓展品牌的最好办法

品牌的价值分很多种，现代营销学之父科特勒（Philip Kotler）在《市场营销学》中，将品牌价值的含义划分为五种，它们分别是属性价值、个性价值、文化价值、顾客价值和市场价值。每一种价值所涵盖的主题不同，所以表现出来的形式也不一样。

品牌的属性价值，是指体现在品牌和生产者之间相互交换和比较他们的劳动的经济关系，属于品牌的社会属性。据权威机构分析报告，一家企业想要创立品牌，就要运用资本力量拓展品牌。拓展品牌最好的办法，就是提升品牌价值。在品牌还尚未深入人心的时候，属性价值就很关键，因为它决定着这款产品是否能被顾客所接受，并愿意成为产品的核心用户。

雅芳品牌在这一点上做得非常好。雅芳公司是大卫·麦克尼于1886年在加州创建的一家公司，一百多年来，它在美国早已成为一个著名的品牌，所生产的商品也深受顾客们的喜爱。1990年,雅芳公司决定打入中国市场,但一家企业想要进入一个全新的市场,仅依靠原有的品牌效应是行不通的。因为新开辟的市场中的用户不容易接受一款新的产品,哪怕该产品在其他地区是数一数二的品牌也不行。况且,新开辟的市场中也可能会有同类产品,当外来的产品或者品牌进入的时候,用户们会更倾向于他们熟悉的本地产品或者品牌。对此,雅芳并没有气馁,因为中国广阔的市场空间也不允许他们气馁。他们能做的就是提升雅芳的品牌价值,以征服中国消费者的心。雅芳公司知道,要想征服中国的消费者的心,必须从打造雅芳的品牌属性开始。

2. 雅芳的属性价值

作为一家有着百年历史的老品牌,雅芳的属性价值包含:高品质、多元化、领先科技。正是这些属性价值让雅芳在欧美市场长盛不衰,并成为引领世界潮流的国际性美容巨头。但在中国市场,雅芳仅仅拥有这些属性价值是远远不够的。因为,无论是从客观的肌肤问题上来说,还是主观的消费理念来说,东方女性与西方女性都有很多不同的地方。东方女性比较内敛,她们不会贸然尝试西方女性认为好的产品。雅芳公司的研发团队意识到了这一点,于是,他们针对东方女性的肌肤特点和消费习惯,专门开发出专属于东方女性使用的产品。并把"专为东方女性设计"这一条属性加入产品的营销中去。为此,雅芳公司投资了6 000万美元在广东修建了雅芳生产基地,生产专属于东方女性的化妆品。有了这条属性,再加上雅芳本身就具备较高的品质和领先的科技,雅芳的产品很快就受到了中国女性用户们的认同和喜爱,她们愿意使用雅芳的各类产品。从1990年进入中国市场截至现在,雅芳已经在中国开设了74家分公司。雅芳巧妙地利用了自身的属性价值,很快便登陆中国市场并成为中国女性用品市场中的佼佼者,这充分说明了属性价值的巨大变现价值。

(二) 品牌的个性价值

1. 使命感撑不起联合利华

我们研究一个品牌是否具有价值,就要参考它的个性和特点,并通过这些个性和特点来预测品牌对市场和用户的影响和渗透,从而为品牌的营销找准目标。互联网时代,互联网消费用户和传统消费用户对个性化的需求是样的,都希望所使用的产品能为生活增添有益、有趣的体验,并通过这种体验认识自我,从而充分享受生活。那么品牌都有哪些个性化呢? 每个品牌又是怎样做到让自己的产品个性化的呢?

这一点"联合利华"这个品牌做得非常好。点开联合利华官网，就能看到公司的口号："有使命感的品牌，联合利华在满足人们每日需求的同时创造美好的未来。"接下来又可以看到三条公告，其中两条分别是"联合利华承诺到2025年100％使用可循环塑料包装"和"联合利华在沪设立'中国消费者产品安全合作中心'，多方合作助力消费产品安全"，这两条公告充分地显示了联合利华的个性：环保和消费安全。而环保和消费安全也正是近些年来社会所关注的话题，联合利华将这两点写入自己的广告中，很容易使消费者对它产生好感。不过，只是讲究情怀和社会责任，是不能凸显出一个品牌的个性价值的，更不能满足用户的需求体验。联合利华还必须有其他的个性价值。

2. 收购——联合利华的个性化之路

联合利华从1929年初创时的一个小商店变成现在全球生活用品商业巨头，并树立起世界每个国家都知道的"联合利华"品牌。它的个性化价值功不可没。那么，我们来看看联合利华的发展模式吧。现在，联合利华在全球已经拥有了四百多个品牌，这些品牌并不都是联合利华开创的。毕竟，一家公司想要在八十年内研发开创四百多个品牌，还是有一定难度的。

联合利华能够拥有四百多个品牌，主要的做法是：收购。联合利华意识到，想要拓宽市场，仅依靠一个品牌产品是无法做到的。任何一个品牌想要做大，都必须进入不同的市场中去，但是，把任何一个陌生的品牌放在一个陌生的环境中销售，都必须过"本土化"这个关卡，很多品牌就夭折在这个关卡上。因此，联合利华意识到必须避免这种情况的发生。联合利华研究发现，一个品牌想要进入新的市场，只有把国际化的科学技术和"本地化"经营经验结合在一起，才能让品牌具有旺盛的生命力。于是，联合利华走上了收购本地品牌并提升其为国际品牌的品牌战略之路。在中国的市场上，联合利华有12个品牌产品，力士、夏士莲、中华牙膏、立顿红茶、和路雪冰激凌等等。在此之前，这些品牌都是中国本地的品牌产品，联合利华看中它们后，就将它们收购到自己旗下，然后又加入了高科技元素，进行产品质量提升和国际化推广营销。这些个性化的产品每次一推出市场，就会受到用户们的喜爱和追捧。因此，联合利华收购的品牌很快就成为了同类产品中的佼佼者。

提升品牌的个性化价值这一策略，不仅使联合利华树立了更稳固的国际品牌地位，而且让公司在全球范围内获得丰厚的回报，完美地实现了品牌经济变现。

(三) 品牌的文化价值

1. 品牌的成长之路：确立使命

品牌价值的构成非常复杂。一个品牌除了包含产品本身的属性价值和个性化价值外，还包括其背后代表和输出的文化价值。那么品牌的文化价值是什么？

凡客创始人吴声曾说："一个品牌在成长过程中最重要的使命，就是输出一种价值观，传递一种态度，形成对生活方式的一种哲学诠释。"而这就是品牌的文化价值。阿里巴巴是互联网时代最为著名的互联网品牌之一，它的成功，自然有高科技的功劳，但也离不开品牌文化的建设和传播。如果说技术等硬实力是阿里巴巴这个品牌的"躯体"，那么文化价值就是这个品牌的"灵魂"，二者兼容并存才使得阿里巴巴蓬勃发展，日益壮大。阿里巴巴的文化价值包括两部分：一部分是企业文化价值，一部分是文化输出价值。阿里巴巴的企业文化价值体现在确立使命和愿景上。使命，体现的是企业存在的价值；愿景，体现的是企业未来的状态。

2. 愿景，让品牌拥有生命力

阿里巴巴的创始人马云深谙企业愿景的魅力，他曾为传播阿里巴巴的企业文化价值煞费苦心。马云常以自己为例："我考了两三次重点大学也没考上，考大学考了三年，找工作八九次没有一个单位录用我。从各方面看，我不像是一个有才华的人，无论长相、能力、读书都不见得是这个社会最好的，为什么我有运气走到今天？我觉得我们可能看懂了人性。人都有善良和邪恶的一面，希望灵魂不断追求好的一面，但如果不能把自己不好的一面控制住，把美好的一面放大起来，你是不会成功的。我这几年所做的工作就是通过价值观、使命感，把公司优秀的年轻人善良的一面进行放大，正因如此，像我这样的 CEO 每天仍乐此不疲地在做事情。使命感和价值观是阿里巴巴的梦想。没有梦想的品牌，走不远。"

对外的品牌文化价值输出，阿里巴巴做的同样也是使命和价值观。为了让这一文化价值输出并传播，阿里巴巴公司制定了"培育开放协同繁荣的电子商务生态圈"的发展战略。作为电子商务运营商，阿里巴巴为众多企业提供基础服务。有人说："一个品牌力量的强弱决定于其文化内涵，一个拥有文化的品牌就像一个有内涵、有深度、有故事的人，会奇妙地吸引他人的关注与兴趣。"阿里巴巴就像那个有内涵有深度的人，吸引着无数企业来到阿里巴巴平台，与阿里巴巴共同打造新商业文明。一个好的品牌文化其价值非常巨大，因为它能够让这个品牌拥有思想和生命力，而且它的价值也是无法想象的。

(四) 品牌的顾客价值

1. 万科重视顾客的三个理由

一个产品能够成长为一个品牌，离不开顾客的购买。没有顾客，便没有产品，更谈不上品牌，所谓"皮之不存，毛将附焉"便是这个道理。因此，在品牌价值中，顾客价值非常重要。一个企业只要懂得深挖顾客价值，就能成就品牌溢价。万科一直懂得这个道理，所以它成为了中国的房地产龙头企业。很多人在探究万科成功的秘诀之时，万科集团客户关系中心的经理王金升给出了答案："是客户推动了万科的发展"。一直以来，房地产业都是卖方市场，所以房地产企业只要做好设计、工程、营销和物业管理这四个部分的工作就能获利。但和其他房地产企业有所不同是，万科从成立那一天起就把客户关系管理制定为公司工作的一部分，他们甚至打出"客户就是万科存在的全部理由"的口号，以此告知天下人：在万科，顾客就是上帝。

万科为什么如此重视顾客价值呢？有三个理由：

（1）能够获取市场口碑。好的口碑能够帮助品牌溢价，这一点毋庸置疑。互联网时代又是客户经济时代。卓越的品牌不一定能够勾起客户的购买欲望，但如果能加上良好的口碑，就一定能够打动客户，一旦客户的购买心理促成，即使该品牌的产品比其他产品的价格高一些，客户也会毫不犹豫地选择购买。而这高出的一部分价格，就是品牌溢价。

（2）成就扩张。万科的客户数以万计，他们分散于全国各地。因为口碑效应的作用，全国各地的人们都对万科这个品牌有了非常高的认知度和满意度。这样的结果就是：万科还未进入某地，某地就已经有一批客户在等待购买万科的房产。这样一来，房地产业所面临的异地项目招募客户的难题在万科这里就不复存在了，它可以很轻松地完成异地扩张的任务。

（3）低营销成本拉动高销售。万科利用大数据的优势，经过分析对客户进行分类和定性，将客户从"社会人群"转化为"潜在客户"，再从"潜在客户"转化为"目标客户"，然后从"目标客户"转化为"购买客户"，再到"忠实客户"，最后从"忠实客户"那里得到"推荐客户"。经过这样的转化，万科的销售人员根本不需要耗费大量营销成本去外面寻找顾客，只需要充分地利用数据库，就可以获得客源。

2. 将顾客价值上升至战略层面

顾客的价值并不是恒久不变的，若不用心维护和经营，再高的顾客价值也会慢慢回落，直至化为乌有。为了能够持续发展和提升顾客价值，万科非常重视对客户关系的维护和管理,并不断进行创新和实践。万科在客户关系管理上非常舍得投资,无论是人力还是财力都毫不含糊。这样投资的结果就是建立起了一套完善的客户管理机制。从战略规划到执行监督,都能得到迅速及时的处理和执行。

万科之所以能够做到这样,是因为万科对顾客价值的重视程度已经上升到战略层面。虽然已经有完善的客户关系管理机制,但万科并不松懈,他们继续向世界级的品牌公司学习客户管理经验。在国际上,他们学习索尼、帕尔迪等品牌公司的客户管理方法;在国内,他们向中国移动贵宾服务体系取经。舍其糟粕,取其精华,并把精华糅合在万科自己的客户管理体系中。因为抓住了顾客价值这一点,万科拥有了一个具有 55 万人的客户数据库。在工作中,这个庞大的数据库为万科提供了很多资源,而客户对万科的服务也非常满意,每年的顾客满意度和忠诚度都能达到 90%。

(五) 品牌的市场价值

1. 市场认可的重要性

马克思说:"市场价值,一方面应看作是一个部门所生产的商品的平均价值;另一方面又应看作是在这个部门的平均条件下生产的、构成该部门的产品很大数量的那种商品的个别价值。"商品的市场价值是如此,品牌的市场价值亦是如此。简单来说,品牌的市场价值就是指某一个品牌产品在交易市场上的价格。那么,要怎样成就品牌的市场价值呢? 中国品牌五百强企业富圆地板公司用实际行动证明:只有得到市场的认可,才能成就品牌的市场价值。可口可乐前董事长伍德鲁夫曾经说过:"假如我的工厂被大火毁灭,假如遭遇到世界金融风暴,但只要有可口可乐的品牌,第二天我又将重新站起。"伍德鲁夫之所以充满信心,就是因为可口可乐品牌早已深入人心,得到了市场的认可,所以,哪怕它短暂性消失,等再出现在顾客面前时,依然能够得到他们的追捧和青睐。

2. 品质、营销和服务

一件商品想要得到市场的认可,需要从三个方面入手:品质、营销和服务。品质有保证,就能赢得市场,赚得好口碑。富圆地板公司是一家专门从事实木地板、实木复合地板和强化地板生产的企业。从创建公司那一天起,富圆地板公司就坚持以产品质量说话。为了让产品质量过硬,公司除了选购优质的原材料之外,还引进了德国的全地板生产流水线和加工设备,并在细节上倾注心血,从而保证在设计、加工、特色工艺等环节能够形成一条优质精品制造链。

富圆地板公司这么耗费心力,就是想以优质的商品赢得市场,获得好口碑。营销策划做得好,就能将口碑提升到新高度。富圆地板公司在始终坚持如一地保证品牌质量的基础上,又派出销售精英人士组成团队去市场的最前沿为品牌做市场营销。产品营销的方式是多种多样的,为了提高富圆地板这个品牌的知名度,富圆地板公司开展了一系列的营销活动,或是"购买地板赠送好礼"活动,或是"好地板降价购买"活动,等等。无论是哪种活动,都能让顾客享受到最大的实惠。好品质加上好实惠,富圆地板品牌的市场口碑一下子就被提升上了一个新的高度。

除了口碑和营销,富圆地板公司也在服务体系上下了一番功夫。随着互联网的发展,地板品牌早已被同质化了,想要在激烈的市场竞争中取得胜利,就需要在服务上下功夫。现在,很多城市都有了销售富圆地板的分公司,在这些分公司里也都建立了完善的服务体系。富圆地板公司把服务看成获取竞争优势的要点,并在此之上发展战略。

富圆地板开创了"同心圆"服务模式,这种服务模式一推出就得到客户们的好评。所谓"同心圆"服务,就是想客户所想,急客户所急,始终站在客户的立场上去思考问题,这样才能为客户提供优质的服务。为了避免客户购买地板时上当受骗,富圆地板公司还特意在生产出来的地板上逐批进行字轮压印,这样客户就能对富圆地板的材质有准确的认识。

除此之外,富圆地板公司还专门为客户提供专业的导购团队,以及各种售前服务,以确保客户买到放心的产品。用心总会有回报。富圆地板的"同心圆"服务模式又再次为其提升了市场口碑。客户们或是重复购买,或是介绍新客户来购买。可以说是品质、营销和服务成就了富圆地板的市场价值,从而使它的销售业绩不断攀升。

第三节 知 识 付 费

一、知识变现的方式

中国是一个具有五千年文明历史的古国,在这几千年的历史长河中,沉淀着无数宝贵的知识,如果能将这些知识进行变现,那么这将是一笔巨大的财富。那么如何将知识变现呢？这就需要我们充分发挥人类的聪明才智，将知识和方法结合起来，深入地进行挖掘，才能将知识实现最大化的经济变现。

（一）结合任务和项目

1. 一天突破 500 万销售额的《好好说话》

知识是一个抽象的东西，它无法像其他商品一样拿出来摆在桌面上让人观看品赏。不过，这并不是说知识就无法估价和销售了。我们可以把知识与任务或是项目结合起来，通过知识去解决具体的任务，或是完成某一个具体的项目的方式来实现知识的经济变现，从而来衡量知识的价值。

2016 年 6 月 6 日，喜马拉雅 FM 上，著名的电视节目主持人马东带领团队制作的付费音频课程《好好说话》上线了。节目定价 198 元，上线后的第一天就有 25 万人订阅，当天的销售金额就突破了 500 万元。在后来的 9 天里，又有很多人陆续订购了这款音频课程，课程销售金额也超过了 1 000 万元人民币。《好好说话》音频课程的销售业绩完全出乎马东的团队和喜马拉雅 FM 的预料。他们谁都没有想到知识变现的经济价值会如此强大。

这显然是一次非常成功的知识结合项目和任务的知识变现。项目是《好好说话》音频课程，用以辅导和帮助客户与人沟通，而帮助客户与人沟通就需要使用知识。那么，说话的技巧、说话的语调、说话的表情都是知识，这些知识能够帮助客户提升与人说话的技巧和能力，从而成为自信和善于沟通的人。《好好说话》音频课程项目是非常有市场的。这是因为在现实生活中，很多人一到关键场合就会怯场，但工作又让他们不得不去面对需要交流的场合，因此，他们迫切需要锻炼自己的说话能力。还有一部分人，他们很能说甚至口若悬河，但很多时候说的都是毫无意义的话，因此，他们也需要提升自己的说话技巧。

2. 把知识变成观念工具

《好好说话》音频课程项目的成功，让马东和他的团队成员们看到了知识变现的强大能力，他们决定：继续做知识变现节目。2017 年，马东再次率领团队打造出了一款全新付费音频节目《小学问》。这款节目一经播出就受到了粉丝们的追捧。粉丝们之所以会喜欢这个节目，是因为它不但教人好好说话，有技巧地说话，还教人们如何把话说到点子上。如果说《好好说话》是一道例题，那么《小学问》就是一个公式。

知识在这里不再只是识别万物实体与性质的是与不是，它变成了一款工具。米果文化的课程总监黄执中曾说《小学问》是"观念工具"。黄执中解释道："人在思考一个问题时是分步骤的。以我们做数学题的过程为例,我们的大脑经历了输入题目信息,从记忆中选取公式,进行计算并输出结果等诸多过程。其中,公式就是计算工具,如果我们不知道相应的公式,那么后面的计算也无从谈起。思考其他问题的过程也类似,人的脑海中储备的观念就是思考的工具。当你掌握的知识变成你理解这个世界的工具,而你又能通过这款工具去处理海量的信息的时候,知识变现也就成了顺理成章的事了。"

(二) 转化为知识产权

1. 手握专利,信达才获取了市场话语权

知识变现的另一条路是将知识变成"知识产权"。知识产权是指人类智力劳动产生的智力劳动成果所有权。每个国家都有相关法律赋予智力劳动成果拥有者的独占权利,在法律上这种权利又被称为著作权和工业产权。作家们出版书籍获得的版税,发明家们发明产品获得的奖金,都是知识产权的经济变现。而制药厂发明药品获得的专利金,更是知识产权的最大化经济变现。

个人知识产权变现的价值相比起企业的知识产权变现的价值简直是小巫见大巫。2017 年 9 月,信达生物制药(苏州)有限公司与美国礼来制药连续两次签署协议,达成战略合作意向。这两次的合同金额高达 33 亿美金,也就是说,美国礼来制药购买中国信达生物发明的原创药品的专利版权花费了 33 亿美元。信达生物的董事长俞德超说:"要想参与全球竞争,除了产品高质量还必须要有原创的发明。"正是因为手握专利,信达才获取了市场话语权。其实,早在 2015 年,信达生物公司就已经享受到知识产权的变现红利。在 2015 年 3 月 20 日那天,信达生物就和全球 500 强的企业美国礼来制药集团达成战略合作伙伴关系。在这次合作中,信达生物公司自主研发的名为"PD-1 单克隆抗体"的创新单抗药物以 1 亿美元的价格转让给礼来制药集团。这是我国第一个成功转让给世界五百强企业的知识产权药品,高昂的转让金也证明了知识产权的巨大经济变现空间。

只要你拥有知识产权的产品够牛,你就能够获得高额的经济变现。下面,就让我们来看一看这个能够让世界五百强制药集团之一的美国礼来制药集团付费的产品有多厉害吧。"PD-1 单克隆抗体"专门抗击癌症肿瘤细胞,它能够使免疫细胞恢复活力。癌细胞在体内形成一定规模后,就会将体内控制人体免疫细胞活跃程度的"PD-1"屏蔽,这样就会导致免疫细胞的活性降低。免疫细胞无法对身体防护,只能任由癌细胞蔓延,这样就形成癌症。而"PD-1 单克隆抗体"药

物则能切断癌细胞对"PD-1"的屏蔽,恢复免疫细胞的活力,从而使身体有能力抵抗癌细胞的攻击,打败癌细胞,帮助人的身体恢复健康。"PD-1单克隆抗体"对人类和社会的价值是无法估量的,所以礼来制药集团舍得付出高额的费用来购买它的知识产权。

2. 知识变现路上的生力军

和一般的交易不同,美国礼来制药集团和信达生物制药有限公司的合同里并没有要求礼来制药集团支付产品的全部款项,而是要求按照美国生物制药企业常用科技合作方式——里程碑式付款模式来进行的。里程碑式付款模式是指,等"PD-1单克隆抗体"产品上市后,美国礼来制药集团再支付全款。不过,在合同签约成功后,礼来制药集团就必须马上支付首付款。而且在以后的时间里,根据药品生产进度,礼来制药集团还必须按期支付现金款项。在这次交易中,最独特的一点是,药品还没有生产出来,只不过是个创新的研发成果,但是美国礼来制药集团就舍得花费如此高的价钱购买该知识产权,显然他们是看中了"PD-1单克隆抗体"的巨大的社会价值,他们担心的是一旦这种药品制造出来,就会被其他制药集团买去。可以说美国礼来制药集团急切想购买的是知识产权。

知识产权正在成为知识变现路上的一支生力军。为了保证企业和个人的知识产权变现进展顺利,政府还专门出台政策和措施来为企业和个人保驾护航。2017年3月,江苏省政府就出台了《关于知识产权强省建设的若干政策措施》,措施中鼓励企业和个人用知识产权拓展海外市场,进行经济变现。知识产权管理部门还开展了各种知识产权培训,以加强企业和个人的知识产权变现法律法规意识。科沃斯机器人科技(苏州)有限公司知识产权部副总监朱瑾对政府的这些举措大加赞赏:"只有了解产品销往国家的知识产权法律,企业在走出去的时候,才能降低风险少走弯路。"他的话也代表了想把知识转化为知识产权,然后变现的企业和个人的心声。

(三) 知识产品和服务化

1. 时代光华:把知识转化成产品和服务

在互联网时代,知识变现又衍生出多种多样的形式。其中,将知识转化为产品,将这些产品销售给用户,并在后期为用户提供服务,这样的知识变现模式也很成功。利用这种模式来完成知识变现的主体大多是文化教育公司。比如各种在线培训、在线授课都是把知识转化成产品进行销售并提供后期服务,从而获得经济变现的。

其中，时代光华教育发展有限公司是最成功的一个案例。作为一家以教育培训为主业的公司，时代光华从创建公司那一刻起，给自己的定位就是"在管理发展领域，力求成为客户首选的、长期信赖的学习资源提供商、运营商与服务商"。无论是为管理者和组织提供的多媒体课件包、网络培训课件、图书教材、有声产品等管理培训产品，还是在线培训、远程培训和卫星培训等服务，都是以知识为载体的。只不过在这里知识被时代光华团队巧妙地转化成了管理培训产品和培训服务。

"内容为王，服务终端"，时代光华的口号明确地表明要以知识变现为宗旨。为了这一宗旨，时代光华把知识转换成各种各样的产品。点进时代光华的官网，我们可以看到"企业大学""直播工具""移动学习""场景化学习"等板块，每一个板块下面就是一个知识转换成的产品。它们能为有各种学习需求的用户提供服务。这种将知识转化成产品并提供服务的模式，深受网民们的喜爱。就拿时代光华卫星商学院为例，自从 2004 年开播以来，它已经在全国开设了 300 多家分会场，积累了 4 000 多小时的多媒体课程，有 500 多位名家讲师讲授的知识内容，而且每年还会增加至少 100 门新型课件。这些数字都表明了时代光华卫星商学院的巨大经济变现能力。

2. 知识变现也需要精准定位

2017 年 8 月 18 日，时代光华公司在北京举行了新品发布会。在会上，时代光华推出了两款新的产品："有丝"社群管理平台和"收获"App。一款产品要想获得成功，除了内容优质之外，还要精准定位客户群。知识转化成的产品要想成功变现，也需要如此。时代光华公司的团队深谙其中的道理，因此，在这两款产品上，也做了精准的客户定位。

"收获"App 是针对中小企业所设计制造的，只要中小企业的领导人在手机上安装了这个 App 软件，就能在这个平台上获得行业学习和知识分享服务。"有丝"社群管理平台则是一个运营学习型社群，专门为企业提供管理和运营经验。时代光华之所以把"收获"App 客户定位在中小企业群中，是因为公司利用大数据计算出中国目前的 6 000 万家企业中有 4 000 万家企业是中小企业。其中，员工在 30 人以下的企业大约有 76.74%，因为人少、工作忙碌，所以中小企业普遍存在缺乏职业针对性的知识课程普及现象。但在发展过程中又迫切需要这些知识，助力企业的成长和发展。时代光华正是看准这一点才专门设计了这款App，以学习、分享和互助为核心价值，帮助中小企业学习和成长。在知识付费成为风口的机遇下，时代光华将知识转化成产品的做法，必定能获得成功。

二、知识变现的代表类型

在知识付费的潮流中，各种知识变现平台应运而生，其中做得最火爆的当属知乎。在"与世界分享你的知识、经验和见解"的宗旨下，知乎始终坚持知识分享引领发展。从最初的免费服务到后来的知识付费，知乎一直走在知识变现行业的最前沿。在知识变现的过程中，知乎陆续推出了三种变现模式，每种都堪称知识变现的代表类型。

（一）"一对多"实时问答——知乎 Live

1. 知乎的爆炸性数据及其背后

说起制造优质知识内容的平台，很多人都会提到知乎。作为一个真实的网络问答社区，知乎上的用户都是各行业的精英，他们把自己所掌握和了解的知识通过这个平台分享给大家，可以说，知乎上的很多帖子都是高质量的专业知识和经验的集合。从 2011 年 1 月成立开始，知乎一直采取免费分享的形式为网民们提供优质的知识内容。因为知识全面、内容优质专业，知乎很快就聚拢了大量的用户。2013 年 3 月，知乎开放了注册权限，在不到一年的时间里，注册用户就猛增到 400 万人。

注册知乎的用户们之所以增长如此迅猛，主要是在这里网民们每天都能看到热门的问答，获取最前沿的知识，能够享受到分享知识和交流知识的乐趣，这也是知乎吸引用户注册的根本原因。2013 年之前，知乎还没有开放注册，网站上每个月的活跃用户只有 6 万，月浏览量只有 2 000 万。自从开放注册以后，每个月的活跃用户数量和月浏览量都呈爆炸式增长。截至 2016 年，知乎的日活跃用户高达 1 300 万，月浏览量达到 50 亿，人均访问时长达 33 分钟。大数据显示，截至 2016 年，知乎网站的内容点赞总数达到 3 500 万个，提问数有 1 000 万个，回答则有 3 400 万个。也就是说，知乎上的优质内容达到千万条之多。如此大容量的内容制造，即使是在互联网时代也是很少见的。最关键一点是，这些内容不是十年八年积累而来的，而是以一种爆炸性的模式呈现出来的。在知乎后台的数据显示中可以清晰地看出：浏览数据在 2014 年有 0.95 亿个，2015 年有 2.6 亿个，2016 年达到 50 亿。提问数据在 2014 年有 107 万条，2015 年 357 万条，2016 年达到 1 000 万条。回答数据在 2014 年是 324 万条，2015 年 1 100 万条，

2016年达到3 400万条。从这三组数据上可以看出，知乎正在以爆炸式的形式增长。而这爆炸式增长的背后，体现的正是知识内容爆炸式增长的价值。

2. 实时问答带来知识付费

2016年，在知乎上的各组数据都呈爆炸式增长的同时，知乎又推出了实时问答产品"知乎Live"。

知乎创始人兼CEO周源介绍这款产品时说："这个实时问答产品的诞生，灵感来源于线下一对多的分享。知乎团队希望能够通过这种方式将线下的专业用户之间的互动搬到线上，并实现实时化和场景化。所以这个产品的场景类似于微信的对话框，一个主回答者和一群付费用户在一起，围绕一个主题进行互动交流。围观者可以对主回答者的精彩回答进行点赞和打赏。"

那么，在知乎Live推出之前，知乎一直是把知识进行免费分享的，那么它靠什么赚钱呢？周源表示，知乎虽然面对用户们是免费的，但他们一直有和原生广告、移动广告等进行合作以收取广告费盈利。随着知识付费风口的兴起，知乎决定将有价值的内容经济变现。让有能力创造优质知识内容的人，享受知识变现带来的乐趣和红利。正是源于这个想法，知乎推出了知乎Live。那么，有人愿意为知识付费吗？在这款产品推出128天后，知乎的联合创始人兼CTO李申申公布了一组数据。截至公布数据这天，知乎Live的主回答人的场均收入超过1万元，用户的人均消费达到52元。

显然，优质的知识内容是人们乐意付费购买的。那么，知乎Live又是以怎样的形式进行知识内容变现的呢？在注册用户的个人首页顶端，有一个入口可以通往知乎Live页面。用户需要申请，通过审核后才有资格成为分享者。成为分享者后，便可以发起话题并围绕话题进行答疑和分享了。分享者也就是前文提到的主回答人，听众则是围观者，但这些围观者需要付费购票，才能进入话题会场，并与回答者进行互动。围观者所购票的票价由分享者自行定价。价格高低，能否接受则由围观者自主决定。知识内容分享自愿，围观者付费享受知识自愿，一切都建立在自愿的基础上。

但就是在这样自愿的基础上，分享者也能够从每场话题讨论中获取不菲的收入，这样的做法使得很多知识内容创造平台纷纷跟随效仿。

（二）付费语音问答——分答、值乎3.0

1. 让提问者也分享红利的值乎

在知乎Live推出一个月后，知乎又推出了另一种知识内容变现模式——值乎 3.0。这两者都是知乎推出的知识内容付费产品,只不过和知乎 Live 有所不同的是,Live 采用的是文字和图片的交流方式,而值乎 3.0 却是采用的语音问答的交流方式。在这个产品中,用户可以向你需要咨询的任何一个行业的人付费提问。回答者的回答可以被所有人收听,前提是收听者必须花一块钱付费,也就是用户必须花钱购买回答者的语音回答。

这样一来,收听就产生了收入,这部分收入将由回答者和提问者平分。也就是说,知识变现的红利,已经不再只是知识内容创造者一个人独享,触发创造者的提问者也能分享知识变现这块蛋糕。

但创造值乎对于知乎来说并不是最终的目的。周源想要做的是把知乎 Live 和值乎融合在一起,做一个从听觉和视觉两方面双管齐下的知识内容创造平台。创始人周源从建立知乎那一天起,就坚持把自己定位成一个内部沟通者而非管理者。他说:"我觉得有句话说得对,就是 CEO 最好不要管具体的项目。"

因此,周源从不插手具体的项目进程。但在知乎 Live 和值乎这两款产品上线后,周源改变了自己的坚持,他说:"公司里很多很重要的事情,就是你要能够更加明确地划拨资源,只有这样才能更好地推进事情的进展。科技公司所处的环境的变化速度基本上不太允许它形成一个比较松散的、民主的结构,因为它并不是资源的控制方,而是速度的推进者。这种情况还是得依赖于一些更中心的判断。"

于是,周源开始关注产品的具体进度和决策,他要为付费收听内容的用户负责,就必须要把关知识内容的创造过程。将知乎 Live 和值乎结合在一起,需要大批人马在后台跟进,因此,周源必须带领和协调他们。当主讲人在知乎 Live 上进行问答直播时,并不只有主讲人和收听者在收听节目,后台上还有知乎的一批团队成员也在收听。主讲人应该是在该话题所涉及的知识领域有自己独到见解的人。每次节目开始之前,主讲人都会发布一篇预热的文章,文章主题是本期节目的话题,如"艺术难倒我们的三件事""创业的操作系统""投行那些事儿""为什么你的商业计划书没人理"等。发布预热文章的目的是供收听者选择进入。毕竟,收听者才是付费收听的用户,他们的体验和感受将直接影响知识变现的结果。

有时候,主讲人因为种种情况不能总揽全局,知乎平台的工作人员就需要马上跟进,进行协调和提醒。这样的工作状态需要一直持续到主讲人讲课结束。所以,自从知乎 Live 和值乎上线后,加班加点成为了知乎工作人员的常态。为了能够把知识内容变现这块蛋糕做大,并让更多的人分享到这块蛋糕的红利,知乎的工作人员一直在坚持和努力着。

2. 分答——知识付费的另一个突破口

值乎一上线,知乎上的工作人员除了要应对新产品上线后的后续跟进工作,还面对一些令人让人尴尬的问题。值乎上线不到半小时,百度就炸开了。在百度搜索引擎上输入"值乎"两个字,跳出来的链接全部都是"分答被值乎抄袭事件",值乎和知乎陷入了"抄袭"的旋涡中。那么,分答究竟是一个什么应用呢?分答是在值乎上线七天前由果壳网推出的一个知识付费应用。形式和值乎一模一样,也是语音回答问题,收听者付费收听,然后由回答者和提问者平分红利。

七天前,王思聪在分答上回答了木子美的一个问题,仅一天时间就有13万人围观收听,也就是说,这个问题和回答内容一天就收入了13万元。作为一款付费的知识内容产品,分答的玩法虽然和值乎很相似,但仔细研究后会发现,分答又和值乎有所不同。值乎强调的是学习知识,分答强调的是"偷听"。两者的区别从运营上便凸显出来了。在知识内容的创造方面,值乎的学习功能很快便凸显出来了,而在医疗方面,分答的"偷听"功能也很快就凸显出来了。2016年12月,分答推出一个新的分类:身体小毛病,快速问医生。这个分类有一个专属页面,提问者可付费发布健康和疾病类的悬赏问题,分答会帮助提问者筛选部分答主来回答问题。些答主都是医疗界垂直度最高的医学专家,他们具备大量专业医疗知识和技能,而分答则为他们的专业知识搭建了一个平台,让他们的专业知识除了医院之外,还可以在另外一个地方得到充分的发挥。分答上的回答并不一定真的可以把病看好,但对提问者和想要知道相关疾病知识的人来说,分答确实是一个非常不错的平台。在知识内容付费的路上,分答开辟了另一片新天地。

(三)"一对多"授课职场沙龙

1. 职场沙龙——追求高品质的付费知识产品

分答的母公司,是一家以制造知识内容起家的公司,它的名字叫果壳。分答是果壳网在知识内容经济变现上的先行军,紧随其后的是职场沙龙。这是由果壳网旗下的在线教育产品"MOOC"打造出来的一个付费知识产品。相比起分答仅用一块钱就能分享到知识内容,职场沙龙的分享价要高很多,动辄上百的费用,这让人觉得知识付费的门槛一夜之间变高了很多。一个沙龙,为什么还要收费?收费也就罢了,为什么还这么贵?一时间,网民们议论纷纷。关于这一点,

MOOC 学院负责人姚笛回答说:"促使我们去做收费沙龙的原因,主要是当今社会中充斥了太多的以免费、低收费吸引人但质量极其堪忧的在线沙龙,所以我们觉得自己有责任站出来,将更好的服务提供给广大爱学习的用户。比同行更贵的价格就是出于这样的目的,也许市场不接受,多数人也认为应该追求价格乘以订单数的最大化,但高出市场 5—10 倍的定价就是要表达我们要追求的更高质量。"

2. 勾起人们付费欲望的特点是什么

虽然知识变现的风口愈演愈烈,而且知识付费的产品也越来越多,但像职场沙龙这样能够在互联网上标价待售的产品却并不多。那么,职场沙龙是怎样勾起人们的付费欲望呢? 职场沙龙的运作形式,就是通过微信发送语音+文字+图片。这和知乎 Live 与值乎结合的形式差不多。但后者依然是问答形式,而职场沙龙则是采用的授课形式。付费者进入后是学生的身份,接受沙龙主人也就是讲师的授课。因为付费者需要交纳的费用比较高,所以职场沙龙制造出来的内容也必须是高质量的,否则就是搬起石头砸自己的脚,一锤子买卖了。

为了保证沙龙质量,职场沙龙平台严把候选讲师关。讲师将从八千多名行业专家中,通过各种审核机制选拔而出,包括试讲打分、提交教案等等。即使被选拔进入沙龙的讲师,也不是就能一直享用到知识内容变现这块大蛋糕,因为职场沙龙还会有最后一道关卡:付费者打分。职场沙龙有一个功能,就是付费者可以对讲师进行点评和打分。内容是否深刻、所分享的内容是否实用,都是决定讲师分数高低的因素。如果不能让付费者满意,他们就有权力否决你。用户为王,在职场沙龙里体现得淋漓尽致。这一点和被动接受知识内容付费分享的知乎和分答是不相同的。

第四节 社 群 变 现

一、五大主流盈利变现方式

社群变现的方式是多种多样的,其中有五大变现方式是当今社会比较流行的。如果你想要做社群经济变现,就需要先了解一下这五种盈利变现方式,然后从中找出一个适合自己的盈利变现方式,再从对这个适合自己的盈利变现方式的深度思考中,找到适合自己的社群。

(一)懒人购物——电商盈利

1. 明星衣橱,专为"懒人"打造的购物平台

社群,简单来说就是一个群体。构成社群的要件是社交关系链。这条关系链围绕着一个点,将有着共同兴趣爱好的人聚集在一起,这个群体就是社群。社群的特点是社群中的人有相同的爱好和兴趣,这个共同点将使社群成员能够相互主动地去分享商品信息,从而形成社交分享。社交分享又促生了电商市场。在互联网时代,各种各样的社群日益增多,电商早已取代了传统商户成为主流的盈利变现方式。下面,我们再来说说社交成员是怎样购物的,电商又是怎样盈利的。对于在网络上购物的人,人们通常会用一个词来称呼他们,这个词就是——"懒人"。这个词无所谓是褒义词还是贬义词,只是人们对这种购物方式的一种心理描述。

随着人们与互联网关系的越来越紧密,再加上网络购物的简便和快捷,网络购物已经被越来越多的人所接受。由于网络购物的兴起,电子商务也应运而生。中国证券报记者曾就电商现象采访了一些网购消费者,这些消费者的回答出乎意料的"我是个又想省钱又想省心的人,在电商平台上买东西,能够满足我的这两点需求,非常好。"网购消费者的默默支持促进了电商企业的发展,在未来,电商企业的发展空间也是巨大的。电商企业的市场空间很大,但是要想真正做好电商企业,还必须找准消费者的消费点,吸引"懒人"前来购物。明星衣橱就是抓住了消费者"又想好,又想省钱"的心态,才从众多的电商销售平台中脱颖而出,成为一个成功的电商企业的。

2. 个性化和垂直细分

当我们打开明星衣橱的官方首页时,我们一眼就能看到公司的简介:让你每天看遍明星达人最新最潮的时尚街拍,打开时尚明星、街拍达人的衣橱一探究竟,最便捷地找到与她们一样有范的穿搭方法,快快打开明星衣橱,海量时尚街拍,每天持续更新。

这一段话丝毫没有夸张的成分。明星衣橱平台每天都会上传新颖的时尚精品搭配照片,这些照片是从一万多张街拍照片中精选出来的,包括本土、欧美和日韩等地的明星穿着。

摄影师将这些明星穿着街拍传送到明星衣橱平台后,平台会通过搭配模型数据库对这些街拍照片进行分析解码。然后把解码得到的数据与淘宝等电商店

铺里的海量商品进行匹配,最终得出最优质的明星搭配服饰。明星衣橱孵化出的"衣布到位"为搭配服饰做好后期工作:制造服饰。创始人朱双林说:"明星衣橱平台中拥有近3 000家成衣卖家,存在大量的供应链需求,'衣布到位'未来将与其进行系统对接,为卖家提供布料及辅料的快速匹配、规范化采购,让商家形成业务闭环。"

在明星衣橱上购买衣服,购买者根本不用考虑当下的时尚元素,也不需要费脑子去想如何搭配,只需在页面上选择出自己的体型和体重数据,之后,明星衣橱就会在后台自动为购买者挑选与其各项指标相匹配的时尚服饰。在这个平台上购物,消费者花很少的钱就可以买到与明星同款的衣服,所以很多女性消费者都喜欢在这里购物。由于使用了"时尚DNA数据库"模式,明星衣橱的电商们掌握了大量的服饰搭配方式,这些新颖的服装搭配方式吸引了近5 000万的"懒人"购物者来到该平台购物,每天的成交量在四五百万元。通过这种模式,明星衣橱的年收入在30亿元左右。明星衣橱正是抓住网络消费者"又想省时又想省事,还想省钱"的消费心理来完成需求经济变现。它走的是个性化的特卖路线,采用的是垂直细分模式,明星衣橱之所以能成功,主要是做到了这两点。

(二)量身定做——流量广告

1. "麻辣天团"的广告优势

在社群经济变现中,对产品进行快速推广不是难题,前提是要对商品的广告进行量身定做。专门针对特定人群来投放广告,就能让红利获得意想不到的增长。2017年8月22日,斯柯达新明锐家族在上海上市,为了推广新款车,明锐家族专门举行了一次盛典。这次盛典是为即将在成都举行的车展而做的广告。明锐家族汽车的主要消费人群是年轻人,为了让年轻人知道新款车的上市,斯柯达公司请来了"麻辣天团",希望借着他们的知名度和力量来为新车做广告。喜爱汽车的年轻人都知道"麻辣天团","麻辣天团"是一群做直播的网红汽车媒体人组成的,他们会针对汽车做专业性的报道,给爱车的年轻一族提供建议和帮助。其实,早在8月15号,"麻辣天团"就已经在百城百县的车展上亮相了。当天,身为"麻辣天团"主播的Mary,带着客户们一起试驾吉利博瑞、汉腾X7、一汽大众CC等几款车,并对车的性能、内饰、空间等方面做了详细介绍。"麻辣天团"最广为人知的理念是"做高大上的新车发布,介绍最走量的热门车型,认真地写严肃的试驾测评"。

除此之外,"麻辣天团"还会适时地给年轻的粉丝们介绍线下4S店的降价优惠政策和车型金融政策,这些知识也都是年轻人需要知道的。斯柯达正是利用了"麻辣天团"的这一优势,为新明锐家族量身定做了这次广告。在盛典上,主办方又安排麻辣主播 CC 进行现场直播。CC 的主播金句就是:"带你一同前往,我最喜欢的 COMB 来了。"这一天的直播中,观看量达到了 112 万,也就是说,这次盛典的广告流量达到了 112 万。由此可见"麻辣天团"的巨大影响力。

2. 量身定做带来的双赢模式

在这次针对"麻辣天团"量身定做的流量广告中,主办方找准了广告受众群和广告黏合点,因此粉丝转化率才能如此之高。而这还只是一个预热。在粉丝们的期待中,8 月 25 日,"麻辣天团"来到成都车展,在现场进行了三场直播表演,现场观看直播表演的粉丝超过了 128 万人。在直播的过程中,"麻辣天团"遇到了场馆人多、信号不好、直播经常被中断等情况,但这些都未能降低粉丝们观看直播的热情。同时,"麻辣天团"与其他网红有一个不同点那就是他们这个组织擅长团队作战。当天团的一个成员带领前来参观的汽车爱好者进行试驾的时候,另一个成员会为展馆里的汽车爱好者们详细地解说各款车型的具体配备。"麻辣天团"这样做的好处就是汽车爱好者们可以从里到外、从功能到性能等各个方面对汽车有一个详细的了解。而这也是"麻辣天团"吸粉的一个大优势。直播结束后,有数据显示,这一天玛莎拉蒂发布会的观看量达到了 135.9 万次,这样的广告宣传方式所产生的流量是传统广告模式所不能达到的。

在这次直播中斯柯达新明锐家族获得了极大的曝光率,同时为其做广告宣传的"麻辣天团"也受益颇多。在这场盛典中,麻辣主播 CC 仅用了两天时间,就增长了 285 万粉丝。由此可见,针对商品量身定做的广告,是一种双赢模式的广告。

(三) 赋予尊贵——付费会员

1. 优酷会员升级,赋予会员尊贵

视频社群是互联网时代社群的一个重要组成部分。视频社群的成员是各大平台的注册会员,想从这些会员身上得到经济变现,就需要设置付费功能。在众多的视频平台中,优酷视频平台的注册会员数量最多。没有注册成会员的网友只能看免费的视频,这些视频不是当下热播的视频。付费会员能看当下热播的视频,普通成员只能看到预告片,要想看正片,就需要付出比会员高很多的价格去购买。

从整体上来看,付费会员的付费额比普通成员的付费额低很多,但付费会员的付费是稳定的,而且付了费之后,他们就成了视频平台的核心用户,比起普通成员,流失率比较小。为了回报付费会员或者说为了抢占视频付费的风口,所有的视频平台都绞尽脑汁想办法。优酷视频制定的策略是,赋予会员更尊贵的身份。2017 年 8 月 28 日,优酷平台宣布将优酷会员改为优酷 Vip 会员。除了称号显得更加尊贵之外,优酷网还让会员们获得了实实在在的福利。

优酷网对 Vip 会员系统从内容到服务等各个方面进行了全面升级,升级后的会员不仅能获得免广告抢先看的特权,还有机会和自己喜欢的明星进行亲密接触。

2. 抢占风口,完成大布局

为了凸显优酷 Vip 会员的尊贵,阿里巴巴决定赋予优酷 Vip 会员其旗下的其他平台上的会员特权,诸如虾米音乐、飞猪旅行、天猫超市等平台上的会员权益。

优酷网的这一决定引起了整个视频社群的轰动。优酷会员们可以享受到实实在在的福利了。优酷网上的很多普通成员也都纷纷注册成优酷会员,一时间,优酷视频平台吸粉无数。优酷网的这一举动引起了其他视频平台的不满,他们认为优酷网打乱了视频社群的秩序。优酷会员系统升级不只是赋予会员尊贵这么简单,阿里巴巴集团和优酷网联手赋予优酷会员更多的权利,这是围绕着粉丝经济变现所做的一次大调整。

当优酷 Vip 会员们在优酷之外的其他平台获得会员特权、享受优惠的时候,阿里巴巴集团旗下的平台也在享受 Vip 会员增多所带来的变现福利。同时,优酷 Vip 会员的消费所产生的大数据,又成为阿里巴巴集团进行垂直细分、精准定位的依据。这些数据对于品牌商来说是有价值的东西。他们可以依据这些数据做精准的营销。从优酷会员系统升级的案例可以看出,视频平台可以将付费成员打造成一个成熟的会员体系。这个会员体系背后是一个充满无限可能的大数据宝库,在这个宝库里,各种各样的经济变现都有可能实现。

(四) 很接地气——线下聚会

1. "读书会"缔造过亿传奇

社群都是以人为基础的。人是社交性的动物,有面对面交流的需求。因此线下社群早就存在。但是,传统的线下社群只能满足社交的需求,还不能完成经济变现。随着社群经济变现的各种裂变,线下社群也开始了盈利变现之路。线下社群有很多种,近两年兴起的"读书会"是其中一种。在各种各样的读书会中,

"樊登读书会"缔造了收入过亿的传奇。樊登以知识 IP 为媒介,用自己的理解力和讲述力缔造了一个变现传奇。想要做一个成功的线下社群,创建者需要有独特的经历和过硬的实力。

樊登做读书会之前,已经有了丰富演讲经验和工作经历。早在 1999 年,樊登在西安交通大学读书时,就凭着强大的辩论能力获得了全国大专辩论会的冠军。后来他去中央电视台做主持人,这份工作也在一定程度上锻炼了他的口才,提高了他的演讲能力。樊登在做中央电视台的主持人这份工作中得到非常大的锻炼,这也为他后来做"读书会"提供了核心竞争力。在做节目主持人的时候,樊登从没有想过要做"读书会"。后来,由于很多朋友都来找他说"有没有好书可以推荐一下",这让他意识到喜欢读书的人还是很多的。樊登认为读书是很有用的,生活中所遇到的一切问题都可以在书中找到答案,樊登非常乐意为朋友推荐适合他们阅读的图书。但在后期跟进时他发现,虽然很多人都有读书的心,却没有时间去阅读;即使有的人有时间,但又约束不住自己上网刷手机的行为。针对这些情况,樊登决定建立一个微信群来督促大家读书。很快,微信读书群就吸纳了很多读书爱好者的加入,并成为会员,大量的会员成为构架线下社群的基础。为了扩大读书会的深度和广度,樊登将线下会员的售卖资金用来建立 App,App 的建立在一定程度上进一步凝聚了人心。

2. 付费关键:内容为王

在这个内容为王的时代,想要让会员心甘情愿地付费,内容一定要有足够的吸引力。就读书会来说,内容不但要实用,还要能够触碰到读者的心灵。只有这样读者才会愿意在读书会里一直待下去。樊登读书会的内容涉及了生活的三个方面:家庭、事业、心灵。这三个方面与读者的生活息息相关,读者很愿意在读书会中得到这些方面的感悟,从而将自己的生活过得越来越好。樊登读书会因其内容比较实用、形式比较亲民而吸引了很多人加入并成为会员。2013 年的时候,樊登读书会仅有一个会员,2017 年的时候樊登读书会的会员已达 180 万人,每个会员的会费是 365 元,樊登读书会的年收入已经达到亿元以上。

截至目前,樊登读书会已经有 600 家分会,这些分会遍布海内外。而且还有200 多家樊登书店分布全国各地。同时,樊登读书会还做了一件很了不起的事情——捐赠图书馆。截至 2017 年 9 月 15 日,樊登读书会已经捐赠了 71 座图书馆。樊登读书会的微博上这样写道:"第 71 所小学的图书室捐赠已经完成!"

樊登读书会的规模越来越大,现在的樊登读书会不再是倚仗会员的会费来运作的了,它拥有了更大的经济变现能力。2014 年,联通创投向"樊登读书会"投资了 300 万元,2016 年,喜马拉雅对"樊登读书会"进行 2 000 万元 A 轮投资。"樊登读书会"已经成为一个盈利传奇。就如樊登说的那样:"我的创业过程都是从书里来,中国创业失败率号称是 90％。原因就是他们不读书,你稍微读一点知识,再去创业可能会好一点。"

二、六大特色盈利变现方式

在社群经济变现模式中,除了主流的盈利变现方式,还有一些颇有个性的盈利变现方式。

(一) 传授技术——在线培训

1. 在线培训的三大优势

培训是一个非常盈利的行业,培训可以分为线上培训和线下培训。无论是以传授知识为主的新东方,还是以传授技能为主的蓝翔,它们都在这个过程中赚得盆满钵满。随着互联网的推进,在线培训已经成为社会培训的主流。在线培训所具有的三大优势:

(1) 充分利用碎片化时间。人们可以在上下班等碎片时间里学到想学的知识。

(2) 缩短了空间距离。很多一二线城市的学校和教育资源都开放有了线上培训,即使身处偏远山区,也可以报名参加一二线城市的培训班。

(3) 能享受到优质的技术资源。名牌学校也相继开展了在线课程,只要有心,任何人都可以报名参加这些学校的在线课程进行培训学习。

在线培训对网民们的好处不言而喻,其自身的经济变现能力也是相当惊人的。2017 年 4 月 6 日,从事成人自考学历教育和资格证书培训业务的尚德机构召开了发布会,在发布会上,尚德机构的 CEO 刘通博宣布尚德机构在 2017 年的第一季度中营收数额为 442 亿元,日均流水为 700 万元,最高流水为 1 000 万元。从这组数据可以看出在线教育的经济变现能力是多么的强大。尚德机构是在 2014 年踏入在线培训领域的,仅仅三年时间,尚德机构就从一家只是提供双师直播和录播课程的培训机构转变成了著名的线上培训机构。

2. 是竞争对手,也是并肩战友

在线培训机构要想在在线培训市场中站稳脚跟,就需要时刻关注在线培训

市场的需求。大数据显示，在线培训市场的分类有很多，比如，少儿在线教育、K12课程在线辅导、成人在线教育等。尚德机构在2016年年底宣布其少儿在线教育的付费学员已超过10万人，营收达到10亿元人民币。互联网在线教育变现是一项长期而艰巨的工作，就如刘通博说的那样："这个时代仍然属于那些愿意挽起袖子弯下腰把双手弄脏的人，因为互联网教育是一件很重的事。"作为培训界的龙头企业，新东方也对在线培训市场的经济变现有着极大的兴趣，2017年3月28日，新东方在线登陆新三板后，举行了首场媒体沟通会。会上，新东方的COO潘欣说："2014年之前，新东方在线的营收额很高，但是因为市场和用户的需求没有启动，仍感到有危机感。但在2014年之后，资本、创业者和人才的涌入共同培育了在线教育市场，竞争更加激烈的同时也意味着更多机会。"一方面，用户的需求在向线上迁移，另一方面竞争对手的存在也让新东方在线对自己的业务有了更深入的理解。同为新兴的在线培训机构，尚德机构和新东方既是竞争对手，又是并肩作战的战友。

（二）第三方平台——CPS

1. 导购＋效果联盟

在六大特色盈利变现模式中，很少有人提到第三方平台——CPS。但它却是近几年自媒体经济变现中最火爆的一种变现模式。

CPS的全名为Cost Per Sales，中文解释是：广告刊登所需金额。由实际销售的产品提成获得。通俗地讲，是按照刊登的广告被点击后所产生的实际销售量付给广告站点销售提成的费用。做CPS经济变现需要广告投放者和发布广告的媒体联盟齐心协力，这也是当今社会一种新潮的变现模式。

其中，亿起发网站做得非常成功。在亿起发的官方网站上，我们可以看到这样的介绍："亿起发成立于2004年，作为独立第三方效果广告网络联盟，占据了网络联盟市场近60％的市场份额。目前，亿起发与超过60万家网站主建立了长期、诚信、安全的合作，日广告点击峰值超2 000万。同时亿起发也为包括Top500电商在内的数千家电商客户提供了卓有成效的网络效果营销推广服务，日订单数最高超过200万单。"

亿起发网站把CPS做得很成功，因此它多次被艾瑞、易观等第三方权威机构评选为国内最佳网络联盟。作为亿玛首创的"导购＋效果联盟"电商销售平台组成之一，亿起发与亿玛旗下专注于淘宝商家的效果营销平台易购网一起，助力营销效果的拉升，为电商企业实现全网分销。2014年，由亿起发和易购网组成的电商销售平台创造的电商总交易额为293.1亿元,是仅次于天猫、京东的中国第三大B2C电商销售平台。在CPS中,有媒体联盟、广告主和网络媒体三个部分。首先是媒体联盟与广告主签订合作协议,协议内容包括分成比例和结算方式。合同签完后,广告主就把需要宣传推广的广告信息发给联盟。联盟再把广告信息发给相应的网络媒体,让他们挂在网站页面上。

一旦有用户从这些媒体网站的广告链接中进入广告主的平台上进行了购买,那么,网络媒体的销售业绩也就产生了。等到销售后,广告主会按照合同的规定与媒体联盟结算,而媒体联盟拿到结算款后又会给网络媒体推广费用。

2. 亿起发的裂变

通过上述这种模式,亿起发平台打造出"购物帮""掘金链"和"精准平台"等多个核心产品。它们的名字不同,侧重点也不一样。购物帮是亿起发旗下的一家特卖网站,主打优质品牌销售,聚合了国内外数千家优质品牌商。在亿起发联盟中,购物帮是外放广告的平台。购物帮平台上有数以万计的、性价比高的商品可供消费者挑选。掘金链是一个链接转换神器,它能将页面上的普通广告链接转换到能够获取佣金的CPS链接中,用户只要点击了这个广告并购买了产品,接受广告的网络媒体和网站平台就可以获取到佣金。这种方法为网络媒体和网站平台开辟了一个新的收入方法。

精准平台主营精准营销业务,它的诞生是专门为广告主提供服务的。它以橱窗为载体,用推荐引擎技术满足广告主转化新客源和增加销售需求,从而帮助广告主建立和拓展品牌的影响力。这些核心产品都在为亿起发媒体联盟的发展助力。截至2014年年底,亿起发已经与60多家网络媒体和广告主建立了合作关系,日广告点击量最高时期达到20 000以上。而且为广告主提供了单日订单最高超过250万单的纪录。在亿起发网站里,主页详细记录了这种模式的好处:"60万家合作网站,50%以上媒体流量属于独家合作;与国内大型站点保持良好的合作关系,帮助广告主迅速找到最匹配的媒介网站,进行有效推广。""专业的咨询服务和网络营销平台,强大的技术研发实力,会员招募管理、效果优化管理和账户管理,多重计费模式,强大的广告监测和报表分析技术,提升广告效果。完善的产品线可满足网站主各种需求,稳定安全的流量变现平台,佣金结算及时,每周一付。高频度的广告主独家资源支持,流量变现能力翻倍。"

（三）吸金利器——冠名赞助

1. 爱玛巧用赞助激活粉丝能量

互联网时代是一个营销策划的时代。营销策划做得越好，就能将内容传播得越广，企业产品就能得到最大的宣传和推广。近几年，综艺、娱乐成为营销策划的主攻方向，主要是因为人们为了排解压力，喜欢观看综艺、娱乐节目。很多企业都看中了综艺、娱乐节目具有强大的吸引力这一特点，纷纷出手抢占商机。他们选择冠名赞助综艺节目，在联手过程中整合，在节目中深度植入自家产品的信息。当产品信息高频率地出现在节目中时，观众自然而然地就对产品有了印象。

爱玛电动车便是利用娱乐营销策划，一步步抢占先机，最终成功地将品牌信息植入网民心目中的典范。综艺节目的泛滥和雷同使得网民们已经产生了审美疲劳，有些人说综艺节目好，可以减缓压力，有些人说综艺节目不好，浪费观众的时间，还误导观众。因此，当《最强大脑》被推出时很多企业都不看好它，直到该节目播出，也只有两家企业进行赞助和投资，其中一家便是爱玛电动车。但是，《最强大脑》与以往的综艺节目不一样，它是一款科学真人秀节目。相比其他综艺节目来说，《最强大脑》更有看点，所以，播出不久后它就从众多的综艺节目中脱颖而出，成为网民们争相收看的节目。作为赞助商，爱玛电动车很快就在节目中赚到关联认知优势。

2. 精准定位营销，就能获得成功

作为《最强大脑》的赞助商，爱玛获得了一定的收益，但是，爱玛并没有沾沾自喜。爱玛知道，随着《最强大脑》节目人气的不断飙升，仅仅拼实力和广告预算已经不能完全消化这个平台中所蕴含的强大的经济变现能力，他们需要更好地整合资源，随着节目的热播，要用好公关放大器。在节目播放过程中，爱玛电动车策划人员开始积攒话题，他们利用明星效应，以此激活粉丝的能量。在"最佳好男神"都教授金秀贤来做嘉宾之前，爱玛电动车便在网络上开展了征集"韩国明星来代言"的活动，让金秀贤的中国粉丝们来参与推荐中国的好男神。自从《来自星星的你》电视剧红遍中国后，都教授金秀贤便拥有了数以千万的粉丝。这些粉丝很乐意将中国明星和自己的偶像做对比。在粉丝们的积极参与和转发中，爱玛电动车的曝光率不断提升，爱玛电动车也因此"火"了一大把。因为前期工作做到位了，在接下来的《最强大脑》的国际 PK 赛中，爱玛电动车的粉丝数量又增加了很多，随之而来的是爱玛电动车的销售金额也在成倍增长。爱玛科技

副董事长段华表示:"此次爱玛电动车之所以助力《最强大脑》国际巅峰战,就是看中节目本身所带有的对'最强'精神的诠释。"无论怎样,爱玛能够在《最强大脑》的播出中吸粉无数,并使销售额成倍增长,正是精准定位营销平台的胜利。

(四) 增值方式——功能插件

1. 希沃让工具不再单调乏味

身为家长最关心的莫过于自家孩子的学习成绩。一般情况下,家长想了解孩子的学习情况,就必须去问班主任老师。这对于一个班级上有几十位学生的班主任来说,工作量就特别大了。对于家长来说,并不是问了班主任就能详细了解孩子的学习状况。很多时候,家长也没有时间天天去给班主任老师打电话,向老师询问孩子每天的学习情况。由于不能密切关注孩子的学习情况,以至于很多家长在上半年了解到孩子学习情况是很好的,但下半年再去了解时孩子的成绩已经一落千丈了。那么,怎样解决这个问题呢?希沃(Seewo)公司看准这一点,自主研发了一款名为"班级优化大师"的课堂管理工具。这款工具专门针对学生课堂行为进行优化。

这款工具有课堂、广播站、通讯录和家长客户端四个板块。课堂是孩子学习成绩展示的平台,老师把孩子的每一次学习成绩的数据放进班级优化大师里,后台就会对数据进行自动记录、归档和计算。在这里,家长对自家孩子的学习成绩一目了然。广播站有较为详细的板块,有全部成绩报告,有老师发布的公告,有老师预留的作业,还有孩子的成长手册。其中,成长手册在每周日和每个月末都会发送孩子的成长情况,这样一来,家长对孩子的状况就一目了然了。一般的工具软件使用起来会让人感觉枯燥乏味,为了避免这一点,班级优化大师将这款软件游戏化了。在使用过程中,每个学生都有一个专属于自己的卡通角色。想要角色升级,就需要孩子自己努力去获得高分,这样才能获得美妙的界面和音效。这样的做法也在一定程度上激发了学生的好胜心和创造力。

2. 让用户心甘情愿付费的插件

班级优化大师是一款免费软件,而且这是家长关注孩子成绩的平台,不可能植入任何广告,否则会引起家长和老师的反感。那么问题来了:班级优化大师依靠什么变现呢?这时,功能插件的强大经济变现能力就表现出来了。在班级优化大师的课堂界面的右上角,有一个"本周实时排名更新"的功能插件,插件里面是孩子在班级的排名情况和累积得分。往下拉是老师对孩子的点评。再往下拉,是一个得分曲线表,曲线表上能够清晰地看出孩子在班级里的排名位置,在这里,能够看到排名在前面的同学和排名靠后的同学。这样一来,家长就对自己孩子在班级上的排名状况和班级成绩状态有了一个非常详细的了解和认识。班级优化大师将这个功能插件设置为付费订阅模式。想要清楚了解孩子和孩子所在班级的成绩状况,家长就一定会订阅这个插件。

这样一来,班级优化大师便能轻轻松松地获得高额收入了。在互联网变现中,这样的功能插件还有很多。比如专门针对老师和学生研发的在线自测功能插件。使用者可以将它放在老师的题型库里,学生利用这款插件对错题进行实时记录,并复习总结疑点、难点。这款在线自测功能插件对学习成绩的提高有很大的帮助。因此,尽管购买这款插件需要 5 000 元人民币,依然有很多家长愿意购买使用。

(五) 平台结合——引流网店

1. Dell Outlet 公司销售存货出奇招

在互联网时代,流量是经济变现的基础,每一个网络平台都需要流量有流量,就无法生存。无论是做自媒体人还是做店铺,我们都需要流量。因此,每个经营网店的卖家都会绞尽脑汁地去寻找为自己的店铺增加流量的方法。我们经常会用百度来查找东西并解决问题,百度搜索"网店引流的方式",页面上就会出现很多方法,比如,微信加好友引流、贴吧引流、微博引流等。这些引流方式都是借助平台来达到增加粉丝的目的的。美国的购物网站 Dell Outlet 公司就是通过引流获得成功的经典案例。

与很多购物商城的一样,Dell Outlet 公司也承担着尽快卖掉存货的任务。但既然是存货,又岂是那么好销售的? 在当今这个互联网高度发达的时代,传统的营销方案已经不实用了,因此,作为销售必须想出各种各样新颖的、奇特的方法来为公司增加收益。于是,公司的营销人员就想到了引流。

所谓引流,首先就是要尽快把和商品有关的消息传播出去。但是,一般情况下存货都不是畅销品,公司通常也不会花钱雇代理商来做广告营销活动。因此,唯一不用耗费人力、物力、财力的方法就是用电子邮件来为存货做营销。那么,问题又来了,并不是每一个人都对电子邮件营销感兴趣,因此,电子邮件营销并不能吸引多少流量。

2. 分享引发传播裂变

由于电子邮件营销并不能吸引多少流量,因此,Dell Outlet 公司的营销工作人员又发现推特上具有很多引流的功能,他们觉得推特非常适合引流。下面,我们来说说推特为什么适合引流。推特有分享按钮。Dell Outlet 公司将存货变成文字内容,分享到推特上去。那么,登录推特的人就能看到 Dell Outlet 公司的存货商品。再加上存货商品一般具有价格低、品质好的特点,登录推特的人往往会因这两点而喜欢并关注存货商品,然后,他们会转发分享该商品,这样就形成了传播裂变。传播裂变后,很多粉丝都会来购买这些存货商品。利用这种引流功能,在很短的时间里 Dell Outlet 公司就获得了 300 万美元的收入。同时,通过大数据显示,Dell Outlet 公司的知名度也相应地提高了很多。工作人员 Nelson 说:"简直不敢想象,这种提升幅度比我们梦想的要大很多。"

想要通过推特和类似它的微博等平台引流,一定要注意以下几点:

首先,存货商品的信息撰写要简短精炼,并保持优质原创的容要。只有这样人们才会关注和推荐。其次,借助名人效应,在名人的发布的信息或消息的后面第一时间留言回复,并获得他和他的粉丝们的关注。再次,利用推特的搜索功能,围绕关键词进行更新,这样才能保证存货商品的文字内容及时被网友搜索出来。最后,发起相关活动,最好有物质奖励,这样粉丝们才会踊跃参加,从而吸引流量。

(六) 智能应用——App 开发

小红唇 App 开创多方盈利模式

随着移动互联网的发展,用户们对智能手机的依赖越来越强。手机应用软件 App 也成了红海市场。App 不仅让网民们的生活变得快捷方便,还使得很多企业开始了移动信息化进程,并获得开通新流量的途径。小红唇是一个垂直女性美妆的微视频 App。2016 年 11 月,小红唇 App 软件在韩国火爆起来。韩国第一财经新闻网站对小红唇 App 软件进行了大篇幅的报道,并详细地分析了中国"网红+直播+电商"的 App 经济变现模式。小红唇的创始人是姜志熹,他以打造"女生变美"的理念创建了小红唇美妆分享社群,该社群的发展模式为"达人+美妆视频教程+直播"。

在这个垂直女性美妆的社群里,有数以万计的时尚达人,每一个达人在美妆时尚领域都拥有自己的绝技。他们用自己的绝技创造内容并分享给粉丝。粉丝们会因为这些时尚达人的时尚观念和消费品位而选择追随并成为忠实的用户。当粉丝们成为时尚达人的忠实用户且凝聚起黏性以后,美妆电商就会上线。这样,小红唇就形成了"达人——用户——购物"的封闭模式。用户点击进入小红唇 App 后,就会看到各路达人在直播间直播美妆技巧。他们手把手教用户们学习美妆,学习保养,顺便还捎带着介绍和售卖美妆用品。用户可以随时和美妆达人进行沟通,这让很多用户在美妆方面很是受益。

App经济变现是一个多方获益的经济变现模式。开创这个平台的小红唇公司能够获得很多流量数据,这些流量数据都能转化成潜在的用户。那么,美妆电商把自己的美妆产品放在这个平台上就能够获得巨大的销售额,美妆达人们在这个平台上可以圈粉,而用户们则能在这个平台上买到高质量的美妆产品。

App的经济变现能力不容小觑。当然,想要在App上销售大量产品以变现,就需要保证产品的高质量和低价位。为了保证这两点,小红唇自建了保税仓,这样的做法既能节约成本,又能提高效率,一举两得。

很多女性都喜欢韩国的美妆产品,却不敢通过网络渠道购买。其中一个主要原因是害怕网络上的东西是假货。为了让用户们买到心仪的海外美妆产品,小红唇选择与韩国的著名化妆品集团联手合作,以保证用户们买到的都是正品。

三、微信创业的商业变现模式

当微信以朋友圈的方式上线,它就成了移动互联网时代网民们必备的一个社交工具。在这里,网民们不但可以和自己的亲朋好友做亲密的互动,还能将陌生人加成好友,并根据需要进行交流和沟通。其实,微信也是一个商业经济变现的平台,它具备多种变现模式,能为人们提供多种变现方法。

(一) 软文变现——软文广告,点赞打赏

1. 如何打造一篇价值几百万的软文

在2015年8月11日,微信推出点赞打赏功能。一开始,这种功能只针对一部分公众号开放,随着时间的推移,所有的公众号都能使用点赞打赏功能了。点赞打赏功能承载的主要是优质原创内容,创作方为自媒体人。但很快这个区域就被广告策划者发现,他们希望通过在微信上点赞打赏来实现经济变现。那么,如何在微信上通过点赞打赏来实现经济变现呢? 在这里,我们可以想到在微信上写软文。2013年,一篇名为《金海电动车电池保养宝典》的软文横空出世,文章的主要内容是怎样保养、维护电动车电池。为了写这篇文章,作者用心核查资料,研究电动车电池,足足花了三个多月的时间。功夫不负有心人,《金海电动车电池保养宝典》的软文一"问世"就受到了网民们的追捧,大家争相点赞打赏,对学得延长电动车电池寿命的知识表达感谢。同时,网民们还对该软文进行转载。

在转载的同时,该软文的作者也就在其他平台上又获得了收益。一年下来,这篇软文就为作者挣得了几百万元的收益。那么,怎样才能让软文获得点赞打赏呢?需要注意几点:

(1) 软文的标题一定要新奇、新颖,够吸引人。一个不能吸引人的标题,读者连点进去的欲望都没有,又何谈阅读?何谈打赏呢?

(2) 软文的内容一定要经得起推敲。如果是科普类的文章,一定要做好调查和研究,能够真正地帮读者答疑解惑。

(3) 增加热门的关键词,以供读者搜索。不要放推广产品的链接,这样会引起读者的反感。一旦读者反感了,不但不会打赏,就连点赞都不会有的。

2. 软文写作,共鸣是关键

软文的写作要点大致相同,软文的表现方法可多种多样,可以写科普软文,也可以情感软文,还可以写幽默段子、悬念式软文等。什么是悬念式软文呢?悬念式软文就是先以问题的形式甩出关键词,让读者先对关键词感兴趣,当读者对关键词感兴趣了,他才会点击进入。

无论是写哪一类的微信软文,最关键的一点是言辞一定要真实,切忌华而不实。因为,只有内容真实的文章才能让读者在其中找到共鸣,从而获得他们的点赞打赏,最终实现内容经济变现。除此之外,微信文章一定要有针对性,能与读者产生心灵的共鸣,触动到读者的情感点。微信好友中大多都是亲朋好友,所以,一些软文写作者就利用这一点,在软文中扮无辜、撒娇,以求点赞、打赏。这种做法有时也可以获得些点赞和打赏,但是这并不是一个长久的经济变现方法。想要获得持久的点赞和打赏,软文写作者必须提高自己的写作水平。

(二) 推广变现——微店 App 推广

1. 店铺收藏

在微信里面,我们也可以像做淘宝店那样做一家微店。那么,微信中的微店怎样实现经济变现呢?和淘宝店一样,微店的变现也离不开流量。那么,想要让一家微店有流量,前提就需要大量的宣传和推广。每个做微店的人都有这样的苦恼:想要把微店做活,却又无从下手。那么,不妨看一看成功的微店是怎么做的!

韩式养生泡菜馆专注于售卖手工制作的泡菜,它在淘宝上已经积累了不少人气。自从微信开发了微店功能后,韩式养生泡菜馆立即入驻微店。和大多数的微店一样,刚转入微店时,韩式养生泡菜馆也没有订单。于是韩式养生泡菜馆的微店团队一直在思考"怎样打开局面"这个问题。后来,韩式养生泡菜馆的团队成员们想出一个办法:增加店铺收藏。微店官方平台为了帮助商家们增加客源,设置了各种功能插件。在这些功能插件里,有一个"买家版招商"板块。商家只要打开微店买家版 App,点击推广按钮进入推广页面,就能看到这个插件。在这个插件里面,有微店官方做的各种活动按键。商家可以根据自己的微店实际情况来选择一个适合自己的活动,然后报名参加就可以了。在这些活动中,最常见的是返现和发红包。只要有用户进入微店,就有红包或返现可拿,这样就能引导用户关注和收藏微店,从而为积累人气增加流量做准备。韩式养生泡菜馆利用这个方法,很快就将店铺收藏做到了 1.2 万。在微店,这样的收藏数据是很可观的。

2. 持续订单

商家仅仅引导用户做店铺收藏还远远不够,还需要有持续的订单才行。商家要想自己的微店有持续的订单,就需要下载安装微店买家版 App。微店有两个 App,一个是卖家版,一个是买家版。卖家版 App 主要是卖家用来查订单看数据的工具。想要持续的订单,就需要商家下载微店买家版 App。韩式泡菜馆的微店团队每天都在微店买家版 App 里面发布动态,发布后的动态会在"首页关注"一栏展示。所有关注该店铺的用户都能收到这条信息。买家第一时间获得本店的信息,这样就能给客户增加印象,并达到召回用户的目的,从而让订单得到持续的发展。

商家想要召回用户,其在微店上发布的内容也很重要。除了把新的产品放在网页上,还可以分享一些关于商品的有趣的事情,引起用户的关注,从而使得以前购买过该产品的用户再次进入店内消费。查询韩式泡菜馆的微店数据,不难看出,来自微店买家版 App 的订单要比来自微店卖家版 App 的订单数高出五倍。显然,微店买家版 App 的推广引流功能比微店卖家版 App 更强大。电商时代,流量非常珍贵。只要用心去维护,流量还是可以稳定且持续上涨的。

(三) 活动变现——冠名赞助,线下活动

1. 京东冠名,线上线下齐发力

随着互联网的发展,电视节目不再仅仅依靠电视机进行传播了,它还可以通过网络进行传播。可以说,在当今社会中,渠道为王已经变成了内容为王。在互联网还不发达的时候,商家要投资做广告只能选择电视台,那么,中央电视台因为其较高的收视率而被商家所青睐。然而,在现在这个互联网高速发展的社会,商家投资做广告的方式可以有很多种,比如微信、QQ、微博、百度等,那么,形式不再是考虑的重点了,内容就成了商家应该考虑的重点。

以内容为主的节目中,广告的形式也需要变化,不能像从前那样做一长段广告,因为广告一出现,节目就会中断,观众就会转台,那么流量也就会损失。因此,为了不让观众换台,商家会换一种形式来做广告,这种方式就是"冠名赞助"。在节目中,表演节目的人会选择和使用这款产品,并说些正面的、积极的话来引导观众,从而提高线下的销量。商家只是在线上做"冠名赞助"还不够,想要让企业获得持续的收益,还需要多管齐下,在线上做冠名赞助,让观众加深印象;在线下也要做各种活动,将观众转化成用户。活动怎么做? 做法不同,效果也不一样。其中要提的一点就是,不管是做哪种产品的活动,都需要增加创新意识,因为创新才能吸引人。从这一点上来说,传统企业要像互联网企业取经,因为互联网企业比传统企业的思维更发散、更灵活。在京东冠名赞助的《我是歌手》综艺节目中,京东就线上线下齐发力,最终获得了不菲的战绩。

2. 线下创新,转化经济变现

在线上做冠名赞助时,京东在运用传统冠名赞助程序的基础上还融入了创新,京东的策划人员将品牌展示植入倒计时中,这个创意非常好,在那关键的几秒里,所有观众都盯住屏幕,这时京东的品牌就展示出来了。由于此时观众的注意力都集中了,京东的品牌会更深地留在观众的脑海里。不仅如此,京东还把《我是歌手》的奖杯打造成京东的吉祥物。当得胜的选手举起手里的奖杯时,观众们对京东的印象就更加深了一层。而京东吉祥物那可爱的模样会让观众们喜爱并加以再次传播,京东的品牌随着这些传播而声名远扬。

观众对京东的印象增加了,并不代表就能将观众转化成实际的流量。想要将观众转化成实际的流量,实现经济变现,京东还需要做线下活动,让京东彻底走进网民们的生活中。线下活动也有很多种,比如,城市广告牌、车体广告栏等。京东选择的是车体广告。车是一个运输工具,它四处跑,当车跑起来的时候,京东的广告也会四处"跑",这样一来,知道和了解京东的人就会越来越多。因此,车体广告又有"活体广告"的美誉。

(四) 教育变现——线上教学

1. 向 CCtalk 表白

在线培训的经济变现能力前文已经说过了,今天咱们要说一说教育网的经济变现。比起在线培训职业技术能力,教育网打造的是线上课堂,以帮助用户学习并最终获得知识和证书。在众多的教育网中，CCtalk 在线教育平台有其独特的变现之道。2017 年 8 月 28 日，CCtalk 在上海举办了"职业教育网师大会"。会上邀请了公考名师徐灏哲、艺术设计专家邓璐彬、留学求职专家孙静博，以及其他的在线教育人士。在职业教育网师大会上，依靠知识变现的颜远绅告诉大家，之前自己做教育，需要引流、付费和教学等几大板块相结合才能进行，非常繁琐，且辛苦。自从加入这个教育平台以后，每 30 天的"传播学"考研课程就能获得过百万元的营业额。而且 CCtalk 平台在过去的 646 个小时中，仅仅发生了一次小 bug，这简直是个奇迹。在入驻 CCtalk 之前，跨越多个网络平台完成引流、付费、教学等动作的繁琐过程，曾让颜远绅一直无法推进工作的进程。颜远绅还说："现在，很多问题都可以通过 CCtalk 解决了，CCtalk 保证了我们高质量、高定价、轻运营的模式，也能够让我们专注于教学内容的打造。我要给 646 小时仅发生过一次 bug 的 CCtalk 表白。"短短几句话，显示出了 CCtalk 强大的经济变现能力。

2. 从 CCtalk 的强大功能看在线教育市场的巨大空间

CCtalk 为什么会如此强大呢？沪江创始人伏彩瑞说："CCtalk 是沪江的第一个平台化产品，具有非常重要的战略意义。在这个开放的平台上，我们见证了各个领域在线课堂'网师'群体的崛起。沪江正在拥抱知识多元化，而不仅限于语言学习。我们希望通过互联网改变教育，让更多教育从业者能够用智慧换取更多财富。"显然，CCtalk 的强大，是因为市场需求的强大。

根据教育部的数据显示，2016 年中国高校毕业生人数达到 765 万，但实用性职业教育人才却极度匮乏，显然，我国的职业教育产业仍有很大刚需。CCtalk 职业教育事业部总经理景泉说：证书类、求职类实操性技能、通用办公技能学习等，都是高校毕业生和白领所需要的职业教育方向所在，市场体量很大，用户参加职业教育目的明确、主动性强、付费意愿高。作为一家互动教学平台，CCtalk 上线了职业教育微信小程序，切入微信的海量用户中。这样一来，老师们就有了更轻便的授课工具，而学生则有了更便捷的学习通道。由艾瑞咨询发布的《中国直播教育互动行业研究报告》中也指出，CCtalk 利用强大的流量和技术优势进行全产业链运作，发展空间非常巨大。

（五）口碑变现——口碑营销与传播

1. 飞书互动告诉你口碑营销的着力点

互联网的发展，赋予了消费者一种新的能力，那就是在线口碑传播。

所谓在线口碑传播,就是消费者根据自己对特定商品的购买经历在网上进行经验、意见和相关知识的分享。商品的广告都有放大其自身优势的一面,因此,消费者都不相信广告上说的,在购买一件产品之前,他们更多愿意参考其他用户的评论,然后再决定是否购买该商品。在淘宝网上,一个淘宝网店很可能被一条差评而搞得客户流失,这就是口碑的力量。

在互联网时代,一百条好评抵不过一条差评。口碑传播是一个让电商又爱又怕的东西。他们害怕"口碑传播",因为一条差评就会影响到自己店铺的流量和收入;他们也喜欢"口碑传播",因为从"口碑传播"中他们能及时了解消费者对自己店铺的产品的功能、价格、质量等诸多方面的真实反馈,这对产品的改进和优化有着积极的作用。那么,怎么利用"口碑传播"变现经济呢?

脸书在中国区的二级代理"飞书互动"用自己的成绩给出了完美的答案。飞书互动主要做的是脸书在中国区的一些广告业务。想要开展业务,首先就需要让企业了解脸书能给他们带来哪些关于用户的东西。因为用户的多少就意味着流量的多少,流量是一家电商企存下去的基本要素。飞书互动通过大数据发现,用户们花费在移动端的时间,比花费在 PC 端的时间要多。也就是说,移动化生活是大势所趋。电商想要占领市场,就要把营销方向往移动端转移。但电商将营销方向转移到移动端并不意味着就肯定可以占领市场,获得收益。因为在当下这个互联网时代,可供用户选择的商品越来越多了。

那么,究竟哪种商品可以从众多的商品中脱颖并受到用户的青睐呢?此时,口碑就成为了一个关键因素。面对购物网站上海量的商品,很多时候,用户也不知道该怎样选择才是最好,他们会很纠结。在无从下手的情况下,他们会选择去看其他消费者的评论和消费体验,并从中判断哪些产品质量更好,更适合自己。由此,口碑传播的力量也就体现出来了。

2. 关注点在哪儿,流量就在哪儿

为了帮助在脸书平台上的电商企业获得较好的口碑传播,飞书互动除了要求电商企业的商品自身质量过硬之外,还会为电商企业提供大数据帮助,让电商企业对用户的需求有一个全面透彻的了解。作为全球最大的社交平台,脸书平台上每月的活跃用户可达到 15 亿人次,在这 15 亿人次中,有 12 亿来自移动端,他们会利用碎片的时间来关注脸书上面的动态。而脸书就可以通过观察他们的碎片浏览记录来搜集他们的关注点,并整理成数据提供给电商企业。

总结成一句话就是:用户的关注点在哪里,流量就在哪里。飞书互动的商

务总监印佳美说："流量就意味着人，人就意味着生意。所以哪里有流量，那我们的关注点就应该在哪个媒体上面。"知道了流量的所在，也知道了用户的兴趣所在，电商企业要做的就是针对用户的需求来打造商品，并提供给用户。印佳美说："在社交媒体上面，电商应该怎么样去做呢？电商肯定希望用户来购买其店铺内的商品，但是，电商并不知道自己的用户是什么样子的，或许他们一点都不了解。社交媒体平台能够帮助电商更好地了解用户的状态和形式是怎样的。"

在社交平台上，电商可以了解用户，了解什么样的人会购买自己产品，通过这种了解，电商可以抓住流失的客户，凝聚现有的客户，使自己的店铺拥有持久的流量。除此之外，在社交平台上用户也可以对产品写评论，分享购买心得。这种分享可以通过图片、评论、视频等方式来进行，这些方式能够促进用户对产品进行二次购买。印佳美说："社交媒体能够给我们带来的东西，可以用四个词来概括'有趣的、实用的、互动的、分享的'。如果说在社交媒体平台上面能够真正地把这四个词做得很好的话，我相信应该能够在社交媒体这个平台上把电商做得很棒。"

3. 口碑变现，受众群体划分很重要

在社交平台的用户方面，想要获得口碑变现，电商企业一定要密切关注用户受众群。关于受众群体的划分，印佳美也有详细的解释：

第一种受众群是目标用户群。比如，我是卖"讲话"的，我很想向美国人出售我的"讲话"，因为我知道这是我的目标用户。在脸书的后台，我就会根据用户的国籍、年龄、性别、兴趣爱好、个人状态等去选择我的目标用户。

第二种是匹配受众群。我们手上有一些数据，比如，我是做平台销售的，我的手中有订单，有数据，有用户，而且我已经掌握了顾客用户的一些信息，如邮箱、手机号等。那么，随着自己业务的发展，我想在脸书上去建主页怎么办。那我可以把已有的一些用户的数据做成一个表格，然后导入到脸书后台中，后台会自动帮助你去匹配，如果说这个用户已是脸书的用户了，那他又可以匹配到这样的一群人。匹配之后，如果你想建一个公众号或者粉丝页，你可以向这样的人群去做定位，去投向他们，让他们成为你忠诚的粉丝。

第三种是类似受众。也许，我们目前掌握的用户的数据很少，但是我们想扩大目标受众，那怎么办呢？此时，我们就需要一些"种子"用户，然后我们把这些"种子"用户扩大，去找和他们相似的人，然后去做定位。平台能够帮助电商用户做推广。比如，电商可以在脸书上有自己的配置，增加粉丝，当粉丝成为忠实用

户后,他们就会对企业每个产品的帖文或动态进行关注和咨询。一旦受众变成了电商的粉丝之后,电商就可以跟他进行互动,比如说,企业今天发了个帖文,粉丝对这个帖文很感兴趣,那么,粉丝就会在帖文下面留言、提问,然后电商会跟粉丝做一些互动,或者说解释,这就是在培养感情。当粉丝对电商的品牌有一定的认知和信任了,此时,电商如果能有些促销的信息提供给粉丝,那么粉丝可能很快就会下单了。也可以先让粉丝把产品加到购物车中,或者成为该网站的注册会员。这样口碑效应就出来了,电商企业就可以利用这一点进行经济变现。做好口碑效应很重要,定位受众群体也很重要。只有把受众群体定位精准,才能让产品获得非常好的口碑。从而实现产品的经济变现。

四、互联网变现模式

互联网时代是一个高速发展的时代,各种各样的社群都在不断地诞生,社群变现商业模式也在不断地推陈出新。只有想不到的,没有做不到的。那么,我们应该怎样去认识这些新的变现模式呢? 怎样让自己的商品利用这些新的变现模式来进行经济变现呢? 这是我们最感兴趣的。

(一) 电商与广告同谋——导购变现

1. 阿里妈妈: 内容导购实行精准导流

2017 年 3 月 28 日,一篇名为《阿里妈妈试水新的流量变现手段推内容导购,去年媒体分成超 100 亿》的文章引起了人们的注意。文章宣称:"阿里妈妈预计 2017 年联盟媒体总分成将实现翻倍增长,内容导购将会是阿里广告系统未来发展的趋势和方向。文章里说:"阿里妈妈宣布进一步推进内容导购,打造内容联盟,打通与头条、直播为代表的各大超级 App 接口,实现更精准导流。"内容导购这一说法很新颖。内容导购实行精准导流,精准导流实现经济变现。作为阿里巴巴旗下的广告营销公司,阿里妈妈可以称得上是国内数一数二的大数据营销平台,它拥有阿里巴巴集团最核心的商业数据,要想做到内容导购的精准导流,那是轻而易举的事情。

小熊电器和阿里妈妈联手,率先展开了内容导购变现的新的商业模式。作为创意小家电品牌,小熊电器一直走在创意和创新的队伍前列。在以渠道为王的家电行业中,分销商一直是经济变现模式的主流。然而,随着互联网的发展和科技能力的不断创新,家电产品的外观和功能越来越符合"80 后""90 后"人对高品质生活的追求,但是,传统模式下的分销商模式却不能跟上时代的步伐,因此,他们就逐渐被电商所替代。小熊家电作为创意小家电的领导品牌,对互联网的发展趋势有了详细的了解,它清楚地认识到,只有借助大数据,与用户就产品的质量和后期服务进行沟通,及时了解用户的需求,构筑起属于自己的品牌粉丝圈,才能为商品带来持久的流量。

2. 联手阿里妈妈,小熊家电分享导购红利

从 2016 年 8 月开始,小熊家电就开始在阿里妈妈上对消费者大数据进行观察。这个观察活动一直持续到 2017 年 4 月份。在观察过程中,小熊家电发现,不同的时段购买小家电的人群是不一样的。2016 年 8 月,里约热内卢奥运会期间购买小家电的人多为运动健儿和养生达人。2017 年春节期间,购买小家电的人多为新老用户和买年货一族;2017 年 3 月,购买者多为参加美妆节的"森女"、美妈等;2017 年 4 月,随着夏天的到来,购买者又变成了黄小厨的粉丝和宝妈们。用户不同,但他们的需求却是一致的:通过小熊造型精致、操作简便、智能贴心的系列产品为自己及心爱的人随心烹调。阿里妈妈团队根据这个需求,为小熊家电量身订做了一系列互动活动。在阿里妈妈的官网里,我们能看到这个活动的详细策划:

第一步,"穿越时间找到你"。通过大数据预测在不同时间节点,不同人群对产品的需求特征,从而锁定品牌目标人群,并通过精准的创意推送,与目标人群中的每个个体消费者进行千人千面的亲密接触。

第二步,"穿越空间引领你围绕他",从认知→兴趣→意向→购买的品牌决策路径开始,通过 OTT 双屏互动、直播互动、搜索特效、分享有礼等形式,实现全链路下碎片化场景的一站式覆盖与线上线下打通的互动引流。

第三步,"登录小熊趴讨喜你"。通过一键关注开启个性化展现的 POP 后,就可以进入集玩、购、享的小熊粉丝世界,体验从网红有奖运动、年货福袋抽惊喜、漫游鲸鱼时节,到私享黄小厨秘籍等一系列创意活动,在边玩边购物的过程中收获多重的惊喜。

在阿里妈妈的策划和安排下,小熊家电利用内容导购的模式获得了 10 亿以上的有效曝光率,同时还积累了 50 万以上的粉丝量。这些粉丝后期都会成为小熊家电的潜在用户,其价值无法估量。小熊家电能够在活动中收到如此好的回应,主要得益于阿里妈妈平台上宽阔的人脉,以及阿里妈妈平台打造的内容导购商业经济变现模式。

（二）告别免费思维——信息与服务费变现

1. 慧沃网：免费，为盈利积累用户

互联网时代是一个信息时代，在这个时代里信息爆炸，而且都是免费的。但爆炸式信息也有弊端，弊端就是盲目和杂乱，用户想要获得正确有用的信息需要花费大量的时间来进行搜索和查询。这样一来，用户既耗费时间，搜索的信息还不一定准确，有可能查询了很久，最后还不得不花钱付费购买有用的信息。信息是可以购买的，这样就衍生出信息和服务的变现模式。

慧沃网是一家以信息技术为主的高科技公司，公司产品为"幼儿园网站""家园互动短信平台""幼儿园安全管理考勤系统"等。专门为 3—12 岁的幼儿提供趣味学习，为幼儿园提供优质宣传，为家长提供安全入学的服务。在 2015 年之前，慧沃网的很多工具和功能都是免费的。也就是说，无论是信息还是服务都是免费的。只要点进慧沃网的页面，你就能免费使用这些工具和功能。而且慧沃网的服务和信息都是非常实用的，很多幼儿园都慕名而来在慧沃网上注册。慧沃网为幼儿园提供了许多教育内容，比如，爱与秩序、童子山、美国小镇、大嘴呱呱等。这些教育内容对幼儿的早教教育起到了很好的启蒙作用，很多幼儿园园长和幼儿家长都在使用。从 2006 年到现在，有 8 500 家幼儿园注册了慧沃网，用户积累也已经达到了足够的数量，信息和服务可以探索盈利模式了。

2. 付费，用户心甘情愿为优质信息和服务买单

2015 年 3 月，慧沃网在原来的免费工具的基础上推出了付费的教育内容。幼儿园想要使用这些教育内容，就需要支付每个孩子 30 元人民币的价格。这30 元人民币可以由幼儿父母支付，也可由幼儿园支付。很多人都在担心信息和服务突然收费，用户是否愿意接受？事实证明这种担心是多余的。因为收费内容比免费内容更加有创意，更加优质。所以付费内容一经推出，就受到很多幼儿园和家长的欢迎。他们纷纷缴费购买这些付费内容，尤其是新入驻的幼儿园，有百分之九十以上的都选择缴费购买教育内容。在所有缴费的幼儿园里，家长缴费的占八成比例，幼儿园缴费的占两成比例。

由此可见，家长和幼儿园老师都认可这种信息和服务变现模式。慧沃网创始人张康说："优质的教育内容是园所、教师、家长的刚需。幼儿园选择付费的原因就是认可我们提供的内容，能够接受这个价格。"张康深谙互联网信息时代应该是一个双赢的时代，所以慧沃网在付费服务的基础上又推出奖励机制。张康说："为了鼓励教师利用慧沃网上的内容上课，慧沃网补贴每位缴费老师每月

300 元现金。"这样既能激励老师们使用慧沃网上的内容进行教学,也能引导教师帮忙推荐慧沃网的付费内容。一举多得,互利互惠。

(三)腾讯收入支柱——游戏变现

1. 腾讯——全球最赚钱游戏公司之一

2015 年 11 月是腾讯游戏公司的丰收月。这个月,腾讯公司的游戏收入达到 42.39 亿美元,一举拿下了"全球最赚钱游戏公司"的称号。有人为此甚至戏称腾讯公司不再是科技公司,应该是游戏公司。要知道,在全球游戏市场中微软、索尼才是龙头企业。然而,最新的数据显示,腾讯公司的游戏收入增长率竟然高达 28%,远远超出游戏收入 26.82 亿美元、排名第二的微软公司。

腾讯公司能够获得巨大的游戏收入,其中有两个主要原因:腾讯公司旗下的游戏作品种类多和中国玩家市场大。毋庸置疑,游戏已经成为腾讯公司的支柱产业。腾讯游戏公司的收入主要来自旗下的各个网游 IP 和手游产品。《英雄联盟》《穿越火线》《天天家族》等在中国内地非常火爆的游戏都来自腾讯游戏公司,而且虚幻引擎开发商 Epic Games 有 48.4% 的股份都属于腾讯公司。在不声不响中腾讯已经完成了游戏布局,打下了游戏帝国的江山。两年时间过去,截至 2017 年第一季度,腾讯的游戏收入已经高达 228.11 亿元人民币,占腾讯公司总收入的 46%。人们的戏言正在逐步变成现实,腾讯公司真的要成为全球游戏界的领军企业了。

2. 打造优质游戏的四个因素

腾讯公司打造优质游戏的四大因素:

(1)腾讯公司为了发展游戏,将大量的资源都集中在一起专门主攻游戏。腾讯是一家科技公司,不乏优秀的游戏开发者。

(2)腾讯游戏团队在设计方面非常注重用户体验。腾讯是最早拥有互联网思维的公司,在互联网时代,"拥有互联网思维者活,缺乏互联网思维者死"。腾讯依靠这种思维用 QQ 打败了雅虎"即时通"和新浪"寻呼"等产品,用 QQ 游戏大厅打败了"联众"。在打败他们的同时,腾讯还积累了很多用户和经验。这些使得腾讯公司可以顺利进军游戏界。

(3)腾讯有占据桌面的 QQ 软件,而这个软件又是互联网时代的中国网民必不可少的社交工具。所以腾讯游戏完全可以借助 QQ 进行弹窗而不用担心用户卸载。这个弹窗功能可以引起用户的注意,并吸纳 QQ 用户成为腾讯游戏会员。其他任何一款游戏软件都没有这么好的平台。

（4）为了做最优质的游戏产品，腾讯通过用户分析潜在市场，并针对市场来做产品。依托用户体验调查的优秀经验，做出来的游戏自然会受到玩家的喜爱。

综上几点，我们可以看出腾讯坐上全球最赚钱游戏公司的宝座的原因。互联网时代也是一个娱乐时代，游戏是一个非常大的市场，只有走好其中的每一步，才能实现经济变现。

第三章　新媒体运营模式

运营模式决定着一家公司、一个产品能走多远。在新媒体行业中，运营一个账号同样需要构建运营模式。本章分别介绍了微信运营、微博运营、App 运营、自媒体运营、电商企业运营、社会化媒体运营等多种运营模式。

第一节　微信与微博运营

一、微信公众号运营模式

（一）提高内容质量

在移动互联网迅猛发展的背景下，新旧媒体融合发展已经成为媒体时代发展的一个重要趋势，此时自媒体必须时刻保持专注、真诚、持之以恒以及宣扬知识与正能量等良好的品质，力求为社会大众打造高质量的微信公众号运营内容。

一方面，针对任何一个微信公众号的运营管理者而言，他们都必须要具备文案编写、美工以及内容排版等微信公众号内容设计等方面的专业知识，同时还要深入实践，对相应的微信公众号用户及使用数据进行仔细地研究，力求可以打造出满足特定用户群体个性化需求的微信公众号宣传内容。还需要注意的是，微信公众号运营管理者必须要本着耐心、持续的态度，坚持对公众号内容进行更新，切不可出现"三天打鱼，两天晒网"的情况，否则势必会降低微信公众号对粉丝的吸引力。比如，针对"逻辑思维"的创始人而言，其在对自己所建立微信公众号进行运营期间，都会始终坚持每天为粉丝推送语音，没有间断过。

另一方面，在运营微信公众号期间，还要注意在坚持自己立场的基础上，增强内容的个性化特征，强调合作关系，灵活地采取"鲶鱼效应"去促进自身转型升级。比如，在内容策划、服务管理方面等方面，微信公众号运营管理者都要注意仔细地甄选内容，力求吸引更多粉丝。

在全媒体时代,优质内容永远是核心。2020年,在线知识付费行业受疫情的反向刺激,逆势向上。艾媒咨询调研数据显示,中国知识付费行业市场规模自2017年以来快速扩大,2020年已达392亿元,预计2021年将达675亿元。2020年,我国在线学习用户中88.8%购买过知识付费产品,46.8%的知识付费用户每月花费500元至2 000元购买知识付费产品。我们以喜马拉雅为例,喜马拉雅作为第一家开创音频泛知识付费模式的平台,首创PUGC(专业用户生产内容)模式,深耕基于音频内容的经济生态圈层——年轻用户喜欢广播剧、品质生活类专辑;宝妈必备亲子儿童课;职场人士则有职场进阶、外语学习、商业财经类专辑陪伴。在平台包容的生态环境下有各种新内容涌现,如音乐疗愈自去年起成为都市白领的"耳朵新消费",有主播专门收集一年四季不同水声、清晨深夜大山里的细微虫鸣,以及田园风吹稻谷的声响,进行音乐疗愈,如主播"声谷"在喜马拉雅上的11张专辑共播放近2亿次,付费用户达数万人。

(二) 明确运营定位

为了顺利地运营微信公众号,相应的管理者首先要做的就是要明确公众号的定位,确定公众号面向的目标群体,并要立足于时刻向目标受众提供差异化、有价值的公众号推送内容,这是撰写优质微信公众号推送内容的重要基础。比如,针对"逻辑思维"这一微信公众号,其最开始的定位就是以趣味性、幽默性和个性化比较强的方式向喜欢阅读和了解知识的学生群体或社会精英群体推送自己的个性化知识,并侧重多样化、情景式的原创内容,这种个性化的优质内容为公众号吸引了一大批受众,相应的公众号推送内容得到了广泛传播。在公众号的粉丝阅读相应推送内容期间会相应地联想文章的情景,容易引起他们内心情感的共鸣,并使得粉丝想要转发这些公众号的内容,从而可以促使公众号推送内容呈现出病毒式扩散。

(三) 丰富营销渠道

微信公众号的可持续发展离不开多元化的营销渠道,这可以确保微信公众号运营中实现营利的目标,但是单纯依靠朋友圈和朋友之间的转发是远远不够的,还需要线上线下同步运营。

在我们一般人的认知里,生鲜果蔬一般都是以门店为主,主要负责方圆3—5公里的客户,在接触果蔬行业之后,才发现这种观点是很片面的,认为公众号和朋友圈卖货是一样的,通过公众号及时发送新品以及优惠信息,触达老客户,但是客户下单数据混乱不堪,有时忘记配送,而且设置满多少配送的条件形同虚设,但是为了维护老客户最后只好客单低也配送。或者利用小区业主发起接龙活动,达到多少之后配送到小区,但是小区业主没有充分管理,更甚商家自己要派一个人在小区守二三个小时确保将所有的产品送到顾客手上。在这样低下的工作效率,社区团规模难以壮大,最终就只能涉及几个小区,企业难以发展。其实利用微信公众号这个平台我们能做的事情还有很多,比如新店开业,可以领取会员卡并且主推两款引流转化产品(轮播图中必须要有会员卡领取),将优惠信息或者一些重要的信息公布,方便进来的客户看到,更方便用户筛选对应的产品,节约用户的时间,提高体验感。在公众号中还可以设置拼团专区,秒杀专区、签到专区、会员专区等等,高效利用微信公众号平台才是关键。

其次,必须要对营销渠道进行拓展与丰富。比如,可以基于微信公众号平台为主,知乎、今日头条等平台为辅的运营方式,借助不同营销渠道之间的相互补充和合作来构成一个完整的管理体系。

比如针对"逻辑思维"这个微信公众号而言,其在激烈竞争中得以成功的一个重要原因就在于它采取了多元化营销渠道,如其除了微信平台外,还选择了借助喜马拉雅听书、微博、视频脱口秀以及线下相关活动来推广与宣传微信公众号,积极扩大该公众号的品牌影响力,逐步积累了一大批的忠实粉丝,增强了自身的品牌影响力。

在粉丝数量规模以及品牌影响力足够大的作用下,"逻辑思维"这一微信公众号还选择了通过流量进行营利,如开通会员的方式,可以在为粉丝提供个性化服务业务的时候收取一定的会员费,以此达到营利的目的。可见,为了实现微信公众号的可持续发展,公众号可以为粉丝提供一些个性化的会员服务,收取适当的流量费用,以此确保微信公众号拥有充足的运营成本,避免因为运营亏损问题而最终使微信公众号走向灭亡。

此外,除了注重上述营利因素外,为了进一步提升微信公众号运营质量,还要注意做好运营维护管理,借助生态运营去增强公众号粉丝的黏性。比如,"十点读书"这个微信公众号在对人与网络进行联结的基础上,为粉丝构建了一个用于相互沟通和交流的互联网沟通平台,同时还会定期组织线下读书沙龙,以这种多样化的维护方式增强了这个微信公众号粉丝的黏性,避免了公众号粉丝流失,这也是其实现在激烈竞争环境下持续可持续运营的一个重要举措。

二、微博运营

1. 营销闭环与微博社会化电商

社会化电商又称社会化电子商务,是电子商务的一种衍生模式。它借助于社交网站、SNS、微博、社交媒体、网络媒介等传播途径,通过社交互动、用户自主生产内容等手段来辅助商品的购买和销售行为。在社交网络中用户相互之间基于真实身份、兴趣爱好等多种关系进行的信息传播的可信度较高,对于商家与消费者之间建立信任关系至关重要。除了消费者在购买前可以与企业充分沟通,了解品牌口碑外,微博的社会化电商服务最大优势在于电商用户、购买用户以及参与活动的用户又会成为企业新的粉丝,粉丝的积累为企业下一步营销推广带来更大空间。

随着微信等社交应用兴起,微博用户在一定程度上被分流。同时微信率先推出"微信支付"功能,"微信+电商"的模式对于微博来说是个强劲对手。2013年8月,新浪微博与阿里巴巴建立战略合作关系,携手推出新产品——"微博淘宝版"。新浪与支付宝于2014年1月宣布全面打通微博与支付宝账号,联手推出微博支付。微博平台上的在线交易、线下商家的日常消费均可用微博客户端直接付款。

至此,新浪微博平台将消费者预约、下单、购买到支付的消费行为聚合成销售闭环,在帮助企业迅速获得高销售额、提高营销效率的同时,作为社会化媒体的微博还可以形成口碑传播,实现品牌忠实消费者的积累,为其二次消费打下基础。

微博的社会化电商道路有一个重要前置条件——依赖于多个平台数据的打通。也即门户与微博平台的打通、微博与阿里平台账户打通、微博与支付宝支付平台账户打通。与电商平台数据互通之后对于数据的挖掘将是微博电商化道路成功的关键。我们需要意识到,大多数用户都是利用碎片化的时间使用微博。因此,无论社交媒体做电商还是电商平台做社交,都需要寻找到能够在极短时间内吸引其用户关注的广告创意、表现形式等,注意把握创意的互动性。

2. 情感强势与舆情口碑监测

微博内容及时更新、嵌套式传播,进一步推进了网络舆情的发展,微博舆论也成为网络舆论中最具影响力的一种——无论是明星名人还是草根民众都可以在微博上自由表达意见、分享信息。基于此,微博舆情与口碑监测对全业而言至关重要。值得注意的是,微博中对事件、人物、企业的意见和评价虽然多种多样,但是基于"关注——粉丝"建立起来的传播关系更多体现为同声相求。这就使得企业在有效争取到核心公众的同时,还能够与他们达成情感认同,以此维系"粉丝"们的忠诚度。

较之于传统的公关措施,微博更能快速聚合优势意见,微博已经形成一整套对于舆情的监测、应对和处理方案。从口碑来源、口碑声量,口碑质量等多个维度来帮助企业审视品牌口碑的状况和健康度,为广告主提供全方位的口碑整合营销服务,包括品牌舆情监测、舆情数据分析、舆情引导管理等。

3. 圈子社区与社交精准广告

微博为代表的社交广告,因投放目标的精确性而备受广告主的青睐。营销活动从企业粉丝开始,借助于微博广告的互动分享性最终形成大范围的社会化传播,提高了目标用户的忠诚度,增强了品牌黏性。目前,微博广告大概有按钮广告、网幅广告、关键字广告、话题植入式、内容植入式等广告形式。

新浪微博实现精准营销主要表现在通过粉丝的聚合而进行精准传播。一方面通过 RSS 将信息推送到订阅者,满足用户对信息的即时性和个性化需求;另一方面用户通过自主分化所聚合形成的圈子社区,为企业实现精准传播提供了可能性。

知名汽车品牌凯迪拉克联手新浪微博,通过社交精准广告与内容营销,结合明星话题与品牌历史,成功打造了一场"这就是风范"的营销活动。凯迪拉克发挥强大的内容创造能力,预先设定了 10 个与品牌相关的关键词,如时尚、塞车、艺术等,借由新浪微博社交广告根据用户标签与兴趣图谱,将 10 个维度 100 个品牌故事以及营销信息准确推送给感兴趣的用户。微博热门话题将和"这就是风范"相关的微博话题聚合,引发网友的二次创作与传播。通过与粉丝的交流让粉丝带动更多粉丝,达到精准投放的目的。与此同时借助于知名媒体人、明星等"意见领袖"的参与,总共产生 34 万条微博。"这就是风范"微博话题转发超过 10 万人次,成功向新浪微博 5 亿用户展示了凯迪拉克的品牌精神与风范。

基于用户关系信息传播的微博社交广告将会对整个广告行业产生重要影响。它将会成为连接整个广告业的各个环节(如广告公司、策划公司、运营公司、应用公司、数据公司、咨询公司)的纽带。借助于自主广告系统,社交广告模式正在逐渐成熟。

第二节　App 运 营

App 是移动互联网的主要应用形式，在数字出版快速发展的背景下，App
的价值日益显现。App 能够满足用户各方面的个性化需求，从衣食住行到游戏、
社交、阅读，几乎能在提供 App 下载的电子市场找到任何领域的资源。App 化
已成为目前信息网络技术快速发展和生活快节奏的最大特点产物。在众多的
App 形式中，和出版业密切相关的阅读类 App 是重要类别，它是数字出版的一
种具体形式，是适应移动互联网发展的新生形态。在此背景下，本文将从以下三
个方面提出顺应 App 大潮的建议。

一、以用户体验为导向增强互动

利用网络信息技术手段创立平台和用户进行交流和互动；内容为王，将最优
质的资源呈现在软件终端上，吸引用户进行阅读和浏览。App 的主要功能是进
行沟通和阅读。在研发过程中媒体应注重这一点，打造最完善的交流、互动、分
享平台，才是取得胜利的关键。

以品质服务、用户体验、沟通交流为主的 App 是最符合出版媒体发展需求
的选择。在进行研发时设置互动、游戏环节，增强与大众的联系，为大众带去娱
乐感同时，定期推出一些奖励(如更新、互动和建议等方面的奖励)，增强使用者
对软件的支持率和好感度。与 QQ、微信、微博、抖音、快手等建立合作关系，提
供跨平台分享服务，提高 App 的知名度，增强互动，不断更新 App 程序，使得软
件的功能和运行性能更加流畅和完善。

二、依托大数据分析形成用户黏性

5G 时代的到来为具有大数据功能的 App 上线提供了坚实的现实基础。同
时这也为改进 App 的用户体验功能、服务功能和个性化功能奠定了基础。App
开发商、运营方可掌握用户的阅读习惯、阅读时间、阅读爱好、阅读媒介等，优化
对读者个性图谱的勾勒，以便进行更精准的信息推送。

兴趣爱好、生活体验的不同使得大众在内容选择上和对内容的喜爱程度上

有着明显的不同。如何满足不同用户的阅读需求和体验需求,是在对用户的阅读喜好和行为分析时应着重考虑的内容,运营方可依据大数据中所反映出的数据和材料,对上述因素进行深入的解析。在注重手机阅读软件和用户个性化的同时可以发现,虽然用户的阅读喜好和行为千差万别,但也存在一些共同之处。应抓住这些共同之处,然后再对内容进行细分和筛选,编制一套完善、详细、科学的分类体系。

通过 App 的记忆功能自动筛选出符合用户喜爱的书籍和交流方式,让用户享受到更加快捷便利的服务,感到前所未有的满足感,才能吸纳和稳定更多用户。目前,几乎没有传统出版媒体的 App 拥有像百度、阿里巴巴、腾讯那样巨大的用户平台。联合发展有利于形成巨大的资源优势,同时获得更多的用户支持。

三、研究用户消费心理进行多元化营销

一是通过应用商店进行 App 推广和营销,即在开发者平台上传这些平台包括硬件开发商(App Store 等)、软件开发商(Android Market 等)、网络运营商(移动 MM 等)、独立商店及一些 B2C 平台。

二是线下预装。与某些手机品牌、通信运营商和电视生产商进行合作,在其出售的产品上事先绑定 App。

三是内容营销。选择在一些受欢迎、公众认可度高的平台和媒体上发表文章与视频,增加产品的曝光率。可以通过配备专门的推广人员在新浪科技、腾讯科技、微博、微信等平台上发布信息提高用户口碑,增加宣传力度。

四是交叉推广。在应用市场排行榜前几名的 App 中植入广告加大自身出版类 App 的宣传力度与其他企业和出版商建立合作关系。通过插入广告,互相在自身 App 内为合作方进行宣传,形成内部交叉推广。这对于大多数 App 而言都是提高其知名度的良好方式之一。但在这个过程中需要注意的是,对于要进行交叉推广的 App,出版单位要选择与自身用户群体较为接近的,这样才能将信息准确地传播出去达到最好的宣传效果。

五是限时免费促销。在某一时间段将本需要付费阅读的电子书以免费的形式对用户开放。运营方可以提供无广告、无注册要求或其他附加条件的 App 应用减少用户使用 App 的不便。把这些 App 推广给用户,通过网络广告收回成本。

六是二维码推广。在公共场所、媒体或网络上投放二维码,用户通过扫描二

维码能获得相关应用。将类似的出版类 App 进行整合形成全新的 App。降低竞争压力,形成合作关系,打造双赢局面。营销是一种手段,但不能让营销手段冲淡了内容核心。

第三节　自媒体运营

一、基于移动互联网的自媒体与共享经济

随着各大新闻平台的出现及规则的完善,自媒体数量呈现出了几何倍数的增长。当然,自媒体的快速发展得益于移动互联网技术与应用的发展。根据中国互联网络信息中心(CNNC)发布的第 40 次《中国互联网络发展状况统计报告》显示:截至 2017 年 6 月,我国手机网民规模达 724 亿,较 2016 年底增加 2 830 万人。同时,使用手机上网的比例由 2016 年底的 95.1% 提升至 96.3%,手机上网比例持续提升。移动互联网的深入发展催生了新的媒介形式,也对我们生活的方方面面产生了颠覆性的影响,并且掀起了"互联网+"的变革浪潮。在这一背景下,"共享经济"一词也应运而生。同时,随着理念的日益成熟,共享经济也在不断向服务业、信息传播领域等各行各业渗透,并对我们的生活产生了重要的影响。

那么在共享经济下,自媒体要如何确定自己的内容才能更好达到传输的效果呢。首先选择适合自己传输的介质,其次确定自己的风格和定位,之后确定自己的内容生产方式,最后确定用户画像,这里需要注意 B 端 C 端有些内容会重合,但是 B 端用户应该更加注重专业性描述应用场景,C 端追求趣味性触发传播。媒体方面,初创型企业要敢于定义行业概念术语并占领话语权,率先定义行业的一些概念显然可以占领制高点,尤其是在创新日新月异的互联网行业和高新技术产业。

那么在蓬勃发展的互联网时代,共享经济为什么是未来趋势呢？我们拿交通领域举例,根据 CNNC 发布的第 40 次《中国互联网络发展状况统计报告》数据显示,2017 年 6 月我国网约车用户数量已经达到了 2.78 亿,其中网约专车、网约快车的用户为 2.17 亿,增长率为 29.4%。单从网约车来看,共享经济已经是社会生活不可缺少的部分了。

从微观的商业模式上看,共享经济是指利用任何有价值的闲置资源、零散时间、特殊技能来创造新的价值。从更加宏观的角度看,共享经济是一个建立在人力和物资共享基础上的社会经济系统。换言之,共享经济就是将自己的资源提供给别人使用,在满足他人的同时使自己得到满足或得到一定的回报。共享经济本质上是一种互助互利的经济形态,它力图通过发现产能过剩的领域并借助互联网,尤其是移动互联网的技术手段达到供需平衡。

其实,共享经济这一概念出现得很早。1978年,马科斯费尔逊和琼斯潘思在论文《社区结构和协同消费》中就首次提出"共享经济"一词。到了1980年,美国学者阿尔文托夫勒在他的著作《第三次浪潮》中提出了"人们提供产品或服务的目的只是为了满足自己的需求,而不是为了出售和交换"的产销者概念。虽然共享经济概念起源很早,但受限于当时的社会、经济等因素,共享经济并未引起关注。直到2011年,美国人萨拉洛维茨发表了题为"共享经济——一场静悄悄的革命"的文章,深入分析了共享经济模式,认为共享经济将会对整个社会的发展带来重大影响。

现在看来,萨拉·霍洛维茨确实成功地预言了共享经济的颠覆性,但是共享经济时代的到来却有其必然性。2011年可以说是移动互联网飞速发展的开端,在短短几年内,快速发展的移动互联网就掀起了"互联网+"理念浪潮。在这样的背景下,共享经济的产生可以说是一件自然而然的事情,虽然共享经济概念的提出早于自媒体,但共享经济真正的爆发却晚于后者。而在共享经济发展的过程中,自媒体也在一定程度上推动了它的发展,随着共享经济的日益成熟,其不仅改变了整个社会的产业模式、人们的生活方式,而且反过来对信息传播媒介也产生了颠覆性的影响。作为传媒产业的组成部分,自媒体的发展在共享经济背景下也不可避免地发生变化,这种改变是基于自媒体本身特性上的、更为深入的变化。

二、共享经济中自媒体盈利模式的变化

当下,自媒体的主流盈利模式仍以文章阅读量的收益为主。而在共享经济时代,共享经济的商业模式是"闲置资源+共享平台+人人参与",其盈利模式分为平台推广费、平台服务费、附加增值费、线下展示费这四种。在共享经济的影响下,少数自媒体的盈利模式也开始发生转变。

首先,广告费方面。当下,平台收益是自媒体的主要盈利来源,但是平台收

益的高低取决于文章的阅读量。而在共享经济"平台推广费+平台服务费+附加增值费+线下展示费"盈利模式的影响下,少数优质自媒体账号已经转变了盈利模式,平台的收益已经成为其收入的一部分,外部的广告费用逐渐成为这些自媒体的主要收入来源。

其次,增值服务费方面。其实,自媒体的增值服务很早就已经出现。在自媒体出现后不久,一部分原创度高的自媒体就推出了这类服务,主要包括付费阅读、会员制、私人定制、咨询服务、沙龙培训等。其中,内容付费通常有两种方式:一是先提供部分内容供用户阅读,如果想阅读完整就需要付费;另一种就是目前比较流行的打赏方式,用户阅读完文章后可以随意打赏作者。

但是,在共享经济背景下,绝大多数自媒体的增值服务转向了其他领域,而不再是对内容收费。以自媒体"军武次位面"为例,该自媒体的内容一直是免费的,但是从2017年开始,"军武次位面"推出了"俄罗斯军事旅游项目",这项增值服务是面向广大粉丝与军迷展开的。这一增值服务既不影响普通受众的内容体验,又可以为一些受众提供军事体验渠道,同时可以增加自己的盈利。可以说,这种"三赢"的增值服务是共享经济理念的最直接体现。

再次,"内容+电商"的盈利模式。"内容+电商"的模式并不是一种新的盈利模式,例如知名的自媒体"罗辑思维"就成功地运用这一模式,"罗辑思维"每个星期都会向受众推荐书目,并指明购买渠道,这样既能满足受众对知识的需求,又能从出版社那里得到一定的分红,可以说这也是一种资源共享的行为。

但是,在共享经济思维的影响下,"内容+电商"的模式再次发生转变。同样以自媒体"军武次位面"为例,"军武次位面"从2017年开始,不但每期内容中都会推荐与自媒体定位一致的商品,并且还开通了网店。值得一提的是,内容中推荐的所有商品都是他们自己的,而不是代销或为商家做广告。又或者说以国内"二手"的风潮兴起也可以看出一些端倪,闲鱼的二手闲置物、妃鱼的二手奢侈品等等这些都是共享衍生出来的新形势。

总的来说,随着共享经济的日益成熟,自媒体"内容+电商"的这种模式也发生了改变,优秀的自媒体在为别人打广告、做代理的同时,也开始拥有自己的商品。在共享经济背景下,自媒体由纯粹的传播信息转变为"自媒体+自商品"的结合体。

第四节　电商企业运营

一、移动商务环境下电商企业的运营现状及存在的问题

（一）产品定价、流量以及转化率问题

现如今，在不同的电商平台上，我们可以检索到很多同样的产品，但是同种产品的价格却不相同，而且各个店铺的销售量也可谓是大相径庭。销售量的不同和产品的价格有一定的关系，电商网站的经营过程中，每个店铺的经营成本均不同，故而每件产品的定价也大不相同，所以在考虑经营成本保持稳定的前提下，产品如何定价是商铺应该考虑的问题。在价格相似时，也存在着不同的销售量，这就是流量与转化率问题。在同类产品的竞争中，如何争夺流量，提升店铺的排名，进而将其转化为有效的客源，这两个问题在一些新的店铺中更为突出。很多人存在认知误区，认为一味低价就能获得销售量，其实不然。上海电影艺术职业学院的校企合作方之一的上海妃鱼网络科技有限公司是主营二手奢侈品售卖，我们举个例子，如果正常二手奢侈品包是五到八千元，在妃鱼上面售卖两千元，那么顾客会蜂拥而至的购买吗？当然不会，这样过低的售价会让顾客认为这不是优质商品，可见定价是需要慎重思考且合理设置的。有以下几点可供参考，第一，需要制订顾客最能接受的价位值，经过市场调查之后选择合理的区间进行定价；第二，需要分级定价法，给不同型号的商品制定不同的价格。例如二手奢侈品皮包，按照皮包的级别、档次、磨损程度进行定价，让不同顾客都能够各取所需；第三，阶级定价法，这通常出现在促销活动中，可以是买多件打折、满额赠送赠品等等，利用这些活动来提升顾客成交价，从而提升店铺客单价及成交额。

（二）移动支付的安全问题

近年来，智能手机的普及以及网购的狂潮使得高效便捷的第三方支付得到了快速发展，改变了以银行卡和现金支付为代表的传统方式，其中以支付宝支付和微信支付最为普遍。据艾瑞咨询2019年统计，我国第三方移动支付交易规模达到271万亿元，同比增长95.4%。2021年2月1日，中国银联发布的《2020移动支付安全大调查报告》显示，高龄与低收入群体使用的支付验证方式种类单一、不安全移动支付行为偏多，如"所有支付密码都相同"和"连接公共Wi-Fi的

状态下支付"的风险问题表现较为突出。另外"网诈"风险也是颇有隐患,主要表现为虚构优惠、客服退款、虚假网店等方式,网店微商店主则遭遇较多钓鱼、木马病毒类诈骗与二维码代收款、刷单、处理交通违章、高额透支、虚构险情类骗局。

根据 Walker Sands Communications 的调查,安全和隐私是阻碍消费者使用移动支付的最主要原因。移动支付虽然都有了一个安全性较高的平台作为保证,并且安全技术不断完善,包括动态口令、数字证书等具体措施均已应用,但是还存在着潜在的隐患。例如,移动支付的 App 均安装在移动设备上,支付时无法确保为本人支付,若移动设备丢失,支付平台无法检测。此外,移动支付是以网络为基础,网络中会有很多人员利用各种手段欺骗、窃取密码等相关信息,或者是制造病毒攻入系统,直接盗取。这样的安全隐患在互联网上更为突出,尤其是在"双十一"全球购物节时,全球数亿人在同一时期使用支付 App,容易造成系统的崩溃。

(三)库存安排以及物流速率问题

根据艾瑞咨询的统计,可以看到不同电商平台上消费者的年龄结构占比,可以发现有至少95%的消费者年龄在40岁以下,并根据埃森哲对消费者购物习惯的研究发现,80后会经常到固定的网站购物,并且他们更愿意为速度买单。

除此之外,UPS《网络购物者行为调查》显示,在产品的运输过程中,消费者希望可以随时查询产品的物流信息,并且可以灵活地改变产品的配送信息,近70%的消费者认为免费配送也是网购结算过程中最重要的影响因素。近60%的网上购物者认为,商家可以提供产品在线追踪的服务。所以在这种需求下,企业若想提高企业竞争力,需要提高产品的发货效率以及配送速度。

除此之外,在成交量较大时,物流服务的质量就无法保证,经常会有某某物流企业员工以"暴力"方式对待消费者的物品的新闻爆出,物流配送人员的服务态度以及产品的分拣方式优化也是需要考虑的问题。

二、移动商务环境下电商企业的运营问题的解决办法

(一)针对产品定价、流量以及转化率问题,做好网站的搜索引擎优化

在这个"顾客至上"的时代,企业的策略要依据消费者的消费需求制定,在当前大数据的时代,消费者的数据在各大电商平台上均有记录。根据消费者的消费数据分析他们的购买习惯,并对之后的需求进行预测。此外,企业还可以通过

百度指数以及艾瑞咨询等检索固定产品的关键词的检索排名,用于制定自己产品的关键词,可以使得自己的产品被更多的顾客检索到。企业平台自身的搜索引擎优化是一个漫长的过程,不适用于新的店家。此外,各个企业可以与同类的企业做友情链接,这样可以增加自身企业的流量。最后,网页的美化以及其他平台的宣传也是必不可少的。

众所周知,2020年的新冠疫情造成了不少电商企业生存状况呈现以"冰火两重天"的态势。据联商网零售研究中心不完全统计,2020年有24家具有一定规模的电商企业倒闭、调整和转型。值得注意的是,疫情因素也只是企业倒下的催化剂,大多数企业多是因为自身经营不善,缺乏核心竞争力被行业所淘汰。以奢侈品电商走秀网为例,走秀网初期以奢侈品跨境交易为主,随后扩大至全品类,入场时间比唯品会和寺库都要早。不过,由于受到走私案影响,走秀网错过上市,随后发展陡转直下。与之对比的上海妃鱼网络科技有限公司也是奢侈品起家,但是在后续发展中选择弯道超车,立足二手奢侈品市场,寻求多方合作,从而在现今有了另一番突破。

(二)针对移动支付的安全问题,要从消费者与支付平台两方面预防

对于消费者来说,首先,在自己的移动客户端上使用多重密码保证是必不可少的,其次,消费者自身也要提高防范意识,遇到不安全的网站要及时关闭。消费者应当对未知的二维码抱有警惕心,不要随便去扫"优惠"二维码;不要在未经确认真实信息的网站填写敏感信息、支付信息;设置个人网络银行账户的转账、消费等交易提示信息。另外,一定要在官方网站上下载软件,避免其他的捆绑型病毒软件。最后,无论是电脑还是手机,消费者都需要安装安全卫士等类似软件,防止病毒的攻入。

对于支付平台来说,首先应从App的全生命周期维度考虑安全防护问题,如在开发阶段采用梆梆安全的安全软键盘SDK,通过内存数据加密(SM2 + SM4算法实现)、防调试注入、防截屏录屏、键位随机排布等技术手段,实现移动支付过程中键盘录入数据的安全保护,有效防止用户在键盘上录入的账号、密码等信息被窃取;在App上线之前,采用梆梆安全的通信协议保护SDK可以对敏感信息进行二次加密传输和保护,实现了敏感信息的双重保护,同时帮助企业满足安全合规要求。其次,在方便、便捷的同时,要使用各种加密手段,保证交易双方交易的安全进行,要全天候监控账户的异常,通过对日志进行分析,发现其中的异常行为进行记录并判断软件系统运行的安全。此外,还可以通过对网络流量的分析来监测是否存在攻击行为,如有异常应及时停止交易。平台还应有风险控制措施,分别在事前、事中、事后控制,使损失最小化。

(三) 运用物联网中的 RFID 等技术解决库存安排以及物流速率问题

物联网是继计算机,互联网以及移动通信技术之后的第三次信息产品浪潮,可以实时采集任何需要监控、连接、互动的物体或过程。在物流体系中,通过运用 RFD 技术以及 EPC Globle 网络技术,以及全球定位系统,消费者以及企业都可以实时监测到商品的物流信息,避免商品的错投等现象。这也可以作为一个增值服务,满足消费者在运输过程中拥有更多的掌控性和灵活性。并且在配送的过程中,敏感性传感器可以将产品的安全状态传给各方,如有损坏情况可以及时采取措施。

第五节　社会化媒体运营

一、社会化媒体面临的挑战和机遇

(一) 社会化媒体挑战

互联网是信息化发展下时代的产物,而社会化媒体的产生是互联网时代产生的媒介手段。社会化媒体将面临着诸多的挑战,互联网时代的发展一方面要求社会化媒体在最大的限度上要突破空间和时间的滞后性,即保证信息传递的速度;另一方面要还原新闻信息的真实性,以保证社会化媒体的正确舆论导向;还要增强群体的受众范围,使更多的人在互联网时代下都参加到社会化媒体的应用中去。

(二) 社会化媒体机遇

社会化媒体面临着挑战的同时,也反映了社会化媒体在发展的道路上存在着很多机遇。由于互联网时代的到来,我国的经济已经逐步渗透到社会化媒体之中。例如企业可以利用社会化媒体进行营销手段,我们经常在微博、QQ 和贴吧中看到的广告就是企业利用社会化媒体进行营销的手段。

另外,外卖软件和叫车软件的出现在一定程度上改变了人们的生活,并且也为社会带来了巨大的经济效益。社会化媒体拥有强大的客户群体,不仅是年轻人,而且还有可能是中年人甚至老年人;小到个人,大到企业都在利用社会化媒体传递信息。社会化媒体可以利用其自身受众广,范围大及传播速度快等特点,寻找更加符合人民需要和社会发展需要的综合运营方式,把握市场机遇,推动社会化媒体发展。

二、社会化媒体运营原则

(一) 创新理念

在我国互联网高速发展的前提下,创新理念已经成为了我国各行各业发展的活力和准则。社会化媒体最忌讳的就是用传统的理念来进行综合运营,社会化媒体代表着信息化的发展媒体也要必须运用创新的理念和方式进行运营。社会化媒体综合运营的改善是从头到脚的质的变化。社会化媒体的综合运营要利用创新的理念,转变运营的思维。在运营方式和运营手段中加以科学化的创新,因此要促进社会化媒体的综合运营及发展。创新手段可以表现为以下几个方面:

1. 与开放性相结合

我国社会化媒体在发展的过程中,可以借鉴国外发达的社会化媒体发展的管理模式,使社会化媒体的发展趋向于全球化和现代化,从而进一步使社会化媒体更好地服务于社会。

2. 充分利用新技术

随着"互联网+"时代的发展,我国的科学技术取得了飞速的进步,新技术作为时代的产物,已经慢慢向社会化媒体中渗入。在社会化媒体中使用新技术可以使其发挥真正的价值,并且使社会化媒体的发展更加富有创新理念。

创新理念是社会化媒体发展的基础,创新理念对于社会化媒体的综合运营可以提供源源不断的活力,为社会化媒体赋予了新的生命和新的创造力。在很大程度上可以丰富社会化媒体的内容形式,创新其表现方式,从而最大限度发挥社会化媒体的效能。

(二) 协调发展

协调发展是互联网信息时代下的发展核心,也是全球的发展理念。对于社会化媒体的综合运营来说,协调发展可以使其更好地在充满竞争的互联网时代中立足。在进行社会化媒体的综合运营中,首先要把握明确的发展方向并做好科学规划。

社会化媒体综合运营的协调发展，通俗来讲就是要保证社会化媒体的各个单元、各个部门的和谐发展，管理人员要统筹兼顾，准确把握上级与下级之间的业务工作。许多社会新媒体的各个要素之间的功能和内容在实质上没有本质的区别。这不仅导致各个部门各个单元之间的恶性竞争，也不利于社会化媒体的综合运营。正确区分社会化媒体的功能和发展，以科学的手段和创新的思维形成综合运营的核心价值体系，形成合理的格局。

（三）用户至上

"用户至上"原则是互联网信息时代下的必然要求，因此社会化媒体要使其自身的发展顺应互联网的发展，就应当遵循"用户至上"的必然要求。许多社会化媒体被信息化时代淘汰的重要原因之一就是它们固守"以我为主"的观点。表现在有什么样的内容和资料就提供什么样的服务而忽视了用户所需要的资料。另外就是社会化媒体没有长远的眼光，为了眼前的利益而忽视了受众群体，从而导致了社会化媒体综合运营的失败。因此，管理部门要使社会化媒体成功地完成综合运营，就要树立以用户感受为准的原则，严格强化综合运营人员的用户意识，针对客户的需要和受众的愿望制定合理的、个性化的定制服务，使其社会化媒体的综合运营具有一定程度上的发展。

（四）内容为王

互联网时代下的社会化媒体的综合运营要建立在"内容为王"的观点上，坚持原创内容，以此来增强吸引力，从而进一步形成品牌效应。

社会化媒体的内容不仅仅要与时代挂钩，还要与社会的发展挂钩。社会化媒体的内容如果过分依赖于借鉴和抄袭，缺乏了自我的风格，不仅会失去受众，还会导致失败的可怕后果。因此，坚持社会媒体的综合运营，就一定要重视内容的多样性和原创性，避免与其他媒体内容的一致化和相似化。坚持"内容为王"的原则才可以在很大程度上推进社会化媒体的综合运营，以保证社会化媒体在互联网快速发展的时代中可以更好更快地发展。

第四章 大数据与新媒体运营

新媒体相较于传统媒体具有强互动、高覆盖、低门槛、多渠道、形式丰富、推广方便等特点，一度成为各个企业宣传推广、盈利变现的重要手段。不过，随着红利的消失，差异化不明显，经验性的运营很难像过去一样获得明显的效果，粉丝量和阅读量等各项指标的表现也越来越差强人意。因此，越来越多的企业把注意力转向了数据化的精细运营。

第一节 新媒体运营的数据处理体系

一、新媒体数据体系构建的基本过程

（一）新媒体数据体系构建的基本要素

在新媒体机构的运营过程中，如果要充分地使用大数据技术，首先就应当具备一套比较完善的数据挖掘体系。一般来说，新媒体机构数据挖掘体系的建设可以从使用者的视角来审视，从四个基本环节来实现。

1. 数据库与数据处理体系构建的三个阶段

从使用者的视角来筹建数据体系，主要是指数据的获取可以划分为使用前、使用中和使用后三个阶段。

第一个阶段是在用户使用媒体产品之前，新媒体机构可以通过对目标用户的充分研究获得一定的用户数据，从而更好地了解用户、服务用户；同时，可以通过对现有的市场发展环境进行调研，获得行业发展数据以及竞争对手数据，从而更好地了解自身所处的行业发展情况以及竞争情况；此外，还可以通过对各类合作机构进行调研，获得相关的数据，了解合作机构对自身的预期与要求，更好地促进自身的运营。

第二个阶段是用户使用媒体产品过程中留下的相关数据，包括用户在使用

媒体产品时的各种行为记录,从而熟悉用户的媒体使用习惯及特征;用户针对媒体产品产生的一些反馈信息,这是用户主动留下的数据信息,可以有效地转化为新媒体产品与优化服务的参考依据;用户在使用其他媒体产品时相关的、可获得的数据同样可以作为自身产品与服务设计的重要参考。

第三个阶段是用户使用媒体产品后的数据,包括用户对媒体产品的态度与评价信息,针对用户的营销传播活动有效性判断的数据信息,与竞争对手进行比较的数据信息,来自合作伙伴的反馈数据信息,等等。

2. 数据库与数据处理体系构建的四个步骤

从数据处理体系的构建环节来看,一般可以分为采集、导入和预处理、统计和分析,挖掘四个基本步骤。

大数据的采集是指利用多个数据库来接收从客户端发送的数据,并且用户可以通过这些数据库来进行简单的查询和处理工作。比如,电商会使用传统的关系型数据库 MySQL 和 Oracle 等来存储每一笔数据,除此之外,Redis 和 MongoDB 这样的关系型数据库也常用于数据的采集。在大数据的采集过程中,其主要特点和挑战是并发数高(指网站在同一时间访问的人数,人数越多,瞬间带宽要求越高),因为同时可能会有成千上万的用户在访问和操作,比如火车售票网站和淘宝,它们并发的访问量在峰值时可以达到上百万或上千万,所以需要在采集端部署大量数据库才能支撑网站正常运行。

如何在这些数据库之间进行负载均衡(Load Balance,即将操作分摊到多个操作单元上进行)和分片(互联网协议允许 IP 分片,这样的话,当数据包比链路最大传输单元大时,就可以被分解为足够多的小片段,以便能够在其上进行传输),的确是需要深入思考和设计的。虽然采集端本身会有很多数据库,也会有不同的数据类型,但是如果要对这些海量数据进行有效的分析,就应该将这些来自前端的数据导入到一个集中的大型分布式数据库中,或者分布式存储集群中,并且可以在导入基础上做一些简单的清洗和预处理工作。

也有一些用户会在导入时使用推特的 Stom 来对数据进行流失计算,以满足部分业务的实时计算需求。导入与预处理过程的特点和挑战主要是导入的数据量极大,每秒钟的导入量经常会达到百兆级别,甚至是千兆级别。

大数据的统计和分析阶段,主要是利用分布式数据库,或者分布式计算机群来对存储于其内的海量数据进行普通的分析和分类汇总等,以满足大多数常见的分析需求。在这方面,一些实时性需求会用到 EMC 的 GreenPlum、Oracle 的

Exadata，以及基于 MySQL 的列式存储 Infobright 等，而一些批处理，或者基于半结构化数据的需求可以使用 Hadoop。统计与分析这部分的主要特点和挑战是分析所涉及的数据量是否会极大地占用系统资源，特别是 I/O。

与前面统计和分析过程不同的是，数据挖掘一般没有什么预先设定好的主题，主要是在现有数据上面进行基于各种算法的计算，从而起到预测的效果，并实现一些高级别数据分析的需求。比较典型的算法有用于聚类的 K-means、用户统计学习的 SVM（Support Vector Machine，是一个有监督的学习模型，通常用来进行模式识别分类以及回归分析）和用于分类的 Naive Bayes（朴素贝叶斯法，是基于贝叶斯定理与特征条件独立假设的分类方法），主要使用的工具有 Hadoop 的 Mahout 等。该过程的特点和挑战主要是在于数据挖掘的算法很复杂，并且计算所涉及的数据量和计算量都很大，常用数据挖掘算法都以单线程为主。

（二）新媒体机构大数据获取的基本方法

作为新媒体机构搭建大数据处理体系的第一步，如何获取数据是相当重要的。它决定了新媒体机构是否能够高效、快速地收集到尽可能多的数据，以便于下一步进行相应的数据处理。

1. 三种基本的数据获取方法

一般来说，新媒体机构在获取数据、搭建数据体系的时候，常用的方法包括搜索获取法、Agent 法（在 IT 领域，Agent 可指能够自主活动的软件或者硬件实体，通常被翻译为"代理"）、扫描法和载体监听法。

其中，搜索获取法包括"搜索——下载法"和"搜索——抽取法"。前者主要是指利用搜索引擎等工具进行数据搜索并下载；后者指搜索到所需要的数据之后，链接到相应的数据源，分析并入侵该数据源的数据，建立数据获取程序，定期获取所需数据。

Agent 法是指将一个 Agent 植入数据源服务器，监控数据源服务器的运行，一旦发现有新的数据产生，就将这些数据传送到指定的服务器上，完成一次数据获取。扫描法需要设计一个扫描程序，定期扫描各种数据源服务器，将数据源中需要的数据抽取出来。载体监听法则是通过监听各种数据载体，例如各种网络、无线信号、路由设备，甚至盗窃服务器等，从中截获数据。

2. 具体方法与案例

（1）Cookie

所有互联网机构获取用户数据的最基本的方法就是利用 Cookie 信息。

Cookie 由服务器端生成，发送给 User-Agent（一般是浏览器），浏览器会将 Cookie 的 Key/Value 保存到某个目录下的文本文件内，下次请求同一网站数据时就发送该 Cookie 给服务器（前提是浏览器设置为启用 Cookie）。Cookie 的基本组成包括：Cookie 的名字（Name）；Cookie 的值（value）；Cookie 的过期时间（Expires/Max-Age）；Cookie 的作用路径（Path）；Cookie 所在域名（Domain）；使用 Cookie 进行安全连接（Secure）。前两个参数是 Cookie 应用的必要条件。另外，还包括 Cookie 的大小（Size，不同浏览器对 Cookie 个数及大小限制是有差异的）。进行 Session 管理、个性化识别以及跟踪与监测是 Cookie 的基本功能。

Cookie 有什么作用呢？几乎所有网站都有新用户注册这个选项，当用户注册之后，等到下次再访问该站点时，网站会自动识别用户，可以免去登录的操作，并且向用户问好。更重要的是，网站可以利用 Cookies 跟踪统计用户访问该网站的习惯，比如什么时间访问，访问了哪些页面，在每个网页的停留时间等。

利用这些信息，一方面可以为用户提供个性化的服务；另一方面也可以作为了解所有用户行为的工具，这对于网站经营策略的改进有一定的参考价值。通常来说，Cookie 可以分成三种类型：第一种为 Session Cookie，一个用户的 Session Cookie（也称为内存 Cookie 或瞬息 Cookie）是当用户浏览网站的时候，网站暂存的 Cookie。当用户在该 Cookie 的有效日期或者有效间隔内访问网站，Session Cookie 将被创建，当用户关闭浏览器的时候，Session Cookie 将被删除。第二种为第一方 Cookie。第一方 Cookie 是由受访网站以相同域名（或其子域名）创建的。第三种为第三方 Cookie。第三方 Cookie 是由受访网站以不同域名创建的。

（2）网络爬虫

网络爬虫，是一种自动获取网页内容的程序，是搜索引擎的重要组成部分，因此搜索引擎优化很大程度上就是针对爬虫而做的优化。网络爬虫为搜索引擎从万维网下载网页，一般分为传统爬虫和聚焦爬虫。传统爬虫从一个或若干个初始网页的 URL 开始，先是获得初始网页上的 URL，在抓取网页的过程中，又不断从当前页面上抽取新的 URL 放入队列，直到满足系统的一定停止条件。通俗地讲，也就是通过源码解析来获得想要的内容。聚焦爬虫的工作流程较为复杂，需要根据一定的网页分析算法过滤与主题无关的链接，保留有用的链接，并将其放入等待抓取的 URL 队列。然后，它将根据一定的搜索策略从队列中选择下一步要抓取的网页 URL，并重复上述过程，直到达到系统的某条件时停止。

（3）载体监听

近年来,轰动世界的通过载体监听以获取数据的案例正是 2013 年发生的"棱镜门"事件。这一事件也充分证明了媒体监听方法在数据获取方面的极大能量。2013 年 6 月,中情局(CIA)前职员爱德华·斯诺登(Edward Snowden)将两份绝密资料交给英国《卫报》和美国《华盛顿邮报》,并告诉媒体何时发表这两份绝密资料。按照计划,2013 年 6 月 5 日,英国《卫报》先扔出了第一颗舆论炸弹:美国国家安全局有一项代号为"棱镜"的秘密项目,要求电信巨头威瑞森公司必须每天上交数百万用户的通话记录。6 月 6 日,美国《华盛顿邮报》披露称,"棱镜"窃听计划始于 2007 年的小布什时期,美国情报机构一直在 9 家美国互联网公司中进行数据挖掘工作,从音频、视频、图片、邮件、文档等信息中分析个人的联系方式与行为。监控的类型有 10 类:信息电邮即时消息、视频、照片、存储数据、语音聊天、文件传输、视频会议、登录时间、社交网络资料的细节,其中包括两个秘密监视项目,一是监视、监听民众电话的通话记录,二是监视民众的网络活动。

（三）新媒体机构大数据的整理与筛选

对已经搜集到的数据,需要进行进一步的筛选和整理,才能够为数据搜集者所用,进行下一步的数据挖掘与分析。在这个过程中,还有一个重要的步骤就是数据清洁。现在,这个工作必须有软件工具进行支持。

1. 三个重要步骤实现大数据的整理与筛选

一般来说,大数据的整理和筛选需要经过三个非常重要的步骤,包括空缺值的处理、噪声数据处理以及数据一致化。所谓空缺值的处理,是指要给出一个方法来解决属性空缺值的问题,比如忽略含有空缺值的数据记录、人工填写空缺、使用一个常量填充等。噪声数据处理是指对测量过程中出现的随机错误和变差,或者是测量失真较为明显的数据进行处理。数据一致化是指对各个数据源之间的数据进行分析对比,发现各种数据之间的冲突,然后进行转换。

接下来,我们将以中央电视台的媒资系统——央视音像资料馆的建设情况来举例说明新媒体机构大数据处理与筛选的过程。

2. 央视音像资料馆的数据处理过程

目前央视音像资料馆的内容为央视所有公开频道中播出的内容,既包括自主生产的部分,也包括外来购买的部分。在将来,央视音像资料馆会对这些内容进行多种指标的细分,包括有无版权、使用程度和频率等。音像资料馆每天上载的内容和数据接收量超过 300 小时;每年为台内节目生产提供资料下载近 2 万小时;共有 9 个磁带库房,总面积达 3 600 余平方米;馆藏音像资料录像带 100 万盘,包括多种格式;具有 124 万盘磁带介质的存储空间。

按照内容类别和种类,目前央视音像资料馆中的内容分为 7 类:专题、体育、素材、影视剧、新闻、综艺、纪录片。对这些节目内容和数据进行存储和管理之前,央视音像资料馆的一个重要工作就是进行编目,相当于数据的整理和筛选。央视音像资料馆分为 4 个编目区、10 条编目生产线、200 个编目工位,按照 7 类内容给每个工位进行工作任务划分,每天可以完成 300 小时的节目编目量,全年编目量达 10 万小时。在编目细则方面,央视音像资料馆遵循《广播电视音像资料编目规范》与《中央电视台音像资料编目细则》制定的基本规范,将节目数据分为四层编目:节目层、片段层、场景层、镜头层。场景、镜头主要以其再利用价值和珍贵程度作为选取原则。之后,央视音像资料馆会对这些节目资料进行数字化的处理,并最终形成可用的信息数据。

这个流程可以基本分为 10 个步骤,即资料筛选、磁带清洗、预处理、上载、质量控制、存储管理、编目下发、编目标引、编目审核、应用。其中,央视音像资料馆在上载这个环节中建设了 24 个上载通道,包括 18 个工作站点采集通道和 6 个机械手采集通道。通过视频服务器上载和数字化工作站上载两种方式将原始音像资料数字化,同时生成用于归档保存的高码率视音频数据和用于编目检索、网络发布的低码率视音频数据。

央视音像资料馆在编目标引环节采用多点协同工作的编目生产流水线方式。来自上载数字化环节的待编节目数据进入编目检索系统后,审核人员按照四层编目进行审核。在用户应用环节,通过现有 7 个下载工作站和下载输出软件模块,将资料馆内的节目资料数据进行多种介质的复制或转录。在管理人员对预约下载的数据进行合理性审查和统计分析等工作后,用户可快速获取所需数据。

(四) 数据挖掘与数据分析

数据挖掘(Data Mining)是通过分析每个数据,从大量数据中寻找其规律的技术,主要有数据准备、规律寻找、规律表示、结果评价四个步骤。数据准备是从相关的数据源中选取所需的数据并整合成用于数据挖掘的数据集规律。寻找是用某种方法将数据集所含的规律找出来;规律表示是尽可能以用户能够理解的方式将找出的数据表示出来。

一般说来，数据挖掘较为完整的步骤如下：理解数据和数据的来源（Understanding），获取相关知识与技术（Acquisition），整合与检查数据（Integration and Checking），去除错误或不一致的数据（Data Cleaning），建立模型和假设（Model and Hypothesis Development），实际数据挖掘工作（Data Mining），测试和验证挖掘结果（Testing and Verification），解释和应用（Interpretation and Use）。

1. 数据挖掘的常见任务

数据挖掘的常见任务包括关联分析、聚类分析、分类分析、异常分析、特异群组挖掘和演变分析等。

关联分析是寻找数据项之间感兴趣的关联关系，用关联规则的形式予以描述。比如，我们通过对超市交易的数据分析，得出"在有婴幼儿成员的家庭中，85％购买尿布的男性也会同时购买啤酒，并且购买尿布的总次数占所有购物次数的8％"这样一条关于"啤酒"和"尿布"之间关系的结论。

聚类分析指将物理或抽象对象的集合分组为由类似的对象组成的多个类的分析过程。它的目标就是在相似的基础上收集数据来分类。比如，在电子商务网站中，通过分组找出具有相似浏览行为的客户，并分析客户的共同特征，来更好地帮助电子商务用户了解自己的客户，向客户提供更合适的服务。分类分析是找出描述并区分数据类的模型，以便能够使用模型预测给定数据对象所属的数据类。比如，信用卡公司可以将持卡人的信誉度分类为良好、普通和较差三类。

分类分析可能给出一个信誉等级的显示模型为：信誉良好的持卡人是年收入在10万到50万之间、年龄在30岁到45岁之间、居住面积大于100平方米的人。这样，对于一个新的持卡人，就可以根据他的特征预测其信誉度了。异常分析是发现数据对象集中与大部分数据对象具有明显差异的数据的过程。比如，我们在信用卡使用模式这样的大量数据中，使用可以发现明显不同于其他数据的异常对象的技术，就可以在欺诈甄别、网络入侵检测等方面发挥非常积极的作用。

特异群组是指由给定大数据集里面少数相似的数据对象组成的，表现出有异于大多数数据对象而形成异常的群组，是一种高价值、低密度的数据形态。特异群组的挖掘、聚类和异常检测都是根据数据对象间的相似程度来划分数据对象的数据挖掘任务的,但它们在问题定义、算法设计和应用效果上存在差异。大数据特异群组挖掘具有广泛的应用背景,在证券交易、智能交通、社会保险、生物医疗、银行金融和网络社区等领域都有应用需求。例如,在证券市场中,特异群组挖掘常常表现为分辨合谋操纵(多账户联合操纵)、基金"老鼠仓"等行为。

演变分析是一种用于描述对象行为随时间变化的规律或趋势,并对其建模,以预测其未来形势的技术。例如,通过对股票交易数据的演变分析,可能会得到"有90%的可能,在 X 股票持续上涨一周左右之后,Y 股票也会出现上涨"的判断。

2. 两大数据挖掘对象

根据数据类型和来源,数据挖掘的对象可以分为一般数据源与特殊应用数据源。在一般数据源挖掘中,序列数据挖掘的对象是超市交易记录、证券数据等按照时间、位置顺序排列的数据。文本数据挖掘的对象是电子书、网页、各种文本格式的文档资料。

Day-by-Day 数据挖掘的对象是每个人每天的行为数据记录,反映的通常是对象的各种主动的行为方式。流数据挖掘的对象是网络监测、电信数据管理等只要联机环境运行就会持续获得的数据。空间数据挖掘的对象是数字地图、遥感数据、交通控制、环境等领域出现的与空间有关的数据。特殊应用数据源挖掘主要包括交易数据挖掘与 Web 数据挖掘两种。其中,交易数据挖掘的对象主要包括交易 ID、交易时间、交易商品、交易金额等与交易行为直接相关的数据。Web 数据挖掘的对象则包括内容数据、日志数据、网站结构数据等。

(五) 数据可视化

在这个强调可交互的信息时代,任何数据及信息的表达都应该是有趣的,至少是富有亲和力的。一幅优秀的信息图表不能仅仅罗列数据,而应该是一个系统,包括数据分类、逻辑关系、阅读习惯和视觉体验等因素。设计者依靠这个系统引导观看者进入预先设定的主题情景,启发观看者的兴趣,从而传达信息。作为数据挖掘的重要步骤之一,数据可视化可以迅速拉近用户与数据之间的距离,用最合适的方法来展示数据,并表达数据背后的信息含义,这是数据可视化的重要目标。

1. 数据可视化的含义与目标

(1) 数据可视化的内涵

数据可视化(Data Visualization)和信息可视化(Information Visualization)

是两个相近的专业领域名词。狭义上的数字可视化是指将数据用统计图表方式来呈现,而信息图形(信息可视化)则是将非数字的信息进行可视化。前者用于传递信息,后者用于表现抽象或复杂的概念、技术和信息。广义上数据可视化是信息可视化中的一类,因为信息是包含了数字和非数字的。

从原词的解释来讲,数据可视化重点突出的是"可视化",而信息可视化的重点则是"图示化"。整体而言,可视化就是数据、信息以及科学等多个领域图示化技术的统称。其中 Visualize 是动词,意即"生成符合人类感知"的图像,通过可视化元素传递信息。Visualization 是名词,表达"使某物、某事可见的动作或事实",是将某个原本不可见的事物在人的大脑中形成一幅可感知的心理图片的过程或能力。Visualization 也可用于表达对某一目标进行可视化的结果,即一帧图像或动画。

在计算机学科的分类中,利用人眼的感知能力对数据进行交互的可视表达以增强认知的技术,称为可视化。它将不可见或难以直接显示的数据转化为可感知的图形、符号、颜色和纹理等,增强数据识别效率,传递有效信息。所以,可视化通常被理解为一个生成图形图像的过程。更深刻的认识是,可视化是认知的过程,即形成某个物体的感知图像,强化认知理解。

(2) 数据可视化的目的

数据可视化与数据挖掘、商业智能、分析及企业报表共享一个最终目标:实现更多息化支撑的商业决策。即时数据可视化主要是数据探索及发现有洞见价值的手段。它既不是实时报表,也不仅仅是为了生成美观图表。换言之,最有价值的数据可视化通常是基于工作人员不能确切知道他们真正要寻找什么的假设的,更不用说他们能够发现什么。

内森·邱(Nathan Yau)在他 2013 年出版的《数据之美:一本书学会可视化设计》书中强调了要将数据可视化看作一种媒介而不仅仅是一种特定工具。"可视化是展示数据的一种方式,是对现实世界的抽象反映,与书写的文字一样,也是可以用来讲述不同种类的故事的,"他写道,"纪实文章不能以小说的标准进行评价,对数据艺术的评价也应该与业务仪表盘有所不同。"

Smashing 的总编维塔力·弗里德曼(Vitali Friedman)对数据可视化的解释是这样的:数据可视化的主要目标在于,其将数据进行可视化的能力、对信息的传播和交流的作用要清晰且有效,并不是说数据可视化因为功能性要求就显得沉闷,或者要看起来美观就得相当复杂,要有效表达观点,不仅形式上要符合审美，而且功能上要符合需求，两者要齐头并进，对信息稀疏且复杂的数据库提供洞见，并以更直观的方式传达出信息的关键方面。设计师们通常不顾设计和功能之间的平衡，对大量数据生成可视化图表，以至于并不能达到其主要目标——信息的传播和交流。可以说，可视化的终极目的是对事物规律的洞悉，而非所绘制的可视化结果本身。

2. 数据可视化的发展历程

虽然"可视化"是一个伴随着大数据发展起来的概念，但是利用图表等方式来表现数据即信息的行为却由来已久。陈为等在《数据可视化》一书中认为，可视化与山岳一样古老。中世纪时期，人们就开始使用包含等值线的地磁图、表示海上主要风向的箭头图和天象图。史蒂芬·菲尤（Stephen Few）在他的论文《数据可视化的人类感知》中表示，至少在公元 2 世纪人们就已经将数据放进表格。但是，直到 17 世纪才真正出现将定量信息用图形化呈现的思想。1644 年，荷兰的天文学家及制图师米歇尔·弗洛伦特范·朗伦（Michel Florent van Langren）首次生成统计数据图表，展示了西班牙中部城市托莱多和意大利罗马之间很大范围的经度距离估算。一个半世纪后，苏格兰工程师及政治经济学家威廉·普莱费尔创建了包含线图、条形图、饼图以及曲线图等的分类。

可以说，可视化发展史与测量、会话、人类现代文明的启蒙和科技的发展一脉相承。在地图、科学与工程制图、统计图表中，可视化理念与技术已经应用发展了数百年。

3. 数据可视化的主要类别

在《信息设计：数据与图表的可视化表现》一书中，作者将常见的数据可视化表现方式归为四类，即示意图、统计图表、地图和象形图标。

一般来说，所有的图表、象形图标、地图等都可以被称为示意图（Diagram），但是从表现形式来讲，示意图是一个相对特定的概念，主要指以插图的形式来表现难以用文字描述的概念、事件等内容。除插图以外，示意图还经常结合图表、图标等元素。其中的插图形式也是多种多样的，不仅包括计算机制图，而且还可以使用照片进行合成。

统计图表的最大特点是对量化对比的柱状图、折线图，以及表示各要素所占比例的饼图等视觉元素的运用，但它并不拘泥于这三种形式。从表现手法上看，可以根据实际需要选择绘制平面或立体的统计图表，其中立体的统计图表往往会给读者带来更强烈的视觉冲击。此外，统计图表以往个人化的刻板形象还可以结合生动的插图或其他视觉元素来改变,例如增加透视效果、运用丰富的色彩等。象形图标,即以图像的形式简单明确地传达信息。象形图标在设计上与示意图有明显的区别:首先,设计象形图标通常不使用文字,这主要是因为文字受语言不通、距离较远时难以识别等限制,而示意图通常是图文结合的;其次,示意图更加形象具体,细节较多,而象形图标则更加简洁,是对事物形象的抽象提炼。在实际应用中,象形图标通常也是成套设计的,以统一视觉形象。

地图就是将真实的地理环境平面化,在统一平面上表现出特定区域内的位置关系。在日常生活中,我们常见的地图都是非常精确的,且大多以地形图为基础设计而成。但对于信息图表中的地图而言,其表现的手法与主题是多种多样的,且往往并不精确,是经过抽象提炼的。即便如此,观者同样可以借助此类地图理解基本一致的区域方向与所处位置。因此,设计信息图表中的地图时,最重要的原则就是能够让人直观地判断出方位。换句话说,就是必须具备易用性。

二、新媒体运营中的大数据挖掘及数据体系搭建案例

(一)百度的大数据挖掘与大数据体系

作为全球最大的、致力于让网民更便捷地获取信息的中文搜索引擎,百度拥有超过千亿的中文网页数据库,可以让用户瞬间找到相关的搜索结果。此外,百度还包括了新闻、贴吧、翻译、音乐、地图、统计、百度指数等非常多样的业务类型,几乎每项业务都需要极为大量的数据作为支撑。百度大数据的两个典型应用是面向用户的服务和搜索引擎。百度大数据的主要特点是:第一,数据处理技术比面向用户服务的技术所占比重更大;第二,数据规模比以前大很多;第三,通过快速迭代进行创新。因此,百度的大数据挖掘与大数据体系是非常值得我们学习与了解的。

1. 百度的数据来源及分类

百度大数据引擎的整体架构,从最底层的开放云,到中间层的数据工厂,再到百度大脑,三部分共同构成了百度大数据引擎。开放云提供信息基础设施服务;数据工厂主要用于大数据的存储管理以及查询分析;百度大脑更确切地说是一个基于大数据的人工智能系统,它会利用语音识别、图像识别、深度学习等技术,分析和挖掘大数据的价值。

(1)百度的数据来源

2012年百度公布的信息显示,作为全球最大的中文搜索引擎,百度每天响

应来自 138 个国家和地区的数十亿次请求,百度每日新增数据 10 TB,要处理超过 100 PB(PB＝1 024 TB)的数据,精确抓取约 10 亿个网页,同时索引库还拥有千亿级在线索引能力,以帮助用户完成搜索过程。过去 10 年中,百度网页搜索库已从 500 万猛增到了 500 亿。

在数据来源方面,百度至少可以从三个方向进行数据获取:

第一类数据是互联网上的开放信息与暗网数据。所谓暗网,是指那些存储在网络数据库里、不能通过超链接访问,而需要通过动态网页技术访问的资源集合,不同于那些可以被标准搜索引擎索引的表面网络。迈克尔·伯格曼将当今互联网上的搜索服务比喻为像在地球的海洋表面拉起一个大网进行搜索,大量的表面信息固然可以通过这种方式被查找到,可是还有很多的信息由于隐藏在深处而被搜索引擎错失掉。绝大部分隐藏的信息是必须通过动态请求产生的网页信息,而标准的搜索引擎却无法对其进行查找。传统的搜索引擎"看"不到,也获取不了这些存在于暗网的内容,除非通过特定的搜查,这些页面才会动态产生。于是相对地,暗网就隐藏了起来。

第二类数据是用户在使用百度相关产品和服务时所产生的数据,包括个人用户和机构用户。这类数据包括用户注册数据、百度网页搜索数据、百度贴吧和百度知道等产生的数据、安装有百度插件的浏览器数据、百度站长平台提交的数据等。这些数据可以有效地帮助百度了解与自身用户切身相关的数据信息。第三类数据是第三方组织开放的数据。到目前为止,百度已经和国家知识产权局中国专利信息中心、北大图书馆、国家代码中心、中国四维测绘技术有限公司合作并获得其提供的各类数据,极大地提升了百度搜索结果的准确性和权威性。例如,中国四维测绘技术有限公司提供的卫星地图数据可以帮助百度地图获得更加精准的地理数据信息。

(2) 百度的数据分类

百度大数据号称建立了中国最大的用户行为数据库,覆盖了 95％以上的中国网民,以及 50％以上的中国网民日均搜索请求;同时,百度的网盟合作伙伴已经超过 60 万个,日均 PV 展示达到 50 亿次,具体到数据类别上可以分为最基本的四类,包括全网用户行为数据、广告类数据、基础统计数据和人口统计学数据其中,全网用户行为数据包括搜索行为浏览行为、点击观看行为以及用户之前的讨论、交流互动行为数据等;广告类数据包括百度从旗下各类广告产品中获得的展现量、点击量、点击率、独立访客、独立 IP、每千次展现收入等数据;基础统计数据包括访客数量浏览量、在线人数、访问深度、停留时间、当前访客活跃程度、跳出率和转化率等人口统计学数据则可以清晰地描绘出百度用户的性别、年龄、收入等基本情况。

2. 百度的大数据处理体系

从硬件以及组织架构上来看，百度获取数据之后会先将数据存储到各类数据中心，包括阳泉云计算中心、百度云数据中心、南京计算数据中心等。之后进入数据处理环节，包括百度的 Hadoop 平台、百度基础架构部以及其他自主开发的数据处理平台。最后，百度数据研究中心会进行有关的数据研究与分析。2015 年 4 月 24 日的百度技术开放日上，百度董事长兼首席执行官李彦宏现身并推出了百度大数据引擎。这反映了百度对该产品的极大重视。简单地讲，大数据引擎将百度的数据、能力和技术向行业开放，行业可以近身接触原本距离甚远的大数据盛宴，百度则寻到了一个新的增长点。这也是百度对大数据处理体系的一次系统性梳理。李彦宏介绍，百度大数据引擎一共分三个部分。

（1）开放云

最基层的架构是开放云：百度的大规模分布式计算和超大规模存储云。过去的百度云主要面向开发者，大数据引擎的开放云则是面向有大数据存储和处理需求的"大开发者"。百度的开放云拥有超过 1.2 万台的单集群，超过阿里飞天计划的 5K 集群。百度开放云还拥有 CPU 利用率高、弹性高、成本低等特点。百度是全球首家大规模商用 ARM 服务器的公司，而 ARM 架构的特征是能耗小和存储密度大，同时百度还是首家将 GPU（图形处理器）应用在机器学习领域的公司，实现了节省能耗的目的。

（2）数据工厂

中间层是数据工厂：开放云是基础设施和硬件能力，我们可以把数据工厂理解为百度将海量数据组织起来的软件能力，就像数据库软件的位置一样，只不过数据工厂是被用来处理 TB 级甚至更大的数据。百度数据工厂支持单次百TB 异构数据查询，支持 SQL-like 以及更复杂的查询语句，支持各种查询业务场景。同时百度数据工厂还将承载对 TB 级别大表的并发查询和扫描工作，大查询、低并发时每秒可达百 GB，在业界已经很领先了。

（3）百度大脑

顶层架构是百度大脑：有了大数据处理和存储的基础之后，还得有一套能够应用这些数据的算法。图灵奖获得者沃斯（N. Wirth）曾提出过"程序＝数据结构+算法"的理论。如果说百度大数据引擎是一个程序,那么它的数据结构就是"数据工厂+开放云",而算法则对应百度大脑。百度大脑将百度此前在人工智能方面的能力开发出来,主要是大规模机器学习能力和深度学习能力。此前它们被应用在语音、图像、文本识别,以及自然语言和语义理解方面,还被应用在不少 App 上,还通过百度 Inside 等平台开放给了智能硬件。现在这些能力将被用来对大数据进行智能化的分析、学习处理、利用。百度深度神经网络拥有 200亿个参数,是全球规模最大的,它拥有独立的深度学习研究院(IDL),在人工智能上百度已经快了一步,现在贡献给业界表明了它要开放的决心。

(二) 谷歌的大数据挖掘与大数据体系

业界有一种较为普遍的说法,认为谷歌是大数据时代的重要开拓者,至少在新媒体、互联网产业是这样。谷歌的大数据技术架构一直都是全球互联网企业争相学习和研究的重点,也为行业大数据技术的架构树立了标杆。作为全球最大的搜索引擎,谷歌拥有以太级别的数据,依靠的是遍布全球的 36 个数据中心:美国 19 个、欧洲 12 个、俄罗斯 1 个、南美 1 个和亚洲 3 个(中国 2 个、日本1 个)。

1. 谷歌的数据来源

从大范围来看,谷歌的数据来自三个方面,一是互联网中的开放信息;二是谷歌的用户,包括普通用户和机构用户;三是第三方机构的数据。

(1)互联网中的开放信息

这部分数据量非常庞大,类型广泛,谷歌可以通过对互联网中的开放信息进行检索、抓取、建立索引等处理以获得相应的数据并为己所用,进而开发出相应的数据产品。谷歌翻译就是一个非常典型的案例。这是谷歌公司提供的一项免费的翻译服务,可提供 80 种语言之间的即时翻译。它可以提供所支持的任意两种语言之间的字词、句子和网页的翻译。谷歌翻译生成译文时,会在数百万篇文档中查找各种模式,以便为使用者提供最佳翻译。这种在大量文本中查找各种范例的过程称为"统计机器翻译"。某种语言可分析的人工翻译文档越多,谷歌翻译的译文质量就会越高。

(2)来自用户的数据

谷歌的用户既包括普通的个人用户,也包括各类机构用户,这里主要指使用谷歌广告营销服务的企业、媒体和广告代理机构等。在个人用户方面,谷歌会积极地利用用户的注册信息和登录信息来完成基本信息的搜集。同时也会在用户使用谷歌开发的各类产品、服务或者工具时记录搜集他们的行为数据。例如,用户在谷歌中搜索关键词的行为会被谷歌记录下来形成搜索日志,搜索数据又可以为 Adwords 等广告产品提供支持。在机构用户方面,除了与个人用户一样会留下基本信息数据之外,广告主、媒体代理、机构用户使用谷歌的广告产品生成的使用行为数据也会被记录和搜集,例如 Adwords、Adsense 等。谷歌积累这些数据可为广告主提供分析报告等增值服务,并进一步优化产品功能。

例如,谷歌可以通过观察人们在网上的搜索记录来完成流感预测。谷歌保存了多年来所有的搜索记录,而且每天都会收到来自全球超过 30 亿条的搜索指令,这些数据帮助谷歌实现了更加精准的预测。谷歌把 5 000 万条美国人最频繁检索的词条和美国疾控中心在 2003 年至 2008 年间季节性流感传播时期的数据进行比较,通过分析人们的搜索记录来判断这些人是否患上了流感。

(3) 来自第三方机构的信息与数据

谷歌为了运行某些产品和服务,会通过第三方机构获得数据,这些数据可能是免费获得的,也可能是谷歌向这些机构购买的,例如谷歌地图。谷歌为了获得更准确的地图数据,会向专业的测绘商进行数据采购。美国的 Digital Globe,Cybercity 等都是谷歌的地图数据供应商,推特和谷歌在 2009 年 10 月达成了一份协议,由推特为谷歌提供实时消息,并显示在谷歌的实时搜索服务中。根据该协议,谷歌有权实时访问所有的推特消息,并将其展示在搜索结果一旁,谷歌甚至在其中展示了部分付费的推特广告。

2. 谷歌的数据处理体系——数据中心

正如上文所述,为了满足自己庞大的数据存储、计算、应用等需求,并为自身产品提供技术保障,谷歌在世界各地建设并运营数据中心,来完成对整个公司数据的处理。

(1) 软硬件结合

谷歌对数据处理持"群组"的概念,并将计算机能力视为抽象的数据。即一大群机器一起工作,提供一种服务或运行一个应用。也就是说,谷歌将其每一个数据中心视为一台计算机,各类软硬件系统和资源都围绕着这台"计算机"运转,提供大规模的数据处理过程。在硬件方面,谷歌通过设置数量庞大的机器,再通过数以万计的计算集群,实现更快速的数据检索。在软件方面,谷歌强调快速的数据处理能力,需要做好单机运行和数据分析,并将报告汇总到集群数据中心以运行文件系统,并管理数据中心内部的所有文件。如果有些数据中心正在工作,就需要依赖谷歌在全球范围的存储管理能力将数据打包分发至其他数据中心，再进行查询和计算处理。

（2）开发多种辅助系统

为支持软件系统的正常运转，并统一管理自己的服务器，谷歌开发了多种辅助系统。2002年，谷歌开发了"谷歌文件系统"，拥有了在不同的机器上顺利地传送文件的功能。为开展云端服务，谷歌还开发了"MapReduce系统"，它的开源版本Hadoop更是成为业界标准。此外，谷歌还开发了自动化的决策系统"Borg"用于决定哪台机器最适合某项任务。

（3）不断投入的大数据中心建设

自2009年第三季度起，谷歌耗费在基础建设上的经费数量就呈稳步上升态势，到2013年时，谷歌在基础建设上的经费已经高达16亿美元，其中很大一部分投入到了数据中心的建设与运维方面。受迫于不断扩大的数据规模，谷歌每年都要拿出越来越多的钱投资到服务器、数据中心或其他相关设施上。谷歌亲自打造的数据中心已经拥有超过12年的历史，该公司旗下的所有数据中心几乎都有着这样的特点，那就是高效、使用可再生能源以及环保。在这些数据中心里，内置的路由器和交换机负责全球信息的交换，而它们的信息处理速度大约是家用互联网的20万倍。

（三）亚马逊的大数据挖掘与大数据体系

亚马逊是网络上最早开始经营电子商务的公司之一，伴随着公司业务的不断拓展，目前亚马逊已成为全球商品品种最多的网上零售商和全球数一数二的互联网企业。与此同时，亚马逊也是大数据领域的佼佼者。在大数据方面，亚马逊最大的特点在于：拥有全球最大的消费者数据库；以收购、并购的方式持续获得各种类型的数据；利用数据服务成为全球最大的云服务商并获得盈利。

1. 亚马逊的数据来源

从数据来源上看，亚马逊的数据基本来自三个层面。第一是消费者及用户在使用其产品与服务时留下的数据信息；第二是亚马逊在运营过程中主动搜集到的各类数据；第三是通过合作机构、旗下公司获得的数据。

（1）来自消费者的数据

作为电子商务领域鼻祖级的机构，亚马逊已经建立起一套完善的消费者数据搜集体系，除了基本的人口统计信息之外，亚马逊还将消费者留下的包括搜索、购买、收藏支付设定、One-Click设定、Email通知设定、竞价、发帖讨论、参加活动、调查表、与客服的联络、许愿单、社交分享信息、个人提醒服务（比如来货提醒、特殊情况提醒等）、个人推荐等信息进行数据化处理，将其转变为后期可用的数据。

（2）运营中主动搜集到的数据

在亚马逊的运营过程中，主动地进行信息、数据的搜集是必不可少的行为。例如，利用 Java Script 等软件工具，亚马逊可以获得页面反应时间、下载错误、特定页面的访问时长、页面交互信息（滚动、点击、悬停）、离开页面的方式等信息数据；利用搜索引擎 A9 来获取用户进行搜索时留下的数据，包括可以整合的使用谷歌、雅虎等搜索引擎留下的数据；利用 A/B Testing 等调查方法来测试使用者的反应，将得到的信息进行整合，得出有效信息。

同时，亚马逊的相关媒体产品与服务在运行过程中也会自动搜集并记录用户的相关信息。例如，用户 IP 地址、登录信息、Emai 地址、密码、计算机和连接信息（例如浏览器类型版本、时区设置、浏览器插件类型版本、操作系统、平台）、购买历史、URL 点选流向（到亚马逊、经过亚马逊、离开亚马逊，包括时间、日期）、Cookie Number、浏览和搜索的产品、拨打亚马逊 800 电话所用的电话号码等。

（3）从合作伙伴、旗下机构处获得的数据

亚马逊的合作伙伴遍布全球，这些机构通常成为亚马逊获取数据即可用信息的重要来源。例如，亚马逊可以从品牌合作、技术合作、物流合作、广告合作等合作机构处得到账户信息、购买和退货信息。与此同时，亚马逊通过大量的收购与并购行为，获得了种类极为丰富的数据。

2. 亚马逊的大数据处理体系

亚马逊将数据视为公司的运营与发展之根本，所以它在构建自身数据处理体系时所做的第一件事情就是在组织架构中明确数据处理的重要性。

（1）一级部门架构：数据使用贯穿前端与后端

从组织架构上来看，2013 年前后，亚马逊的一级部门大致划分为前端与后端两类。前端部门主要指数字媒体、零售与营销、商业拓展，后端部门主要包括运营部门、卖方服务、电商平台。此外还有客户服务与云计算服务两大部分。其中，零售与营销部门主要负责面向最终用户的产品运营和市场推广活动，部门内部以产品线为主线组成不同的小组，每个小组大概 10 人，负责整个产品线的运营。数字媒体主要负责亚马逊的在线音乐和 Kindle 产品，考虑到其特殊性，与其他产品线分开运营。运营、电商以及卖方服务主要统辖仓储物流、支付、数据挖掘以及对卖家的管理和监控,其中的卖方绩效团队对卖家的业绩进行专门管理,太差的卖家会被清除出去。客户服务主要以客户为中心,对接所有部门。

(2) 前店后厂的数据中心建设

随着数据中心规模的不断扩张,互联网厂商在建立数据中心时已经不再像以往那样简单地考虑网络资源最好的大城市,而是综合成本、数据调用、网络等因素设立"前店后厂"模式——将大型数据中心建立在经营成本较低的偏远地区,在网络服务核心区域或周边建立小型数据中心。在美国,亚马逊就将自己的大型数据中心放在了俄勒冈州,同时也在"科技中心"的旧金山设立了小型数据中心来保证硅谷互联网公司的需求,并处理对延迟敏感度极高的小部分用户的诉求;在俄勒冈州的大型数据中心的成本要低得多,它们提供一些对延迟不敏感的服务。

2013 年亚马逊进军中国,也采用了同样的硬件集散方式。在亚马逊与北京市政府、宁夏回族自治区政府以及西部云基地签署了四方谅解备忘录之后,电力资源丰富、地广人稀的宁夏将成为"后厂",亚马逊的数据中心会建造在那里。而北京就是"前店",基于北京成熟的公有云市场和产业链,亚马逊的销售、市场营销、应用开发在北京进行。

(3) 不断提升数据处理能力,进入云计算服务领域

亚马逊之所以能成为 IBM、微软等巨头在大数据上的强劲对手,离不开其强大的数据处理和运作能力。庞大的数据存储、计算和分发以及应用是亚马逊引以为傲的大数据产品。亚马逊网络服务所提供的服务包括:亚马逊弹性计算网云(Amazon EC2)、亚马逊简单储存服务(Amazon S3)、亚马逊简单数据库(Amazon Simple DB)、亚马逊简单队列服务(Amazon Simple Queue Service)以及亚马逊云端服务(Amazon Cloud Front)等。这些都是在业界具有标杆性的云计算技术。

弹性计算网云(EC2)和弹性 MapReduce(Elastic MapReduce)是亚马逊大数据云计算领域中成功而有效的技术,是其数据处理能力的体现。EC2 几乎可以认为是迄今为止云计算领域中最为成功的技术。通俗地讲,EC2 就是提供虚拟机,它的创新在于允许用户根据需求动态改变虚拟机实例的类型及数量,技术上支持容错并在收费模式上支持按使用量付费,而不是预付费。Amazon Simple Storage Service(Amazon S3)又叫亚马逊简单储存服务,是亚马逊使用

最广泛的储存技术,它提供完全冗余的数据存储基础设施,以便随时从网络中存储和检索任何数据。到 2013 年,S3 存储云已经包含超过 2 万亿个对象,而这距离其存储对象突破万亿大关仅仅过了一年,并且仍然保持着惊人的增长速率。

除了快速、高效的计算和储存技术外,亚马逊的大数据能力还体现在对数据的应用上,而这也成为未来亚马逊大数据战略中的重点发展部分,例如虚拟桌面服务 WorkSpaces、云端 GPU 增强服务 AppStream,以及实时的流数据存储平台 Kinesis 等。

(四) 淘宝的大数据挖掘与大数据体系

截至 2014 年年底,淘宝网拥有注册会员近 5 亿,日活跃用户超过 1.2 亿,在线商品数量达到 10 亿;在 C2C 市场,淘宝网占据了 95.1% 的市场份额。淘宝网在手机端的发展势头迅猛,据易观 2014 年最新发布的手机购物报告,手机淘宝和天猫的市场份额达到 85.1%。截止到目前,淘宝网创造的直接就业机会达467.7 万个。随着淘宝网规模的扩大和用户数量的增加,淘宝网也从单一的 C2C网络集市变成了包括 C2C 分销、拍卖、直供、众筹、定制等多种电子商务模式在内的综合性零售商圈。

1. 淘宝的数据来源与分类

事实上,以上这些数据中都隐藏着巨大的价值。从数据源头来讲,淘宝网拥有的海量数据主要来源于三个渠道,即站外数据、站内数据及访问数据。

(1) 淘宝站外的引导性数据

主要是淘宝网外部的数据,包括相关的广告点击、搜索引擎上的搜索数据、SNS 上的推荐与链接、关联软件的操作与推荐等。这些数据是通过间接的导流与推送链接到淘宝网的相关页面上的。

近年来,随着淘宝网开放化程度的日益加深,站外流量与日俱增,以站外广告及导流网站为主所产生的站外数据日益丰富。这些站外数据对淘宝平台来讲有着至关重要的作用,它们能够比较全面地反映用户的搜索行为、偏好、媒体接触及使用习惯,以及诸多潜在的购物需求。2009 年,淘宝旗下购物分享平台"爱淘宝"全面上线,所有通过站外平台的点击行为都要汇集到"爱淘宝"平台上,这样就使得复杂而庞大的站外流量有了统一的汇总平台,数据的价值得到了极大的提升。

(2) 淘宝站内数据

淘宝站内产生的数据是淘宝网最大的数据来源之一,这些数据的产生与买卖双方的交易密不可分,同时也围绕着交易产生了相关的信息与数据,包括内部搜索、站内SNS社区、页面浏览与点击、会员及用户相关页面、购买与交易数据、后台管理数据以及即时通信数据等信息。这些数据信息更能直观而细致地反映淘宝网站内用户的商品浏览行为及习惯,最直接地捕捉到用户的交易行为、商品偏好及相应的需求、爱好及口碑等信息。这里涵盖了淘宝网的消费者全面而详实的网购信息,能够比较准确地描绘出用户画像,具有极强的营销价值和沟通价值。

（3）直接访问数据

这部分数据主要来源于浏览器访问、软件访问等。这部分数据能够有效地洞察用户的网购入口偏好及行为。

（4）无线端数据

正如此前提及的那样,随着无线互联网的飞速发展,淘宝无线端的成长在近两年迎来了一个高峰。与此同时,随着淘宝在无线领域的布局越来越深入,无线端的产品日益丰富,加之其以"插件植入"等方式在其他客户端软件上的布局,淘宝网无线端的数据构成了海量的数据阵容,能够全面反映出无线用户的特征。

2. 淘宝的大数据处理体系

淘宝的海量数据从源头被收集汇总到数据库中,然后由数据处理部门进行数据的筛选、运算,最终形成不同的应用。淘宝拥有独立的数据运营部门和数据团队,拥有自己的数据存储仓库和计算平台,用大数据技术实现数据价值的最大化发挥。

第二节　大数据与新媒体的内容运营

一、新媒体的内容运营

（一）新媒体的内容、业务和产品

在我们研究新媒体的内容运营时,首先要对几个常见的概念做一个基本的区隔,也就是内容、业务和产品。

1. 新媒体的内容

"内容"是媒介运营的核心要素,是指以媒介为传输载体的各类信息形态的总称。从文化学的角度出发,"内容"这一概念的主要意义在于容纳,内容指的是一种能够把外在包容其内的状态。从传播学的角度出发,传播者、信息媒介、接收者和反馈是传播的五个核心要素。从媒介产业的角度出发,内容是媒介产业链条中重要的环节,和传输环节、经营环节、终端环节等同样重要。内容资源是媒体联系受众、经营广告的基础要素。

从数字新媒体运营的角度出发,内容是能够承载和传播信息的专业技术平台和软硬件上所承载的信息形态的总称。快速发展的数字技术造就了快速、通畅的传输网络,形成了强大的信息处理能力,对信息内容的处理更快、更便捷。具体来看,新媒体的内容包括文字、图片、音频、视频等。

2. 新媒体的业务

"业务"是指媒体基于现实的内容,考虑内容与用户或者广告主需求之间的关系,所规划出来的方便使用的各种外在的信息服务的表现形式。从字面意义来看,业务是指个人的工作职业或者机构的专业服务项目,其解释有两个核心点:第一是专业性,能称为业务的,一般都是某个领域的专业性工作;第二是事务性的具体项目,指这些专业性的工作所包含的有着特殊知识技能和要求的具体项目。

从媒体运营的角度来说,业务是附着在内容和需求之上的,在现实运作中,媒体的运营方往往是以业务形态的规划作为内容和商业模式的设计基础的,而用户也往往是通过媒体提供的业务产品来实际使用和消费媒体的。在传统媒体时代,"业务"的概念还不太强,然而伴随着新媒体技术的发展、用户需求的碎片化、海量内容的出现,媒体的运营需要更多的分类规划和分解传递,媒体内容和用户需求之间的联系需要不同业务形式来构建,业务的重要性才得以凸显。

3. 新媒体的产品

"产品"是指媒介根据市场的需求所生产的,能满足媒介消费者需求的产品和服务。在经济学的解释中,产品是指能够提供给市场,被人们使用和消费,并能满足人们某种需求的任何东西,包括有形的物品,无形的服务、组织、观念或它们的组合形式。媒体产品的释义其实正是在这个基础上的一种延伸和拓展。新媒体的产品是基于内容和业务所提供的,能够让用户直接接触、使用和消费的,具有可交易性质的形态。

媒体产品作为产品,首先是一种商品,具有使用价值,其价值是通过满足受众的需求来实现的,这是媒体产品的自身要素;其次,媒体产品跟其他产品一样,要实现其价值,必须投放到市场,在市场的指挥下进行流通,这是媒体产品的外部要素。在现实生活中,一部电影、一部电视剧、一个 App,都可以称为新媒体的产品,它们的共同点在于可以被用户直接接触并使用,而且可以进行消费。

4. 内容、业务、产品之间的关系

从信息传播的角度来看,内容是信息的首轮加工产品,也是媒体"传播"的对象,是媒体产品、媒体业务的重要基础与核心。产品有更深一层的加工含义,并且通常被赋予"消费""交易"的含义。在针对消费者或者受众、用户时,业务和产品的意义有时可以通用。但是从媒体运营的角度来看,业务的范畴更大,同一业务下可以包含多种产品,而"业务"的承载和表现往往都是产品。例如:××媒体机构在进入××业务领域后,推出了××产品。但是,从严格意义上来说,三者的概念是不同的,在研究新媒体时,通常需要对这三个概念进行差别化运用。

(二) 数据在新媒体内容运营中的作用

在传统媒体时代,媒体的内容生产过程相对较为简单,而新媒体给整个信息传播环境带来了极大的改变,也重构了内容运营的流程。在这个过程中,数据扮演着越来越重要的角色。

1. 新旧媒体的内容运营流程有着显著差异

在传统媒体的内容运营流程中,媒体机构负责对信息进行加工整理,形成内容产品之后,通过各自的信息传播渠道将内容产品分发给不同的受众。受众在接收信息之后通过一定的方式向内容产品的提供者进行反馈,媒体再根据受众反馈进行下一次内容生产的调整,这就完成了一次内容生产、分发、消费的过程。事实上,传统媒体中的信息传播流程即可对这种媒体内容生产和运营的过程做出解释。唐•E. 舒尔茨(Don E. Schultz)在他的《全球整合营销》中,为依托传统大众媒介建立起来的营销传播做了一个模型图。在图中,舒尔茨清晰地标明了信息流动的方向,即从信源流向信宿,基本保持线性的流动。而消费者在营销传播中处理信息的方式也是线性的,表现为接触→注意→理解→接受→保留。

经过长期经营和管理实践的探索,目前,新媒体已经形成了较为完善的内容运营流程,以平台化的模式对内容的生产传播进行了流程再造。

首先,新媒体的内容运营需要经过内容获取、集成、分发三个重要环节。新媒体通过各种渠道广泛吸纳海量内容,新媒体机构对各种内容进行集成,使之成为符合市场需求的内容产品,并面向多种终端和用户进行传输分发。在各个环节中,新媒体内容运营均体现了多元化、多样性、开放式的特点,使之有别于传统媒体封闭式、单一化的管理模式。

其次，新媒体的内容运营还有两个重要支撑：一是内容监管，即内容的可管可控，通过遴选和监控保证内容的安全可靠。二是媒体资产管理系统的建设。媒体资产管理系统在新媒体内容管理过程中的作用至关重要，新媒体的内容管理流程千头万绪，需有更科学的管理系统来保证资源的合理配置。同时，原始的内容资源通过媒体资产管理系统的配套之后可以进行多次开发，深度发掘内容资产的价值。

此外，新媒体机构在内容运营的过程中有一个极为重要的特点，就是将内容视为产品。互联网产品其实并未创造出全新的生产机制，只是更加灵活地根据用户反馈进行产品调整。虽然这种不断获取反馈再不断调整的方式并不一定都会采用最新的手段与方法——大数据和小数据、中数据的结合使用是常态。但是在这方面，传统媒体工业化的程度依然有所欠缺，究其原因主要是产品意识不强。

2. 大数据在新媒体内容运营过程中发挥着巨大的作用

正如前文所述，新媒体的内容运营流程可以分为基本的内容获取、内容集成、内容分发和交易三个大的环节。无论具体的内容产品是什么，总结来看，媒体进行内容生产的最终目的是搭建起恰当的商业模式，从而实现盈利。

目前，用户付费、商业广告、内容销售是最常见的三种模式。所以，对于内容运营这项工作来说，大数据的作用是要从这三个层面来提升新媒体机构的盈利能力。在传统的媒体内容生产过程中，数据最重要的作用就是从用户与广告主的需求角度出发，为内容生产者提供必要的参考和借鉴。然而在大数据技术的支持下，数据的作用和重要程度都发生了改变，也在颠覆原有的媒体内容生产的模式。在运营过程的各个环节中，大数据都可以参与其中，并且有效地提升新媒体机构内容运营的效率，优化运营效果。

第一，在内容获取方面，不管是自主内容生产还是外部引入，即通过购买、合作的方式获得内容，都需要利用数据对其进行评估，从而生产、获取更加符合市场需求的内容产品，甚至数据本身都可以成为优质的内容。第二，在内容集成环节上，新媒体机构要实现的是内容的业务化和产品化，在这个过程中，需要根据终端、渠道、受众的不同，将原始内容加工整理成更加合适的内容产品。大数据的指导作用同样重要，在这个过程中，可以利用数据的支持对内容产品进行优化，通过编辑整理让内容产生更大的价值。第三，在内容分发环节上，如何让不同的用户在不同的时间,利用不同的终端接收最合适的内容产品,并且让新媒体机构在第一时间获取用户的评价与反馈,这是大数据需要解决的重要问题。实现精准的推荐和个性化的分发模式是现在新媒体机构在内容分发层面上的工作重点。

帮助新媒体预知用户、受众的需求,提前生产出符合他们需求的内容及产品,同时进行内容产品的优化,并且帮助媒体用更加合适的方法去传播和营销,这是大数据在新媒体内容运营中的重要使命。

二、大数据改变新媒体的内容生产——以数据新闻为例

(一) 数据新闻的概念和发展

根据业界的认知,数据新闻又叫数据驱动新闻,是指基于数据的抓取、挖掘、统计分析和可视化呈现的新型新闻报道方式。数据新闻是在大数据的技术背景下产生的,数据新闻是随着数据时代的到来出现的一种新型报道形态,是数据技术对新闻业全面渗透的必然结果,它的出现在一定程度上改变了传统新闻的生产流程。

1. 数据新闻的起源: 精确新闻报道

精确新闻学理论亦被称为精确新闻体、精确新闻报道,是由美国学者、新闻记者菲利普·迈耶(Philip Meyer)在20世纪60年代提出来的。在《精确新闻报道:记者应掌握的社会科学研究方法》一书中,菲利普·迈耶将精确新闻的含义界定为:记者在采访时,运用调查、实验和内容分析等社会科学研究方法来收集资料、查证事实,从而报道新闻。

在当时的时代背景和环境下,新闻业界希望能够以更加精确的数据、概念来分析新闻事件,尽可能避免主观的、人为的错误,使新闻报道更加客观、公正,所以民意调查研究成为当时精确新闻学的最主要的组成部分。随着民意调查的日益发展与多样化、细化,以及新闻教育变革和新闻传播技术的发展,特别是电话的普及和电子计算机的广泛使用,精确新闻报道日益成熟。

精确新闻报道使记者在采访时能运用科学的方法进行直接或间接的系统观察,这就使这种观察具有代表性,而且在内容上它是以严肃的数据为依据的,可以使新闻报道更加客观公正。传统的新闻报道是记者被动地报道或解释新闻事件,新闻报道被狭隘地限制在"对新闻事件的报道可解释"上。精确新闻报道的出现,使记者能采用系统的科学方法,主动采集、加工资料,挖掘隐

藏的真实信息。从这些关于精确新闻报道的阐释中可以看出，人们很早就开始探讨如何使新闻报道更加精确和客观，尤其是如何将数据与新闻报道结合在一起。

在这之后，新闻报道与数据之间的距离不断被拉近。20 世纪 90 年代，随着计算机技术的普及，"计算机辅助新闻（Computer Assisted Journalism）"在新闻调查与新闻报道中的比例日益增加，这进一步提升了新闻报道的精确性。之后，"数据库新闻"等概念出现，新闻报道从生产方式到报道形态都发生了巨大的变革。21 世纪初，记者们开始尝试从一些数据库中找出有用的数据，以便挖掘新闻专题。这些数据库既包括政府公开的数据库，也包括媒体自己的数据库。不久之后，数据驱动新闻、大数据新闻等概念以及操作方法应运而生。显然，这一过程与人类的数据处理技术的进步是同时发生的。

2. 数据新闻的诞生和概念

关于数据新闻概念的诞生，业界和学界目前并无统一的判断，但是仍有一些标志性的事件可以帮助我们更好地了解数据新闻的发展过程。例如，澳门科技大学章戈浩教授认为，第一个利用数据进行的新闻报道可以追溯到 1821 年 5 月 5 日，那是《卫报》首期报纸的头版新闻：曼彻斯特在校小学生人数及其平均消费。现在还可以从《卫报》的网站上下载到这份原版的 PDF 文件。方洁在《数据新闻概论》一书中则表示，率先提出"数据新闻"概念的是《华盛顿邮报》的软件开发员兼 Every Block 网站的创建人阿德里安·哈罗瓦提（Adrian Holovaty）。他在 2006 年的一个论坛中做了名为《报纸网站变革的一种基本方法》的演讲。在这场演讲中，他虽然没有直接给出"数据新闻"这个概念，但是已经提出了相关理念，因而被业界认为是数据新闻的创立者。我们可以看出，数据新闻的诞生与数据在新闻报道中的应用息息相关，但是数据新闻绝不简单地等于使用了数据的新闻报道。因此，我们有必要对数据新闻的基本概念做一个简要的界定。

目前学界和业界对于"数据新闻"还没有形成统一的认知，所以在对数据新闻的概念进行解释的时候，会出现一定的差异。总结来看，学界与业界对于数据新闻有一个共同的认知，即数据新闻是一种运用了数据理念的、全面变革了的新闻报道方式与制作手段。

例如，美国伯明翰城市大学的教授保罗·布拉德肖认为，数据新闻就是一切用数据处理过了的新闻，数据新闻的制作过程可以用倒金字塔来表示，包括数据汇编（Compile）、数据清理（Clean）、数据了解（Context）和数据整合（Combine）四个部分；数据新闻的传播过程通过正金字塔来完成，包括可视化处理、叙述新闻故事、通过社交媒体发布、受众根据自身的需要和兴趣有选择地使用。

在整个过程中，数据处理的最终目的是完成数据的可视化并实现有效传播。这个金字塔的解释图在学术界广为流传。我国香港城市大学的祝建华教授认为，数据新闻是用来过滤和分析海量新闻数据的工具，它通过对数据的整合，实现对新闻的挖掘。

在业界，对于数据新闻概念的讨论也有很多。《卫报》《纽约时报》和《华盛顿邮报》等数据新闻的实践者都提出了对于数据新闻的自我认知。例如，《卫报》数据新闻编辑西蒙·罗格斯（Simon Rogers）认为："数据新闻不是图形或可视化效果，而是用最好的方式去讲述故事，只是有时故事是用可视化效果或地图来讲述的。"

数据新闻与精确新闻的差异主要体现在三个方面。第一，分析和处理的数量有着显著差异；第二，数据对于精确新闻来说是一种辅助，但是对于数据新闻而言则是核心驱动力；第三，在承载平台方面，精确新闻基本还是以传统媒体为介质，而数据新闻主要利用的则是数字化媒体平台。如果从数据新闻与传统新闻报道的差异点来看的话，数据新闻被认为是通过数据处理来进行的新闻报道，极为强调新闻报道与数据之间的关系。

从数据新闻对新闻叙事的创新的角度来看，数据新闻是一套囊括了许许多多的用于新闻叙事的工具、技巧与方法，为了提供更加生动、鲜明的阅读体验的新闻报道生产方法。从工作流程与方式的角度来看，数据新闻应当是一种全新的工作流程，包括抓取数据、挖掘数据、数据可视化等基本步骤，在这个过程中实现数据与新闻信息的融合。

在学界与业界共同探讨数据新闻的过程中，《数据新闻手册》一书诞生了。该书的编写始于2011年伦敦Mozilla festival的一个48小时工作坊。该书由欧洲新闻学中心（European Journalism Centre）和开放知识基金会（Open Knowledge Foundation）共同倡导，来自BBC、《卫报》《金融时报》和《纽约时报》等多家媒体的专注于数据新闻领域的业界和学界人士通过网络协作方式完成编写。2013年经欧洲新闻学中心授权，《数据新闻手册》中文版由30人的专业团队志愿翻译成稿，并由香港大学JMSC进行质量审核。该书对于数据新闻的概念界定为：简单来说就是用数据报道新闻。它为记者将传统新闻敏感、引人入胜的叙事能力与规模庞大的数字信息结合起来提供了可能。

（二）大数据对于新媒体内容生产的改变

我们以数据新闻为例，探讨了大数据给新媒体内容生产带来的影响与改变。当然，除了数据新闻之外，大数据也被广泛地运用在各种类型的内容生产当中，视频、文字、图片、音乐均在其中，我国的媒体机构也在积极地尝试运用大数据的力量来优化自身的内容生产。

1. 数据可以直接转变为内容

只要运用得当、表现得当，数据可以直接转化成媒体的内容产品。采集数据成为内容生产中的重要步骤，如何去组织和表现这些数据成为内容生产者的重要使命。例如，2015年10月，国内首个大型数据新闻节目《数说命运共同体》在中央电视台《新闻联播》《朝闻天下》《新闻30分》《新闻直播间》等多个新闻栏目推出。该节目由央视新闻中心跨行业、跨领域整合多方信息源，依托国家"一带一路"数据中心、国家统计局、海关总署、世界银行、世界贸易组织的权威数据库，动用两台超级计算机，历时6个月完成。此外，该栏目还首次使用卫星定位跟踪系统数据，通过大量GPS移动轨迹，提升数据新闻的视觉表达效果；首次使用数据库对接可视化工具，使节目通过真实数据轨迹进行全景呈现。据了解，《数说命运共同体》单是挖掘数据就超过1亿GB，仅为计算"全球30万艘大型货船轨迹"而分析比对的航运数据GPS路径就超过120亿行。

2. 内容生产者被重新定义

数据赋予新媒体内容生产的另一项变革在于内容生产者的改变。一方面是传统的"生产者"与"使用者"的界限变得模糊；另一方面是人工智能越来越多地参与到内容生产当中。大数据的4V特征强调的就是数据量大、来源丰富、种类多样且速度迅疾，那么，利用大数据进行的媒体内容生产也理当符合这样的特征。这就在客观上要求内容提供者能够以"集成者"和"平台"的理念对自身进行重新定位。

网络媒体的内容生产很多时候是各种分散主体的协同式"分布生产"，众包新闻就是这种变化的典型模式。此外，在豆瓣、知乎、微博、脸书和推特等社交媒体上，用户看到的内容本身就来自各种个体、群体、机构的"讨论"与评述，这些信息往往又成为主流媒体进行内容生产的重要源头——专业媒体机构不但利用这些信息进行数据新闻的生产，而且也将它们视为重要的新闻报道的素材。

例如，从2007年7月开始，《赫芬顿邮报》启动了名为"Off The Bus"的公民新闻项目，在普通民众中招募大量志愿者共同参与总统大选的报道。其基本形式是：OTB网站将采访需要提出的问题、需采集的信息等预先设计成表格，分发给参与的志愿者，他们完成采访后将填好的表格信息发回网站，编辑根据其内容编发成新闻消息或存入资料库。这种"分布式"新闻报道方式的优势是由于参与者众多，能以群体力量完成时间、空间跨度较大的事件的跟踪采访和报道，并且能唤起普通民众对公共事务的兴趣，从中发掘出内容鲜活、能产生重大影响的新闻。

众包网站MicroM Appers的创立旨在以众包的形式协助联合国及其他援助机构完成工作，网站的合作伙伴包括联合国人道主义事务协调办公室和Standby Task Force（一个类似依靠数字志愿者协助解决人道主义援助问题的众包网站）。MicroM Appers在受灾当地和联合国救援组织之间扮演着中间人的角色。网站接收来自数字志愿者发来的信息，发送者可以根据网站的"Clickers"点击分类功能选择信息的类型，包括呼吁救援、受伤信息、警告信息、提供援助、基础设施受损或其他。网站通过发送者的选择，迅速对数据进行分类处理，并将这些数据定位到一幅不断更新的地图上，同时将实时更新的数据发送给联合国救援组织。在2013年的巴基斯坦地震、2014年的智利地震、马航370事件中，MicroM Appers都发挥了突出的作用。例如，2014年12月，超强台风"黑格比"袭击菲律宾，该网站收到了约700个数字志愿者发来的即时信息，其中包括50 394条来自推特的文本信息和33 377张现场照片，网站对这些数据进行核实后分别以地图的形式发布了集纳了文本数据和照片数据的地图，并保持数据的实时更新。

3. 数据在内容生产中扮演了极为重要的作用

在当前的趋势下，数据对于内容生产的指导作用被极度放大。媒体机构对于用户需求的了解会先于内容生产，以用户为中心的内容生产观念在大数据技术的支持下被全面放大。例如，《赫芬顿邮报》利用自身的核心算法和人工处理方式紧盯谷歌搜索上的热门词汇，根据最热的新闻词汇进行相关内容的编写并发布，从而为用户提供他们最希望看到的新闻内容。《赫芬顿邮报》不是根据自己的生产能力来制作内容，而是根据用户的需要对已有新闻进行整合，从而最大可能地满足读者的需求。我国的"今日头条"通过对人民网、新华网、网易、新浪等各大新闻网站的新闻进行内容聚合，基于"推荐""热门""好友动态"三个维度，向用户推送资讯、评论等内容。

在传统的影视剧创作过程中，决定拍摄题材的是编剧和导演。大数据则提供了用数据选择题材的可能性。Netflix 通过对 3 000 万用户的收视选择、400 万条评论和 300 万次主题搜索等数据的深度分析,发现政治剧是当下美国观众迫切需要的,所以投资 1 亿美元翻拍了《纸牌屋》并且一炮而红。这个案例已经成为大数据指导影视剧生产的经典范本。

在国内,新媒体机构同样在积极探索如何将大数据运用于内容生产当中。例如,乐视网通过对用户进行调研发现,有超过 70％的用户喜欢看宫斗题材的电视剧,其中最关注"权力斗争"内容的用户达到 40％。这项调查促使乐视决定拍摄自制剧《光环之后》。优酷的自制剧《嘻哈四重奏》制作团队通过对用户习惯数据进行分析发现,观众在第一季中对"偷菜"游戏的评论频次特别高,所以在后来的剧情中,加入了《愤怒的小鸟》《植物大战僵尸》等流行游戏。

三、大数据改变新媒体的内容运营——集成、分发和交易

(一)新媒体的内容价值实现——内容运营

目前主流的新媒体机构在内容价值的实现上主要有三种方式,具体来看的话,第一种是将内容销售给用户,包括个人用户与机构用户,然后获取一定的收入,从而体现出内容的价值。按照通常的理解,视频网站的用户付费形式就是这种内容价值体现方式的代表。第二种是合理设计内容播出过程中的各种品牌曝光机会,即广告产品,并将其销售给广告主从而获取广告收入。无论是硬广告还是软广告,都是这种内容价值的重要实现方式。第三种就是将内容的不同版权产品销售给其他媒体机构或者播出平台,从而获得相应的版权收入。为了获得更高的盈利,最大限度地实现内容的价值,新媒体机构除了需要提升内容本身的质量、提高其吸引力之外,还需要通过各种各样的包装方式、营销手段去进一步提升自身内容产品的价值,从而获取更大的收益,这就是我们所说的内容运营过程。具体来说,"运营"的概念包括内容的编辑、推荐和销售三个方面。

与传统媒体相比,新媒体的内容运营模式是有着鲜明特色的。中国传媒大学周艳教授认为,以互联网为代表的新媒体机构在内容运营方面经历了不同的发展阶段。第一阶段是较为粗放的内容运营模式:"广播式媒体通过自制或者采购、合作等方式,获得优质的内容,并且按照用户需求的种类、时间、区域差异等将其编排并分发出去。而互联网媒体的内容运营因为一开始就不是构建在自制内容基础上的,没有独立的采编权,其在内容运作上是对传统媒体数十年内容沉淀的'盘剥'和'压榨'。互联网媒体能够将海量存储内容的多媒体性质呈现给用

户,并且主要通过'标题党'的形式不断创新策划和编排手段,使得原来线性内容被加工整理后更符合互联网用户的使用需求。"

第二阶段则开始运用数据的力量:"在内容缺口和创新压力下、技术支持下,互联网媒体构建了数据库创建内容的运作模式,通过构建强大的数据库并对其进行管理,梳理数据指标之间和不同数据库结构之间的关联。互联网能够把原本零散而没有关联的信息重新组合起来,生产出人们所需要的信息内容,于是其内容运营的能力得以大幅度提升……在内容营销方面,内容本身的数据、用户的基础数据、用户的信息浏览和使用习惯数据、信息传播过程中产生的交易行为数据等,这些通过传统方式很难得到的数据在互联网上变得非常便捷,数据是透明的、可寻址的,这就使得互联网上的数据库营销更为常见而高效,而且屡见创新。"

在这篇文章中,我们可以看到新媒体在内容编辑整理和内容营销方面的尝试。2012 年之后,大数据技术席卷了整个传媒产业,给新媒体的内容运营带来了更加深远的影响。

(二)大数据在新媒体内容集成和分发中的运用

在新媒体内容的运营过程中,内容被视为"产品"。而被赋予了产品观的内容运营,就会在产品本身质量之外追加更多对"包装"的要求,以便更好地吸引消费者并销售出去。对于用户来说,内容的编辑与推荐就相当于内容产品的包装和铺货,如何利用大数据技术来提升编辑的能力、推荐的精准性、分发的针对性,尤其是适应新媒体环境下受众碎片化和个性化的传播特性,就成为新媒体机构内容运营体系中的重要命题。

1. 人工与数据相结合的编辑策划,深度挖掘内容价值

互联网的发展带来了信息的大爆炸,对于个人用户来说,可以浏览的信息量过于巨大,不同网站内容中同质化的程度也较高,难以做出选择。对于新媒体机构来说,帮助用户进行信息筛选,同时让自身的内容产品获得竞争优势以吸引用户的注意,这些工作是通过适当的编辑、包装和精准推送来实现的。换个角度来说,即便是同样的内容素材,也会因为不同的加工方式和编辑推荐而产生不同的效果。

所以,我们认为,编辑与推荐过程其实是对内容价值的再次解读与深度挖掘,是新媒体内容运营的重要组成部分。大数据在这项工作中的重要意义就在于帮助新媒体机构提升效率与效果。在视频网站中,YouTube 可谓鼻祖。该网

站首先将所有内容做了一个基本的划分，包括热门、音乐、体育、游戏、电影、电视节目、新闻、直播、焦点和 360 视频，共十个频道组。其中音乐、体育和游戏三类由系统自动归类生成。这十个频道组从内容类型、体验类型、热门度等多个角度对视频进行了归类，方便用户进行查找。

另一个能够体现出人工编辑、策划思路的就是新媒体内容的"排序"，首页推荐、置顶、排行榜等都是典型代表。2012 年 6 月，新浪微博推出智能排序功能，用户访问新浪微博时可选择"智能排序"或"更新时间排序"。有网友访问新浪微博时，界面会显示温馨提示：你正通过智能排序的方式浏览微博，智能排序依据你的喜好帮你梳理微博内容。新浪微博客服表示，智能排序是根据用户的关注、标签和微博内容等相关信息来判断用户的喜好，从而进行微博排序的。

Newsmap（新闻地图）是谷歌新闻聚合器上实时新闻反馈的可视化呈现。数据块的大小对应新闻受欢迎的程度。其反映的是谷歌新闻聚合器实时更新的新闻。这种数据可视图基于树状图的算法，适合表现大量信息的聚合。用颜色、标题字号、区块面积等来展现归并后的信息。这种排列方式打破了空间限制，帮助用户快速识别、分类和认知新闻信息，平面而直观地展现不断变化的信息片段。

2011 年 4 月中旬，App Store 排行榜上雷打不动的"小鸟家族"突然被脸书等应用挤了下去，由于脸书和"愤怒的小鸟"当时都没有大的程序或营销调整，唯一的解释就是苹果更改了 App Store 排行榜的算法。脸书从原本的排名第二十位跃升至第一位。据分析，更新算法后，除了应用下载量，用户评价和使用频率也会影响该应用在 App Store 上的排名。

第三方公司负责 8 万个应用产品统计的市场部副总裁表示，苹果的确更改了排行榜的统计算法，不再只考虑下载次数。可能是加入了更多的统计方法，如使用频率等来考核 App 真正的受欢迎程度。除了以上提到的因素之外，如果一款 App 被下载了 100 万次，而后来有 50 万人很快删掉了这个 App，那么这样的排行也是不准确的，还是按照使用频率来统计比较好。这种排序的另一个发展方向就是搜索引擎优化（Search Engine Optimization，SEO）。搜索引擎优化是一种利用搜索引擎的搜索规则来提高网站目前在有关搜索引擎内自然排名的方式。在此我们不做详细论述。需要注意的是，以目前的技术现实来看，短期内完全用数据和人工智能来进行内容编辑是不现实的，人工编辑的形式仍然是主流，大数据起到的是辅助性的作用。

2. 准确预判用户需求并进行相应的内容推荐

在进行合理的内容编辑之后，第二步是需要用到更多数据的推荐工作。除了用户可自主进行频道订阅以外，新媒体机构还会进行相应的推荐。为了提升这种推荐行为的精准程度，新媒体机构需要搜集大量的用户行为数据，以准确判断用户的偏好和倾向。一个简单的例子是，用户在视频网站观看视频之后，网站通常会有相应的内容推荐，比如同一导演、演员的其他作品，相似主题的作品等，用户点击越多证明推荐越成功，这种推荐就是依靠大数据来实现的。

在视频推荐方面，YouTube 拥有独特的推荐算法，并在 2013 年获得了技术艾美奖。YouTube 从 2008 年起向用户推荐相关视频，用户可以在主页或者视频播放页面的右侧看到推荐视频。2008 年年底，推荐算法为 YouTube 每天增加了数十万小时的观看时长，如今这个数字已经达到了数百万小时。YouTube 发现，基于用户所观看的一个视频来推荐最相关的视频反而会把用户"吓跑"。"如果我们把算法设计成始终推荐最相关的视频的话，用户很快就会感到厌倦。"YouTube 负责算法的软件工程师赫克托·易（Hector Yee）在接受采访时说，"用户喜欢观看不同话题的视频。"有时候，用户愿意点击的"相关视频"实际上是"毫不相关"的。

YouTube 发现，如果要根据个人兴趣来推荐个性化的内容，用户更喜欢连续观看不同题材的视频。换句话说，用户并不需要 YouTube 推荐与当前观看的视频绝对相关的视频，他们更希望看到自己感兴趣的不同题材的内容。

从数据中，YouTube 获得了清晰的推荐依据，包括用户的使用行为、使用时机等，比如什么时候用户会点赞，哪些视频他们会从头到尾地观看。总的来说，YouTube 追踪全网用户的观看行为并进行记录，用数据构建了一幅访问者可能会点击内容的图画，以此为当前观看视频的每个用户推荐其可能感兴趣的视频。

通过数据分析，视频网站的用户大体可以分为两类，一部分有明确收看的目的，对于这部分用户，视频网站要做的是帮助用户减少观看过程中的操作动作，让他们能够快速找到想要收看的内容；另外一部分用户没有明确的收看目的，所以要根据数据为他们进行合理的内容推荐。美国在线视频网站 Hulu 针对第一种用户设计了一些数据产品，比如"Show You Watch"，这个产品可以把内容按照用户的最后一次观看时间进行排序，而且还通过数据分析形成机器学习模型进行排序，参考指标包括用户所收看剧集的播出时间、当前平台等信息。

比如，《破产姐妹》是每周二更新，那么当这个用户在下周二登录时，"Show

You Watch"就会为用户自动推送最新一集的《破产姐妹》。此外还有"Show Smart Start",就是用户进入剧集页面之后会直接进入上一次所观看的集数,不需要重新搜索。短视频会推荐相同主题的视频的产品。这些产品共同帮助用户提升观看体验。

对于第二种用户,Hulu 设计了个性化的推荐首页,进行智能推荐,在推送之后还以小调查的形式了解用户对这个推荐的反馈意见,以便下一次更加精准地推荐。

另一个案例是我国的今日头条。目前几乎所有主流的新闻资讯 App 都会打出个性化推荐的旗号,然而他们的做法主要是让用户自己勾选,鲜有足够优质的算法来支撑。今日头条则不同,它凭借其核心的算法,可以做到较为准确的自动推荐。其中有两个最重要的机制,一个被称为"冷启动",一个被称作算法的驯化。

冷启动是指用户在第一次使用所绑定的社交账户登录今日头条客户端时,今日头条通过对用户社交数据的挖掘,包括根据好友关系、兴趣所在、历史数据而形成的多个分析模型等,为使用者建立 DNA 兴趣图谱,这一过程用时只需 5 秒。从用户第二次使用今日头条开始,就进入到算法的驯化阶段。随着用户使用频率的增加,用户的 DNA 兴趣图谱会有所变化。今日头条不断地对用户的浏览、收藏、转发、评论等行为进行学习和分析,再结合其阅读习惯、阅读时间、阅读位置等多个维度,不断增加其属性。除人群属性外,算法还会对文章打标签,包括发布时间、文中出现的名人、发布文章的区域等。而今日头条最终要做的就是"推荐"。

但是,一个人会归属于多个人群,一篇文章也会有多个标签,因此必然会有多篇文章推荐给这个用户,如何确定推荐顺序呢?今日头条的推荐算法的核心原理是让用户对文章进行投票,并把得票率最高的文章推荐给相同的人群。推荐能够满足的是用户的个性化需求,而实际上,并非用户的所有阅读兴趣都能被算法所洞悉满足。有一些共性的需求,用算法来解决不如用频道运营的方式来实现效率更高。因此,今日头条还会让机器将内容分成各种版块,让用户订阅。

3. 快速、有针对性的分发传播可以有效提升新媒体内容价值

新媒体传播的一个特性就是速度迅捷。在内容生产方面,大数据等技术的出现使得抓取、编辑、整理的速度不断提升,新媒体机构在生产和集成内容的同

时，也作为其他媒体机构的内容源而存在。所以，在内容集成的同时，内容分发也在发生。因此，利用数据技术优化分发与传播路径，同样是新媒体机构内容运营的一个要点。

通常来看，如果想要优化分发与传播的效果，要注意以下几点：

第一，必须对不同媒体、不同终端的用户的行为偏好有充分的了解。以视频产品为例，电视端更适合播放长视频以及画面精良的视频内容，手机等移动终端多半用来满足用户碎片化时间的信息获取需求，所以视频内容宜简短；在一天的不同时间段里，用户对于视频内容的类型的需求也会存在差异，新闻类、娱乐类、科技类、生活类不一而足；不同的用户群体对于视频内容的类型和特征也会存在需求的差异点。针对这些特点，内容生产者在将内容分发至不同的媒体类型以及终端类型时，应对用户行为、需求数据有充分的了解。

第二，对于下游的传播路径也应当有一定的了解，以便掌控整个内容传播的过程，从而提出相应的优化方案与问题解决方案。BuzzFeed是美国的一个新闻聚合网站，2006年由乔纳·佩雷蒂（Jonah Peretti）创建于美国纽约。BuzzFeed致力于从数百个新闻博客那里获取订阅源，通过搜索、发送信息链接，为用户浏览当天网上的热门事件提供方便，被称为媒体行业的"颠覆者"。基于对内容热度的了解，BuzzFeed的一项分析工具POUND（Process for Optimizingand Understanding Network Diffusion）能够展示在线内容是怎样从下游的网站访问开始一步步传播的，一段BuzzFeed的内容是如何从一个通道被分享到下一个的，无论是点对点的邮件还是社交媒体，都能够被这些技术所捕捉。

一般我们只能看到一段内容引发了推特、脸书的若干条分享转发，但是无法看到其传播的路径。而BuzzFeed的POUND工具则可以清晰表明，其真实的分享路径是一条推特引发了大概20次脸书的分享和7次Linkedin的转发。这代表着对于了解网络扩散的算法的优化，从最初的分享者开始，复杂的网状模式传递给其他渠道的环节和其中的关联都可以被掌握。该工具能够通过跟踪包含在文章URL中的匿名代码来跟踪这个跨平台共享。在了解了这些信息数据之后，BuzzFeed就可以更好地帮助自身内容进行二次传播，从而优化自身内容的传播价值。

（三）大数据在新媒体内容交易中的运用

新媒体的内容运营流程中的另一个重要环节是内容的交易，包括内容的购买与销售、内容的置换等。在全球媒体产业中，内容交易市场已经非常规模化和成熟化,国内的内容交易也由来已久,在大数据的作用下,新媒体的内容交易出现了更多的变化。

1. 数据与内容交易密不可分

按照此前的论述,新媒体内容运营的另一个重要环节是通过内容销售实现版权收入。这就涉及了内容交易这个话题。交易双方在交易过程中必须对所交易产品进行充分的评估。然而,媒体内容产品不同于普通的标准化产品,它同时兼具物质产品与精神产品的属性,因而对媒体内容的评估是一个专业化程度很高的课题,在国内外已经有了上百年的学术探索和机构实践历史。

不同种类的内容产品、不同阶段的内容产品,在评估方法、交易估值方面都会存在显著的差异。一直以来,媒体内容的交易评估都在追求尽可能的准确与精细,为了不断优化交易决策,交易双方需要了解待交易的内容产品方方面面的数据与信息,并将这些数据信息进行有效的整合,从而为决策判断提供重要参考。总体来说,用以进行内容交易的内容评估是一套完整的数据体系,包括评估指标评估方法和评估流程。这三个变量的不同会直接影响最终的评估结果,从而改变交易行为。因此,一直以来,媒体的内容产品交易都与数据密不可分,只是在不同的发展阶段,由于人们能够掌握的数据量的大小、数据类型的多少、数据分析和处理能力的强弱不同,因而体现出了不同的特点。

2. 大数据优化了内容产品的交易流程

内容交易的第一个环节是交易之前。

此时,卖方需要考虑三个核心问题,即销售怎样的产品、何时销售、以怎样的价格销售。销售怎样的产品,需要卖方充分结合市场需求,对内容素材进行适当的编辑和包装,比如此前提到的拆条、重组等,因为不同的买方需要的内容产品是不同的。何时销售即思考在怎样的时机将产品销售出去,从而获得最高的利润。以怎样的价格销售考虑的是定价问题。而买方考虑的问题与此相对应,也是用怎样的价格,在怎样的时间,购买怎样的产品,此后的环节就是交易中的交易管理和交易后的交易维系等。

在新媒体机构的内容产品交易中,大数据的作用体现在两个基础层面。第一,帮助交易双方获取更加大量的数据作为决策支撑。第二,帮助交易双方以大数据的理念和技术手段来处理相关数据,无论是历史积累数据还是实时抓取数据,对这些数据的正确处理都可以提升数据的使用价值,更好地促进销售。在这个过程中,利用大数据对交易产品进行充分的评估是一个非常必要的步骤。

3. 大数据改变了内容产品的交易方式与手段

大数据给新媒体机构内容产品交易带来的另一项改变体现在交易的方式与手段上。在媒体内容交易中，视频内容是非常典型的一个分支，其主要的交易方式是通过交易展会（如电视节和电影节等）、版权交易中心（各地政府均建有版权交易中心，并允许社会机构参与），以及线上交易平台来实现的。传统的交易模式已经无法适应新媒体时代的市场需求，所以开放化、精细化和在线化是今后的必然发展方向，大数据将在其中发挥极为重要的作用。

（1）业界的相关探索

2013 年 SMG 旗下的上海五岸传播有限公司与成都索贝数码科技股份有限公司成立了合资子公司——上海五翼文化传播有限公司，负责 SMG 内容交易平台的开发和运营。2014 年 1 月该平台正式上线，命名为秒鸽传媒交易网。秒鸽借鉴了"淘宝"的平台模式，客户（内容成品或素材版权的所有方）可以进入平台的"商场"中开设店铺，而商场则从交易订单中抽取佣金。同时，依托海量内容，平台也可为客户提供各类增值服务，包括信息订阅、版权管理等。

（2）学术界的相关研究

在这个方面，中国传媒大学广告学院所探索的"内容银行"模式是一个非常典型的案例。所谓内容银行是指"在网络融合背景下，一个基于海量内容建立起来的开放式的内容交易和管理的系统平台，通过建立统一的交易标准，搭建内容存储、支取、增值的机制与平台，以云存储为基础，为每日内容提供存储、展示、搜索、分析、评估、衍生、竞价、交易、管理、投融资等全功能服务，加速内容交易、流通、增值，实现内容安全与高效的管理"。从这个定义来看，大数据不但将被充分运用于新媒体内容产品销售的各个环节当中，并且还会为新媒体机构提供全新的销售方式与销售手段。

在具体的功能设置上，内容银行将在提供海量数据的基础上，实现量化与质化交叉融合的内容评估功能，让交易双方都获得更好的决策参考；同时提供线上与线下相结合的展示交易平台，为交易双方实现智能化在线交易管理与操作；借鉴互联网实践构建 RTB 技术平台，实现内容交易的实时竞价，促使交易行为公开、透明、即时地开展，并最大限度地保障交易双方的利益。虽然内容银行只是新媒体机构内容交易发展方向的一个典型代表与探索，但是大数据将深刻地改变新媒体机构的内容交易方式与手段是毋庸置疑的。

第三节 大数据促进新媒体营销体系的变革

一、新媒体环境下大数据加速了营销体系的变革

(一)正确理解新媒体的营销传播

从概念上来看,所谓的新媒体营销可以分解为两个层面。第一是基于新媒体进行的营销活动,在这个层面上,新媒体是营销活动的传播载体与平台;第二是新媒体作为广告主进行的营销活动,此时新媒体是广告营销活动的发起方。在此,我们将新媒体营销理解为第一个层面的意义。那么,在新媒体运营过程中就要考虑如何为广告主提供更好的营销传播平台与营销传播服务,包括广告运营理念的构建、广告产品的设计、广告服务的提供等。对于新媒体机构来说,广告是非常重要的商业模式,所以广告营销资源的挖掘、服务传播平台的运营、产品体系的搭建都是非常重要的媒体运营内容。

(二)新媒体营销传播的"变"与"不变"

我们都知道,在一般的市场营销与广告传播的概念中,广告营销活动的参与者包括广告主、广告公司、媒体和消费者;广告营销活动则可以划分为市场机会分析、市场细分、目标市场选择、市场定位、营销活动管理等环节。但是,在新媒体环境下形成了新的营销传播平台,构建了新的传播规则,推动了新的营销效果测量体系的形成,也催生了新的营销产业链。我们将"新媒体的发展如何改变营销传播"这一问题归纳为四个方面。

第一,新媒体的发展改变了原本大众传播时代的单向营销传播方式,并催生了双向互动的营销传播方式,各类强交互性和即时性的新媒体相当于打造了一个又一个全新的营销传播平台。第二,新媒体彻底改变了原本由传播者主导的营销传播流程,受众不再是被动接收信息,而是掌握了更多的主动权,以新媒体为载体,参与到营销传播活动当中,发挥了更强的主观能动性。新的传播规则形成,一个营销传播价值"共创"的时代到来。第三,新媒体与传统媒体巨大的差异,使得原本针对传统媒体的测量标准评估方法无法完全适用于新媒体,因而推动了全新的营销传播效果测量体系的形成。第四,针对新媒体的营销传播特点,

新的营销传播产业链条逐渐形成,带来了新的业务、新的分工以及新的角色和机构。

虽然在新媒体参与之后,传统的广告营销体系已经发生了巨大的变革,在这个过程中,大数据作为极为重要的变革因素之一,推动了全新的广告营销体系的建立。但是营销的本质与核心目标并没有改变,营销与数据之间的联结也没有改变。营销的实现过程其实就是不断地接近真实需求的过程,可以说需求正是营销的核心,无论是哪种营销模型,其根本的目标都是把握需求,实现营销者与消费者之间的价值交换,满足消费者的需求。而在追逐需求的过程当中,营销其实走上了一条数据化的道路,用营销调研、消费者洞察来探知需求、验证需求,用数据作为制定营销决策的参考,用数据来评判营销的有效性。这是新媒体营销传播活动的"不变",也是接下来我们将要学习的重点。

二、数据对于营销的意义:探知需求的工具

(一)营销学中需求的概念与特征

1. 需求的概念

作为一门交叉学科,营销学与经济学、心理学、管理学以及社会学等学科都有着密切的关系。因此,营销学中的部分概念在其他学科范畴中也能够找到一定的借鉴与参考。作为营销学中的核心概念,需求在经济学中所指的含义是,在一定的时期,在既定的价格水平下,消费者愿意并且能够购买的商品数量。在心理学中,需求是指人体内部一种不平衡的状态,是对维持、发展生命所必需的客观条件的反映。从营销学的角度来看,需求是"有支付能力购买具体的商品来得到满足的欲望"。

营销是一个发现需求并且满足需求的过程,供需双方通过交换创造价值,而营销就是对这个过程的管理,通过管理让这个过程变得更有效,通过管理实现价值最大化,因此营销的目标就是发现需求、满足需求。从这个解释中可以看出,"购买能力"和"购买欲望"是需求的两个核心要素,如果用公式来表示的话,"需求=购买欲望+购买力"。但是,由于购买欲望与购买力这两个要素会受到各种各样因素的影响,因此需求也会变得难以捉摸和预测,体现出其独特性。这样的独特性也使得"把握需求"成为一直以来营销最为基础和重要的任务。

2. 需求的特征与分类

关于需求的特征,学术界有人将其归纳为多样性、发展性、伸缩性、周期性和

可诱导性。其中,多样性是指不同的消费者有不同的需求,同一消费者的需求也多种多样;发展性是指在总体水平上,人们的消费需求会随着社会经济的发展以及人们生活水平的提高而不断地发展变化,当其某种需求被满足以后,新的需求或者更高级的需求就会被激活;伸缩性是指由于内因或者外因的影响,消费者的需求可以扩大、增加和延伸,也会减少、抑制和压缩;周期性则是指消费者对消费对象的需求会因为某些因素的影响而呈现出周期性的变化,具体表现在当某种消费需求被满足以后,经过一定时间这种需求又重新出现;可诱导性是指消费者的需求是可以被诱导、引导和调节的,企业可以通过适当的广告、店面刺激以及促销手段等,使消费者的需求意识由弱变强,由潜在需求转变为现实需求,从而成功地售出产品,这也是营销得以有效进行的重要基础。

根据需求的这些基础性特征,营销学的研究者也做出了不同的解释与划分。例如,菲利普·科特勒在第13版《营销管理》中将需求分为五种基础类型:第一种为明确表述的需要,第二种为真正的需要,第三种为未明确的需要,第四种为令人愉悦的需要,第五种为秘密需要。同时,他认为营销其实就是对需求的管理,因此他的营销需求理论包括人们对产品的八种需求状态,分别为负需求、无需求、潜在需求、下降需求、不规则需求、充分需求、超饱和需求以及不健康需求等。

(二) 需求是营销理论中的核心概念

1. 营销是为了满足需求

在一些概念中,营销的存在就是为了满足需求。例如,1960年麦卡锡提出,市场营销是企业经营活动的职责,它将产品及劳务从生产者直接引向消费者或使用者,以便满足顾客需求及实现公司利润,同时也是一种社会经济活动过程,其目的在于满足社会或人类的需要,实现社会目标。菲利普·科特勒在1984年提出,市场营销指的是企业的这种职能:认识目前未被满足的需要和欲望,估量和确定需求量的大小,选择和决定企业能最好地为其服务的目标市场,并决定适当的产品、劳务和计划(或方案),以便为目标市场服务。他在2009年的第13版《营销管理》中提出,营销是"辨别并满足人类和社会的需要,通过满足他人从而获得利润。因此我们可以将营销管理看成艺术和科学的结合——选择目标市场,并通过创造、交付和传播优质的顾客价值来获得顾客、挽留顾客和提升顾客的科学与艺术"。

2. 营销是一种交换关系,是一个复杂的过程

"服务营销理论之父"格隆罗斯所给的定义强调了营销的目的:"营销是在一

种利益驱使下,通过相互交换和承诺,建立、维持、巩固与消费者及其他参与者的关系,达到各方的目的。所谓市场营销,就是在变化的市场环境中,旨在满足消费需要、实现企业目标的商务活动过程,包括市场调研、选择目标市场、产品开发、产品促销等一系列与市场有关的企业业务经营活动。"美国学者基恩·凯洛斯将各种市场营销的定义分为三类:一是将市场营销看作为消费者提供的一种服务的理论,二是强调市场营销是对社会现象的一种认识,三是认为市场营销是通过销售渠道把生产企业同市场联系起来的过程。这从一个侧面反映了市场营销的复杂性。而钱旭潮等在所编著的《市场营销管理:需求的创造和传递》一书中将市场营销界定为"由需求的把握和创新来构思有效的产品,通过市场交换送达消费者,以满足消费者的需求,始于需求,终于需求"。这一类的概念更多地强调了营销者与消费者之间的互动关系、交互关系,以及营销所具备的过程性和动态性。

3. 需求的产生者在营销概念中日益重要

目前,业界较多引用的是美国市场营销协会的定义委员会给市场营销所下的定义。这一定义由委员会做过多次调整,这些调整体现出在讨论营销的定义时,对于需求的产生者——即消费者的重视程度在逐渐提升。

1935 年,该委员会给市场营销下的定义为:"市场营销是使商品和服务从生产地流向消费地时所从事的各种经营活动。"1960 年,协会对该定义进行了修正,更改为:"市场营销是生产者为引导产品和服务流向消费者或使用者所从事的各种经营活动。"这两个定义的共同点是强调产品和服务最终流向消费者,但是这两个定义也因为没有从消费者的视角出发,没有充分考虑产品生产之前的调查、设计等内容,没有考虑社会和伦理方面所应当承担的责任等而遭到一些批评。

因此,1985 年美国市场营销协会公布了新的定义,即市场营销是通过创造和实现交换,对创意、产品和服务的观念、价格、促销和分销制订计划并实施的过程,从而满足个人和组织目标的交换。此次定义提出了"交换"的概念,将实体产品扩充到了服务和理念等虚拟产品的层面,将营销活动扩充到了前、中、后各个阶段,强调了生产组织与个人、组织与组织等双向的关系。

在 2004 年 8 月举行的 AMA 夏季营销教学研讨会上,AMA 再次更新了营销的定义,将其修订为:市场营销既是一种组织职能,是为组织自身及利益相关者利益而创造、传播、传递客户价值,管理客户关系的一系列过程。新定义中最显著的变化就是把定义的立足点和表述的侧重点都放在了顾客身上,明确了顾客的地位,承认了顾客的价值,并强调了与顾客的互动,强调了以顾客为中心的核心理念。2007年这一定义再次做了微调,变为:营销是创造、传播、传递和交换对顾客、客户、合作伙伴乃至整个社会有价值的产品和服务的一系列活动、机制和过程。

(三) 营销理论级模型的流变与需求息息相关

1. 对需求探知研究的演进推动了营销理论的成长

基于上文所描述的对营销管理本质的理解,菲利普·科特勒的营销管理范式可大体概括为:需求分析——营销战略——营销组合——组织实施——营销控制五个过程。因而,科特勒的营销管理理论框架中最重要的假设就是:需求是外显的并且可以预测,这在其整个营销管理架构中表现得尤其明显。企业根据对顾客需求的分析和衡量,来决定企业的营销战略以及策略,进而实施有关战略与策略。

然而对于这种假设也有不少批评的声音,总结来看即认为需求应该分为两类:一类是显在需求,是容易被测量、探知并满足的;另一类是隐性需求,需要使用更加精细化的方法来捕捉这样的需求。例如,凯斯·戈芬·弗莱德·莱姆基(Keith Goffin Fred Lemke,2005)认为,客户有时候并不明确他们的需求是什么,一些公司正在使用一些新的方法力求抓住它。这些方法被称为隐性需求分析(Hidden Needs Analysis,HNA)。

因此,不同的营销范式也针对不同的消费者隐性需求提出了一系列解决方案,从产品需求、服务需求到关系需求,体现了对消费者隐性需求的不断提升的挖掘过程,是需求基因不断演化的体现。针对每一种需求基因所构建的营销体系也都形成了特殊的学术研究团体,并吸引了众多的追随者。

基于此,很多学者都回归了营销学的原点——即消费者需求,开始关注营销理论演化的逻辑脉络,如英国克兰菲尔德管理学院(Cranfield)新营销研究中心(New Marketing Group)的苏珊·贝克尔(Susan Baker)德国学者凯斯·戈芬·弗莱德·莱姆基以及国内学者范晓屏、包政、张学军等,分别研究了消费者隐性需求的重要性及其对营销理论的影响。因此,可以说需求探知研究的演进在一定程度上推动了营销理论的诞生和发展。

2. 建构营销模型是为了更好地把握需求

如果讨论营销理论的流变,那么从4P到4C、4S、4R、4V的转变是一个极为典型的过程。1953年,尼尔·鲍登(Neil borden)在美国营销协会的就职演说中创造了"营销组合"这一术语;1960年,美国密西根大学教授杰罗姆·麦卡锡(McCarthy)提出了4P分类,即产品(Product)、价格(Price)、渠道(Place)、促销(Promotion)四要素;20世纪80年代中期,菲利普·科特勒在4P理论的基础上,创立了"大市场营销"理论,即6P营销策略,加入了公共关系(Public Relationship)和政府权力(Political Power)两项;1986年6月,菲利普·科特勒教授再次提出了11P营销理念,即在6P之外加上调研(Pobe)、区隔(Partition)、优先(Proration)、定位(Position)和人员(People)。

4C理论是由美国营销专家劳特朋教授在1990年提出的,它以消费者需求为导向,重新设定了市场营销组合的四个基本要素,即消费者(Consumer)、成本(Cost)、便利(Convenience)和沟通(Communication)。它强调企业应该把满足顾客需求放在第一位,其次是努力降低顾客的购买成本,然后要注意到顾客购买过程中的便利性,而不是从企业的角度来决定销售渠道和策略,最后还应以消费者为中心实施有效的营销沟通。

4R是指市场反应(Reaction)、顾客关联(Relativity)、关系营销(Relationship)、利益回报(Retribution),该理论由美国学者舒尔兹(Don. E. Schultz)提出。

进入20世纪80年代之后,随着高科技产业的迅速崛起,高科技企业、新技术产品与服务不断涌现,营销观念、方式也不断丰富与发展,并形成独具风格的新型理念。在此基础上,吴金明等综合性地提出了4V的营销观,即差异化(Variation)、功能化(Versatility)、附加价值(value)、共鸣(Vibration)的营销组合理论。

从4P到4C、4R再到4V,这些理论流变代表了营销理论的发展和演变过程。4P理论将消费群体需求等同或相近看待,着重于对消费量的满足,它采用的营销方式是规模营销。为了提高生产效率,企业广泛采用大规模的流水线生产方式,生产往往是封闭或半封闭的,对外合作少。由于顾客需求发生了明显变化,4C理论指导下的营销策略开始走细分化的道路,通信工具和互联网也为这种个性化需求提供了技术支持。

企业根据消费者的不同需求进行产品的设计和开发,实行差异化营销。为了满足顾客的不同需求,企业采用多品种、小批量的柔性生产或适应性定制生产,增强对外合作,营销活动与企业各部门、全员、全过程密切相关。4R理论与前两者存在很大区别,它认为,顾客需求已从对核心产品、延伸产品等物质的需求转变为对购买和使用过程中综合服务的需求;从需求个性特征化向需求个性瞬间化、感觉化的方向转变;从强调规模经济转变为强调经济范围。

　　为了适应消费需求的转变,4V营销采用了整合营销方式。4V营销理论首先强调企业要实施差异化营销,一方面使自己与竞争对手区别开来,树立自己独特的形象;另一方面也要将消费者区别开来,满足消费者个性化的需求。其次,4V理论要求产品或服务有更大的柔性,能够针对消费者的具体需求进行组合。最后,4V理论更加重视产品或服务中无形的要素,通过品牌、文化等满足消费者的情感需求。在这个演变和发展的过程当中,可以看到的趋势是营销越来越注重对消费者需求的满足,越来越强调将消费者放在营销的中心位置,强调与消费者之间的互动,长期稳定关系的建立等。

第五章 "互联网+"时代的新媒体运营

在如今互联网席卷全民生活的时代,各个行业都面临新的机遇和挑战,能不能快速利用"互联网思维"进行有效模式转变和改革,对于自身发展至关重要。所以,在这种形势下,涌现出了越来越多的"传统行业+互联网思维"的复合型商业体和人才。

第一节 "互联网+"时代新媒体运营的解读

一、新媒体运营策略

(一) 新媒体运营的六大策略

当小米从粉丝经济中获益后,越来越多的人开始意识到粉丝的重要性。很多人在提到粉丝经济的时候,第一个想到的就是明星,认为只有明星身后才有一大帮的追随者,并且能够为其代言的产品带来一系列的粉丝效应。粉丝之所以会产生并形成一定的规模,简单来讲可以归纳为八个字:"物以类聚,人以群分",就是将一群拥有共同爱好以及价值观的人集聚到了一起。

我们在研究明星粉丝的时候主要调查的群体是中学生以及大学生,他们还没有真正走进社会,因此心思比较单纯,仍然存在很多美好的幻想和期许,因而将注意力放在了很多明星身上,从而成为时下流行的追星一族。成为粉丝也就意味着完全接受和认可了明星的价值观,并且愿意追随明星的潮流乃至生活方式。

新媒体的产生和发展让粉丝开始变得越发重要,粉丝经济在新媒体中发挥了越来越重要的作用。一个媒体平台如果没有庞大的粉丝群做支撑,就会逐渐失去自己的价值,而粉丝经济的产生和发展还会给报纸、杂志等传统媒体带来冲击,可以说报纸、杂志所主导的媒体时代已成过去式,新媒体已经借势崛起。很多传统媒体已经开始意识到粉丝的重要性，并通过各种方式和手段来挖掘和开发粉丝。就连央视也在电视屏幕上放出了自己的微信二维码，号召电视观众通过扫描二维码关注央视微博，从而获得更多的粉丝，提高电视台的收视率。

从本质上来讲，新媒体之争也就是粉丝争夺战，新媒体将营销的目标全都指向了获取质量上乘的粉丝。对于新媒体来说，拥有了粉丝群体就等于拥有了一笔巨大的财富。那么应该怎样对新媒体进行运营呢？这是接下来要讲的重点。

1. 打造灵魂人物

现在微博中出现了这样一种现象，很多企业的官方微博已经销声匿迹，但是这些行业里的意见领袖们的微博却开得如火如荼。之所以会出现这样的结果，"人"在其中发挥了关键性的作用。对于粉丝来说，他们所面对的企业的官方微博是一个运营团体，而意见领袖却是一个活生生的人，粉丝可以与其进行沟通、互动，并且建立密切的联系，因此意见领袖就是我们所说的灵魂人物。一个人之所以能将另一个人发展成为自己的粉丝，这个人必然有自己吸引人的特质或魅力。

因此，无论是微信还是微博平台，要想吸引大量的粉丝，关键是要为平台塑造一个灵魂人物，借助灵魂人物的影响力集聚大量的粉丝。一般微信或微博平台的灵魂人物通常是指企业的创始人，就像大家一提到阿里巴巴就会想到马云，一提到小米就会想到雷军一样。平台的灵魂人物应该积极与粉丝进行互动和交流，增强与他们的联系，从而打造更忠诚的粉丝群体。如果公众号没有自己的特色，将很难长期地吸引粉丝。因此，打造一个灵魂人物也是保证粉丝能够持续关注公众号的一计良策。

我们现在总在说"博主经济"，一个账号往往是由于个人特色和人格魅力来吸引粉丝的，李子柒鲜明的田园风格是账号持久的生命力、毛毛姐夸张的表演风格和反讽现实的特色是他的账号吸引粉丝的关键。学院的学生在团队共建账号的时候也是找准学生鲜明个人特色，寻找特色和用户痛点之间的关系再进行精准定位。

2. 平台思维

互联网的平台思维是改变传统行业的基本思路，比如传统出版业的思维是：出版社是自己经营的，书自己来出，书的利益自己独享。而互联网的平台思维就是开放、共建、共享、共赢，是利他的思维，是最大回报出版社、作者和读者的思维。要想获得更多的粉丝，必须为粉丝提供优质的内容，只有提供对他们而言有价值并且感兴趣的东西,才会受到他们的关注。以电视台为例,要想提高收视率,必须有优质的电视资源。而要成为一个优秀的公众平台,就必须有优秀的作者提供高质量的内容,这样才能吸引粉丝。随着时代的推进,社会已经走进了一个泛作者时代,任何一个自主创作的人都可以称为作者,作者已经失去了原先的价值,创作的各种内容也良莠不齐,因此对于平台来说,将优质的文章和内容整理出来发布在平台上可以为读者节省大量的时间,同样也可以让真正优秀的文章体现其应有的价值。

例如,我们经常看的《读者文摘》,其中的文章就是来自各类报纸和杂志。《读者文摘》中没有原创的内容,也没有签约作者,但是同样受到了很多读者的欢迎,主要原因就在于,它将来自大量报纸以及杂志中的优秀文章整理成册,本来读者需要读很多书才能看到的优秀内容,通过这一本文摘就可以获得,为读者节省了大量的时间,获取了更多有用的知识。

而平台的产品及运营的工作是:为平台双边用户提供工具和制定规则,让价值交换变得容易。无论是 B2B、B2C、C2C 甚至 C2B 的产品,平台就意味着这是一个双边市场,双边用户和用户之间的相互作用一定会对整个平台带来影响,所以我们宏观上看待一个用户模型时,可以大致上分为 A、B 端来看,用户与用户之间的影响我们可以看成是作用力与反作用力的效果。

同样,在短视频运营平台中,我们也需要用抖音等短视频平台的平台思维来思考问题,例如,一部优质的视频一定会包含 5 个要素,完播率、评论数、转发量、关注数、点赞数。每一个都是需要仔细研究和揣摩的抖音规则。早期生产内容的达人或用户利用平台提供的运营工具(如配乐、剪辑等)输出优质的内容,其他有意愿参与的用户会根据这些内容、模仿复制并进行一些微创新进行创作,带动了用户的增长,并形成了良好的社区氛围,这个时候,用户对用户之间的影响就是积极正面的。那么,当入驻抖音的内容创作者越来越多,生产的内容越来越多,每个创作者获取到的关注和流量随之减少,消极的影响就会随之而来,获取不到关注的创作者意愿度降低,逐渐失去创作的动力;内容的量越来越大,水份内容的剔除和筛选也将成为运营的重点,以此来降低单边用户之间的消极影响。

3. 资源运作

随着粉丝数量的增多,这些粉丝都会变成平台的资源,而资源是可以变现甚至是交换的。如果平台仅仅是自己使用这些资源,那么平台所能获得的价值以及影响力就会很小;而如果平台能够将这些资源与粉丝共享,不仅可以更大程度地挖掘资源的价值,同时也可以打造粉丝与平台的利益共同体,从而有效提升平台的价值。如果平台可以将资源分享给更多的人,那么就等于为平台赢得了更多经营以及运作的人,将平台的命运与粉丝的命运联系起来,充分调动了粉丝对平台资源利用的积极性,为平台带来更多的活力,从而有效推动平台的发展。

4. 把读者当顾客

所谓的读者,就是指阅读一篇文章或者一本书的人,在阅读完成后作者不需要与读者保持联系;而顾客就不一样了,在顾客购买了产品之后,商家仍然需要与顾客保持密切的联系,不仅是对售后的产品进行维修,还包括了解顾客对产品的体验及感受,从而及时对产品进行改进和完善。可以说,读者与作者是一种不需要维持的关系,而商家与顾客则是一种需要长期维持的关系。如果要发挥新媒体的变现价值,那么就应该将读者看作顾客,与其保持长期的联系,从而为平台创造长期的价值。

想要让观众认可或者认识你,需要做到以下几点,我们还是用抖音等短视频平台举例。首先,立好你的人设,风格鲜明的人设才能让大家更加容易记住你是谁,建议真人出镜,这样更能增加人设的可信度。其次,明确视频主题,一个视频确立一个主题,不要冗杂。其次,场景多元化,不要只拍摄工作室的视频,单一场景容易让人视觉疲劳,准备至少 3 个以上的背景,比如你出去拓客的场景、学习技能提升的场景等等。再者,增加互动,视频中与粉丝互动,说一些大家都感兴趣的话题,例如你知道怎么让客户心甘情愿升单吗? 你想知道我是怎么做的吗? 制造话题引导粉丝留言,然后,还有非常重要的一点,坚持拍摄,坚持每天做内容输出,一定会有惊喜。最后,注意视频拍摄一定要清晰完成,尽量不要用美颜相机拍摄,每一个视频都尽量完整,不要虎头蛇尾,把观众当朋友,观众才会长久的和你做朋友。

5. 打造多个媒体传播渠道

要想吸引和留住更多的粉丝,就需要有多个价值输出渠道,以保证新媒体能够保持鲜活的生命力。有过新媒体运营经验的人通常都会知道,新粉丝在刚开始关注的时候活跃度一般都很高,但是随着时间的推移,部分粉丝的活跃度就会下降。要想平台能够保持更持久的活跃度,就应该每天都能吸引更多新的粉丝,因此应该为自己的平台打造更多的媒体传播渠道,为平台注入源源不断的活力。

6. 重视人脉关系链的传播

新媒体的发展颠覆了传统媒体的传播方式,人脉关系链开始发挥越来越重要的作用。在新媒体传播中,每一个粉丝都能成为传播的载体,粉丝不仅是平台的观众,同时也是内容的传播者,而且只要有优质的内容,粉丝的传播能力就是可以无限放大的。如果内容能够被拥有10万粉丝的意见领袖转发分享,那么这次传播所带来的影响力就可以扩大至10倍以上。通过这种人脉关系链的传播可以将内容分享到更多的人群中,并且还不会为平台增加额外成本,既增加了粉丝数量,又提高了平台的影响力。要发挥好人脉关系链的价值,就应该做好内容。

粉丝之所以愿意对平台发布的内容进行转发分享,关键在于内容优质。因此,做好内容就成了人脉关系链传播效应的坚实基础。随着新媒体在各个领域的渗透,未来新媒体将成为众多企业营销传播以及获取客户的重要渠道。因此,谁能更好地运营新媒体,谁就能在未来的新媒体之争中抢占更多的优势,抓住更多有利的商机。移动互联网的发展已经使整个商业格局发生了翻天覆地的变化,随着智能手机、平板等移动智能端设备的流行,用户的购买习惯已经发生了转变,由手机主导的时代已悄然而至,未来一切的商业活动都将以手机为核心,而这就为新媒体的发展提供了更有利的时机,届时新媒体将获得更大的腾飞。

（二）新媒体运营的核心本质：内容即产品

长期以来,人们能及时全面地了解信息,不仅得益于科技的发展、传播媒介的产生,同时还离不开媒体从业人员的努力。他们在设计报道方针、叙事角度、媒体资源分配方面都有着丰富的经验,从而让人们了解重大事件的起因、经过、结果,甚至在战争和灾难面前他们也毫不畏惧。通常,为了充实报道的内容,媒体人会花费大量的人力、物力和财力;同时,对于一些耗时较长的调查性报道,媒体人也愿意去挖掘。但是对于媒体运营模式却很少有人愿意去探索。

传媒决策者步入的一个误区就是,企图照搬某种已经成功的媒体运营模式,期望能获得与被模仿者相同的成绩。甚至会陷入思想的泥潭,希望其他媒体先行探索,如果这种模式成功,自己便借鉴过来。这也恰恰是媒体从业人员愿意在内容上花费大量的时间和精力却不愿意去探索新的媒体营销模式的原因所在,其最终的结果也必然是为时代所淘汰。

1. 内容即产品

随着新媒体的流行,传统媒体受到巨大冲击,人们亦错误地认为内容为王的时代已经过去。很多人抛开内容转向渠道为王,并为此争论不休。渠道固然重要,但没有内容,渠道只能是空谈。那么,在新媒体时代内容又是什么呢？古语有云："酒香不怕巷子深。"在当时经济发展滞缓、资源不足的现状下，这句话不无道理，但随着经济的发展、时代的进步，人们的生活越来越富裕，粮食已不是稀有物品，而用粮食酿的酒也不再是奢侈品。如果巷子过深，传播效果不佳，那么即使再香的酒也无法让更多的人了解到。

20世纪90年代，美国传媒业大亨萨姆纳·雷德斯(Sumner Redstone)提出了"内容为王"这一观点，直接地表达了内容的重要性。1996年，比尔·盖茨在其博客中再次强调"内容为王"，随后这一论调引起了传媒界的重视。虽然"内容为王"这一论断在美国传媒界引起了不小的轰动，但其实它也有自相矛盾之处，即使是在互联网产生之前，也禁不起仔细琢磨。而如果内容不是"王"，那么内容究竟是什么？很简单，内容就是产品。媒体内容同其他产品一样，如果它不能满足受众的需求，无法为其提供极致的体验，那么就会为受众所抛弃。因此，媒体从业人员要将内容当作一件产品来对待，在制作之前考察市场的需求，使内容能契合受众的需要，同时还要在设计、包装、营销等环节下工夫，力求使决策精准，受众广泛。

自媒体是靠优质的内容吸引流量，这些流量就是你的读者。读者是对你优质的内容感兴趣，而不是对你卖什么东西感兴趣。读者是因为你的内容而驻足停留，而不是因为你卖的东西有多么的好，他才来观看。因为对你内容的认同，所以成为你的粉丝，时间久了阅读你的内容就成为一种习惯。有了习惯自然会建立信任；有了信任，又正好对产品有需求，成为你的消费者就是水到渠成的事情。如果用了之后确实觉得好，他还会继续复购，不但购买，还晒朋友圈，帮你引来新的流量，甚至成为合作伙伴。所以，自媒体运营的流程就是：内容——读者——粉丝——商业——粉丝代言——合作伙伴。

那什么样的东西称得上内容呢？内容就是站在用户的角度思考，提供用户想要的内容，这些内容跟你的产品没有多少关系，甚至是没有任何关系，你只分享一些有价值的正能量，这些内容潜移默化的传递出你的消费理念和你的文化思想，思想的阵地都被你占领，卖点货还用愁吗？那只是顺便的事情。用句诗来形容就是：随风潜入夜，润物细无声。

2. 内容需要包装

内容和产品一样都需要包装。对于商家来说，如果没有精美的包装、夺人眼球的营销手段，即使质量再好的产品也不会有人光顾。世界各国都做过类似的实验：将同样的产品采用不同的包装，其销售额是不同的。由此可见产品包装的重要性。但这些实验却依旧没有引起媒体人的重视。传统媒体或者不对内容进行包装,或者即使包装也是粗制滥造,根本没有审美可言。究其原因,无非是传统媒体的从业人员没有从思想上意识到包装的重要性。

当今是新旧媒体过渡的时代,如果不改变固有思维,认识到包装的重要性,不仅无法向受众传播内容,体现内容的价值,甚至有可能被时代淘汰。例如,商家在向市场投放产品时,会事先做详细的市场需求调查,产品在什么季节的需求量最大,消费者喜欢什么类型的产品以及包装,当地的风俗习惯有哪些等,都是商家需要了解的信息。同样,媒体内容既然是产品,那么它必然也涉及供求关系,而受众的需求正是需要媒体人去挖掘的。但目前的状况是媒体人更愿意在内容上耗费大量的精力,以致大量的媒体传播的内容都是类似的,既耗费成本又使受众厌烦。

3. 数据分析与传媒决策

既然内容是产品,那么媒体人还要考虑供求关系、成本以及利润等。为此,媒体人需要进行市场调查,了解受众的需求,传播他们想要了解的内容,这在一定程度上可以保证内容的传播量,最终保证利润。报纸、杂志、电视等传统媒体通过发行量、收视率和问卷调查等了解受众的需求,而在新媒体时代这一调查方式则要简单得多。媒体可以通过技术手段获取用户的登录时间、在线时间、跳转时间以及 IP 地址等信息。将获取的这些信息加以分析,便可创建自己的用户画像,用以精确分析用户需求。

新媒体的发展给媒体从业者调查、访问受众提供了便捷的渠道,同时也为其提供了丰富的数据,但却很少有人愿意通过亲自分析这些数据来获取有用信息。数据分析可以帮助传媒决策者从海量的信息中挖掘出对自身发展有用的信息,能够帮助决策者正确决策,做出合适的选择。在成本管理、订阅用户付费的便捷性、内容呈现的灵活性、用户画像以及使用习惯等方面,这些信息显得尤为重要。

新媒体的发展已经对传统媒体造成了巨大的冲击,但在挑战面前,传媒决策者绝不能畏缩。虽然新媒体技术对其产生了冲击,但同时也带来了先进的技术,媒体从业者不需要再花费巨资去通过问卷调查、购买收视率等了解受众的需求,而可以直接通过自己的网站和客户端获取数据加以分析、利用迅速地制定策略以应对外界环境的变化。

只有将媒体内容当作产品,在其设计、包装、营销等方面投入大量的精力,满足受众的需求，才能大范围地获取受众，也只有这样的媒体才能将那些固守内容而忽视媒体营销模式的同行远远地甩在身后，成为传媒业的先行者。

（三）新媒体时代，内容生产的三大趋势

与传统媒体相比，新媒体的即时性更强，也突破了时空的限制，它不仅改变了媒体的信息生产和传播方式，也使媒体行业的经营形式呈现出新的特点，进而影响到用户的消费习惯。如今的文化市场对各种数字信息内容（比如广告传媒、影视制作等）的要求逐渐提高，这就意味着经营者需要更加重视内容生产的重要性。既然媒介环境发生了变化，内容生产也需要与时俱进，为了满足市场需求，内容生产者应该充分利用各种信息资源，及时更新思维，不断发掘具有潜力的信息内容，升级产品形式，拓宽业务范围。

1. 内容呈现的多终端化

移动互联网的普及推动了媒体形态的多样化发展，无论是台式计算机、笔记本，还是 iPad、智能手机、电子阅读器，抑或互联网电视都能够满足用户对海量信息的需求。除了向用户提供所需信息外，它们还新添加了其他各式各样的应用，用户如同身处由多样化内容终端构成的信息网络中，在任何时间、任何地点都可以参与信息交互与传播。多数传统媒体只能够满足用户进行信息浏览的需求，相比之下，各种新型终端不仅能够呈现信息内容，还能使用户成为信息传播主体，在这种情况下，内容生产将趋向平台化发展，颠覆传统的信息生产、集成及销售模式。iPad 和智能手机等移动终端的诞生进一步拓宽了内容量。此外，内容集成不再局限于平面思维，而是呈现出平台化发展趋势。

2. 内容产品的社区化

进入新媒体时代，媒介产品的生产者致力于在用户与媒介之间形成一种新的、更加相互依赖的关系。如今，除了提供新闻内容及用户所需的各种信息之外，网络游戏、娱乐产品、社交产品等都属于新媒体内容生产的范畴，这意味着新媒体内容的生产已经过渡到内容与关系相结合的生产阶段。用户在购买内容产品时，除了考虑该产品的实用性之外，往往还考虑能否满足与其他用户之间的交流互动。

所以，在新媒体时代，社区除了能够进行产品与品牌的推广之外，还能在内容生产方面发挥作用，经营方也可以用它来整合多样化的产品。这就要求产品研发者将社区与内容融合成一体，满足用户的多样化需求，使用户对媒介产品的依赖性逐渐提高，同时加强与其他用户的关系。

3. 内容生产主体的多元化

在新媒体时代,受众的被动地位发生了明显的改变,每个用户都可以成为传播中心,通过微博、微信、播客、各种各样的网络论坛和社区传播信息内容,而且这种传播不会受到时间与空间的限制。与传统互联网时代相比,移动互联网时代下的内容生产呈现出新的特点:用户的活跃性提高,受众在接收传播者提供的内容后加以改造创新,作为新的传播主体与其他人共享信息内容。除了机构性生产之外,个体生产也成为新媒体内容生产不可或缺的一部分。与机构性生产不同的是,每个用户都可以作为个体性生产的主体。用户在制作好信息内容后将其上传到网络平台与其他人分享。在媒介生产技术不断提高的今天,将会有越来越多的人成为个体性内容生产者,由用户自己参与制作的信息内容也将获得更多人的青睐。

二、自媒体运营策略

(一) 自媒体平台运营现状分析

随着微博、微信、博客、贴吧、BBS 等网络社区的流行,自媒体也成为人们热议的话题,但自媒体人却走入了一个怪圈,误认为在移动互联网时代只有"网红才能赚钱"。而营造一个健康的自媒体生态圈需要建立起行业规范,在满足自媒体人需求的同时又能创造一个有秩序的市场环境。

互联网的发展为自媒体的崛起提供了技术基础,微信订阅号、知乎、荔枝FM、B站等平台迅速兴起,越来越多的具有影响力的公众人物开始通过上述社交媒体将自己的经验、感悟、评论与大众分享,拉近了普通用户和公众人物之间的距离,因而吸引了大批的用户。与此同时,也吸引了大量的广告商和赞助商。

为什么越来越多的人热衷于经营自媒体? 克莱·舍基(Clay Shirky)在《认知盈余》书中提出了"认知盈余"这一概念,资深媒体人连清川将"认知盈余"解读为:每个人在工作、生活中,会接触到不同的信息以及知识,并会产生一定的感悟,当这些体验、知识超过了自己所需的数量,就需要进行分享、销售。而社交媒体恰好能为公众分享自己的感悟、体验提供一个交流沟通的平台。

在出售自己的感悟、体验以及知识的过程中,原创者将获得一定的粉丝以及经济报酬,在利益的驱动下,自媒体将会越做越大。随着移动互联网的发展,人们对自我的认识开始深化,社会逐渐去中心化,催生出大量的自由职业者,自媒体开始迅速发展。微信订阅号流行起来,前媒体人罗振宇的"罗辑思维"的订阅量已超过 400 万；前资深媒体人徐沪生团队的自媒体"一条"成功融资百万美元；汽车自媒体"玩车教授"获得天使投资 1 500 万元。由此可见，未来自媒体将发挥越来越大的商业价值。

虽然自媒体的发展潜力巨大，但在其发展过程中，更多的自媒体由于各种原因而被市场淘汰。至 2015 年，市场上已有微信自媒体平台 1 000 多万个，但能获取利润的则不到 1%，更多的微信自媒体平台面临生存的困境。我国自媒体市场的体制还不完善，存在抄袭现象，原创自媒体人的权益得不到保障，而那些依靠抄袭成长起来的营销账号则获得了发展的资金以及平台。2015 年自媒体聚合平台—道网联合问卷网发布的《自媒体人生存状况调查》显示，中国的自媒体人在运营自媒体的过程中需要面对以下问题：难以满足受众需求、传播范围有限、盈利方式被动、内容生产成本高、抄袭成风维权难、平台资源分散，管理经验不足等。

（二）标准化运营：摆脱"网红"标签

1. 摆脱"网红"的怪圈

"网络红人"和"营销号"的本质都是依靠流量获得收益，粉丝数是唯一的衡量标准。因此，为了吸引更多的用户并留住现有的粉丝，网络红人大肆抄袭甚至发布一些低俗的内容以吸引用户订阅。但这种做法无异于饮鸩止渴，最终会被市场所淘汰。

在《自媒体人生存状况调查》中，最困扰自媒体人的问题是成本太高而收益过低，影响了自媒体的有效运营。自媒体专家魏武挥曾在《不进行运营的媒体没有价值》一文中写道："不进行运营的内容价值很低，那种做好内容坐等收钱的百年媒体模式，已经走到了崩溃的时刻。"而自媒体专家范卫锋也与魏武挥有相同的看法，自媒体的运营需要包括内容运营、商务合作、产品开发等环节，"团队化将成为自媒体未来的一个出路"。自媒体行业必须完善相应的体制机制，摆脱"网红"的怪圈，打造有序的市场环境。因此，自媒体自身要运营健康的内容，同时还需要依托外界的平台支持。类似于司机借助优步（Uber）的平台发展，店主在淘宝的平台上经营，而自媒体要想顺利发展，则需要平台提供一个"去中心""标准化""可复制"的环境。

2. 自媒体的标准化之路

随着移动互联网的发展，用户的阅读习惯也在发生变化，移动化正成为未来阅读的发展趋势，与之相对应的是自媒体和新闻客户端成为用户阅读的入口。

但是,自媒体运营的付出与收入却不成正比。虽然其影响力巨大,而它的商业价值却难以有持续性的提高。目前,自媒体市场还比较混乱,对于它的分类还没有一个标准的规范,同时其评价机制也不完善。虽然自媒体人曾试图从兴趣和行业的角度来细化自媒体,但其成效甚微,商业价值依然没有起色。要发挥自媒体的商业价值,需要建立起标准化和可复制性的市场机制,因此可以将自媒体的品牌影响力和渠道覆盖当作一种商品,用"量化"的方法去衡量它的价值。目前,自媒体市场上的标准化服务主要由新媒体指数、一道自媒体平台等平台提供,同时一道自媒体平台还在阅读数(影响力)、标签化(垂直)、刊例价等方面对自媒体市场进行规范。

大量的自媒体个体在自媒体标准化上采用报价表的形式,这种报价表与刊例价相类似,但它更加传统,并且没有统一的标准化规范。而一道自媒体的刊例价模式则是排除了粉丝量等一些干扰因素,给予自媒体极大的自主权,可以自行分类、自我报价,并且自媒体还将持续统计阅读数。采用这种标准化的自媒体在广告投放、软文投放的初期就可以预测到效益情况,因而能够吸引更多的广告商和赞助商。随着自媒体市场的进一步标准化和规范化,未来的自媒体将以垂直化和专业化为发展趋势。当自媒体发展到一定程度时,它将满足广告主的要求,自身的商业价值也将凸显出来。

目前,自媒体平台的发展为公众分享感悟、体验以及知识提供了平台,但自媒体市场的秩序还不规范,需要自媒体人以及自媒体平台的共同努力,打造一个标准化、规范化的自媒体市场。

(三) 实战解读企业微博运营流程

1. 内容建设

(1) 发布时间

根据受众的作息时间以及生活规律,企业可在每天早上 9 点和晚上 10 点问早安晚安,其余时间发布内容最好间隔相同的时间段。此外,企业也可根据所处行业的性质以及受众的习惯来做具体安排。如果企业在发布微博之前就对受众的时间有详细的了解,会对受众效果产生巨大的影响。

(2) 信息的采集和制作

企业可根据要发布的内容事先做好规划,例如,每天的第一条和最后一条微博采用"早安"和"晚安"的形式。对于企业来说,最重要的是事关企业信息的内容不能抄袭,而其他无关紧要的内容可以摘录自其他微博或网络,但仍要与公司所从事的行业有一定的联系。

（3）信息发布与维护

企业微博的发布时间要固定。通常而言，周一至周五的 9：00—23：00 这一时间段是发布微博的高峰段，间隔 1 小时。如果遇到特殊情况，可以采用定时发布。同时，负责微博运营的人员需要定期维护、删除影响恶劣的言论，并与受众及时进行交流沟通，转发回复正面的评论。

2. 活动策划

（1）平台活动与企业自建活动

企业的自建活动包括独立活动和联合活动。其中，独立活动是指自己发起的活动，而联合活动则是企业与其他企业合作共同发起的活动。

（2）活动开展步骤

①确定活动主题。②撰写活动方案：包括活动形式、奖品、时间、执行人、宣传文案（图）。③活动发布和维护：跟踪活动效果并及时维护，确保活动顺利进行。④公布活动结果，发放奖品。⑤活动分析：分析转发、评论、粉丝数、ROI 等数据，并做好相关记录。

（3）小技巧

①活动主题鲜明，并与节假日等相关主题相呼应。②活动规则简单，对参加者没有过多的条件限制。③活动时间适当，一般在早上 9 点至 10 点，或者晚上 7 点以后。④活动过程中注意维护秩序，以及与用户互动。⑤活动奖品符合用户的需求，尽量用公司内部的产品和服务作为奖品。

3. 客户管理

企业要拉近与用户之间的距离，及时交流沟通，了解他们的需求。客户管理工作需要做好以下五方面：

第一，处理投诉：主要是处理用户在紧急情况下在微博上发的求助帖；

第二，粉丝互动：回复、转发用户的评论，做好交流沟通工作；

第三，咨询答疑：解答用户的疑问困惑；

第四，发券、发奖品；

第五，意见收集调查。

4. 微博推广

（1）站内推广

站内推广在微博平台上的表现形式主要有以下几种：

①利用奖品吸引粉丝的参与,从而进入热搜榜。②草根账号与微博大号合作,通过出资让大号转发微博。③跨界合作,企业作为活动的赞助商与其他微博联合发起活动。④布局微应用领域,增加粉丝量,并提高企业微博的影响力。⑤主动增加关注量,搜索潜在用户,并求关注。

（2）站外推广的形式主要有以下几种:

①通过博客、论坛、贴吧、企业官网等网络平台发布企业微博的信息。②微博组件推广,可在官网上设置关注、分享等按钮。③在 EDM、DM 宣传册、名片上添加企业微博的网址。

在具体的推广过程中,企业要结合自身实际,发挥优势,规避劣势,可以通过博客、贴吧、论坛等宣传企业的微博,提高粉丝量。企业需要明白的是,粉丝的质量永远比数量重要。

5. 商务合作

企业开展微博营销的方式主要有以下几种:

（1）与微博平台服务商合作

可以进行微博组件合作,共同开发微博 App,联合举办活动等。

（2）与其他企业微博合作

跨界合作,以赞助商的身份为其他微博举办的活动提供奖品。

（3）与第三方服务公司合作

可以充当第三方服务公司的微博代运营公司、微博营销分析工具供应商等。

（4）参与业内的会议活动

参加与行业相关的会议、沙龙等商务活动,与其他企业建立友好合作关系。

6. 运营日志

企业需要掌握多种数据（包括粉丝数、微博数、评论转发数、订单销售、流量等）,才能实现有效的动态营销。此外,企业在运营微博时,也需要掌握行业内其他企业微博的运营状况,同时做好跟踪记录。通常而言,主要包括微博日志和活动报表两类。其中,微博日志对企业的发展具有举足轻重的作用,需要每天记录,而活动报表则相对来说较为简单,只需每周汇报一次即可。

（1）微博日志

主要记载每天企业的粉丝增量（增长率）、发布微博的数量、转发评论数、搜索结果数（增长率）、订单数、IP(PV)、活动数量等。在具体的实施中,企业要依据自身的情况而有选择地记录。

（2）活动报表

由于报表每周汇报一次，因此它不必像微博日志那样详细记录，其主要内容有活动类型、时间、参与人数、转发评论数、粉丝增长数、奖品价值、投资回报率等。

三、新闻 App 运营策略

（一）新闻 App 的三大主流模式

虽然新闻 App 并未按照运营商最初预期的那样发展，但是新闻 App 作为一个成功迎合移动互联网时代特征的移动化产品也有其独到之处，一些新闻类的 App 根据市场的特点走出了一条创新发展之路，并在市场上取得了不错的成效。

1. 专业型

专业型媒体以其高质量的内容所赋予的独特性与专业性使其与其他类型的媒体有较大的区分度，在市场上受到了消费者的一致青睐。而新闻 App 作为传统媒体在移动互联网空间上的延伸，其专业性的特征也比较容易打开市场。英国的《金融时报》自 App 上线以来影响力获得大幅度增长，如今已经成为一款国际产品，超过 72 万的付费用户中将近 2/3 是数字用户，《金融时报》App 以其专业性的优势沉淀了大量的忠实用户。

由于市场环境方面的影响，专业型的 App 实现盈利往往是在财经领域。例如，采取收费模式的《新世纪周刊》App 上线不久，仅在 iPad 版本上的营收就已突破了百万元；《第一财经周刊》App 在 2012 年仅品牌广告收入就达到了 200 万元。如今，消费者更倾向于选择高质量的内容，而且乐于为这些优质产品买单。

2. 地域型

媒体上线 App 应用的一大优势就是使产品的辐射范围从一个区域扩展至全国，甚至走向世界。然而，一些媒体却反其道而行之，强化新闻 App 的地域特色，增强本地化生活资讯属性，依靠本地区的受众也取得了良好的效果。苏州广播电视总台开发出的地域型新闻 App"无线苏州"就是一个典型的代表，地域性与去媒体化色彩浓厚。"无线苏州"是一款城市新闻生活类 App 应用，为本地用户提供新闻资讯、路况信息、天气预报等城市生活资讯。它创造性地将城市服务信息、新闻资讯传播、公共信息查询的内容融为一体，吸引了当地大量的忠实用户。地域特色是"无线苏州"App 的一大特点，下载移动客户端的用户可以借助这个 App 实时掌握苏州的生活类资讯，查询苏州的天气情况，找到周边的公交站、地铁站等。坚持地域特色使该 App 成功获得了大量的本地用户，受过大专与本科教育的用户比例在 80％以上，活跃用户达到几十万。如果结合 LBS 服务技术，引入商家入驻平台，并为这些商家提供营销服务，其商业发展前景将无限光明。

3. 服务型

服务型新闻 App 中《深圳晚报》是一个典型案例，该新闻 App 主要服务于用户所需要的新闻资讯与生活服务两大领域，新闻资讯方面开发出了"即时""体育""娱乐""资讯""天下"等多个模块，新闻范围覆盖全球，实现热点事件实时报道。另外，还增加了"一键爆料"功能，用户可以将自己身边发生的突发事件上传至 App 中与广大用户分享。

此外，新闻内容的个性化与定制化也得到体现，用户可以随时分享、收藏自己感兴趣的新闻、图片，而且还能实现与发稿人的实时互动，对新闻内容进行评论、点赞等。除了服务这一大特色外，《深圳晚报》App 还开发了与硬件相结合的社区服务，用户能够通过 App 这一入口完成社区便民服务、公共事业缴费、生鲜购买等多种类型的综合服务。

2010 年，《南方都市报》抓住广州亚运会举办这一体育重大事件，在亚运会举办之前发布了《广州亚运指南》新闻 App，向用户提供亚运比赛赛程、赛事资讯，还结合 LBS 技术向用户提供赛事举办地周边的出行、旅游、餐饮、住宿等多种类型的服务。考虑到使用人群的特点，开发者设计了中文、英文、日文以及韩文多个版本，为来自不同地区的用户提供个性化以及人性化的便捷服务。用户只需要花费 1.99 美元即可下载这款多功能的服务型 App，凭借优质的服务与良好的用户体验，这款 App 在短短一周内成为 App Store 体育分类销售榜第一名，这也是《南方都市报》第一个收费产品，借此《南方都市报》开始走上了一条多元化以及差异化竞争之路。

（二）内容：多元、即时与不可替代

上述新闻 App 的三大主流模式主要是从宏观层面对一些成功的新闻 App 的特点进行分析，对当下移动互联网时代陷入困境的传统媒体来说，更为重要的是从微观层面进行分析，以新闻 App 的内容、表现形式、用户定位、营销推广、盈利模式等多个角度作为切入点。当下大多数传统媒体 App 的主要内容还是将自己的线下内容照搬到 App 中，使传统的线下资源实现"移动化"。新媒体在内

容的生产上创造了更多的形式,除了平台上的专业人士负责撰写文章之外,还将平台作为自媒体时代用户生产内容的载体,出现了以鲜果 App 为代表的 UGC(用户创造内容),以《搜狐新闻》App 为代表的 PGC(专业人才创造内容),以及以《今日头条》为代表的 AAC(算法创造内容)。

传统媒体的 App 应用应该尝试从多渠道通过多种方式创造内容,移动互联网时代要学会顺势、借势、造势,积极拥抱自媒体这一风口,平台应更多地引入用户创造内容,通过合适的激励机制让具有专业能力的人才为平台贡献内容;实现内容的精准分类,让用户更加方便地阅读自己需要的内容,优化阅读体验,向用户提供查询搜索服务,方便用户在某些内容遗忘后重新阅读。这种注重用户体验的 App 必定会创造出巨大的商业价值。

内容的独特性也是传统媒体新闻 App 获得成功的关键,可以向用户提供一些独特的原创信息产品,组织各种各样的用户活动,使新闻 App 与其他竞争者形成明显的区分度。另外,当下的新闻 App 多以日为单位更新内容,对一些突发的热点新闻无法做到实时更新,而如今内容的多样性、丰富性、时效性在移动互联网时代媒体沉淀用户中发挥的作用非常关键,无法为用户及时提供所需内容的新闻 App 最终只能被淘汰。

(三) 表现形式: 简洁夺目与稳定亲和

内容的差异性需要媒体通过相应的差异化形式将这些内容向用户展示出来,这也是塑造品牌文化的关键。媒体 App 的表现形式应该考虑简洁明了、吸引眼球、亲和友好、持续稳定等几个方面的要素。简洁明了的设计与操作能让用户获得良好的体验,账号申请流程、推送消息的阅读机制、历史记录查询等方面都可以进行优化。

例如,《金融时报》App 的成功和其简单实用、风格清新的特点是分不开的。媒体 App 的设计还要考虑开放性,自媒体时代注重共享与开放,平台上内容的下载、上传、阅读都应该是由用户根据自己的喜好决定,开放自由、平等的基本原则在新闻 App 中同样适用,只有真正地为用户考虑,才能真正地拥有用户。亲和友好与稳定持续也是新闻 App 在表现形式上要考虑的重要因素。试问一个与用户终端兼容性存在问题、经常崩溃的 App 如何沉淀用户? 例如,《时尚》杂志 App 应用的开发团队就是运用科技手段,使 App 的内容以更加友好稳定的形式呈现在消费者面前,从而获得了用户的一致认可。

(四) 盈利模式：内容限免与小额打赏

目前,一些媒体的 App 应用采用下载收费的盈利模式,而仅有一些专业性的财经类新闻 App 能成功盈利,其他类型的新闻 App 在这种盈利模式下很难有所发展。一些媒体 App 开发出了内容限免、小额打赏的盈利模式,用户只通过少量的费用便可获得优质的内容,通过长尾效应创造更高的价值,在实践中获得了不错的效果。

1. 内容限免

付费才能获得内容的盈利模式会损失掉一大批的潜在用户,一些有创造性的新闻 App 运营者设计出了多种盈利模式,例如,针对文章的热度采取不同的收费标准的支付体系;对一些优质的内容用户只能阅读其中的一部分,付费后才能阅读全部内容等等。英国《经济学人》App 的用户每周可以获得 3—6 篇免费的文章,其他优质的内容只能付费阅读。这种内容限免的盈利模式可以使平台在稳定现有用户的基础上成功地吸引潜在用户。

2. 小额打赏

基于长尾效应的小额打赏也是媒体 App 实现盈利的一种重要手段。鞭牛士(Bianews)App 上的"新闻"就是采用此种收费方式,借此平台可以获得不错的收入。其实这个 App 应用上的所有内容都是用户可以免费获得的,如果用户认可某篇文章可以支付小额的费用作为激励,这种收费方式更加人性化,受到了大量用户的好评。

3. 使用服务收费

使用服务收费主要是指媒体 App 对平台中的资讯类实用服务采取付费阅读模式。比如资料搜寻服务、将文章转化为 PDF 文档、获得高清晰度的图表以及某些重要的数据等,都可以向用户收取少量的费用,毕竟用户对这些稀缺内容的付费欲望比较强烈。

4. 周边衍生产品的设计与销售

媒体完全可以将 App 平台定位成一个管理客户关系的综合系统,对用户的需求进行分析从而找到用户所关注的热点,设计出相应的周边衍生品,在这些产品的设计中征求用户的意见,增强用户的参与感,让其成为一种实现满足用户需求的定制化周边衍生品,这种模式的产品生产与销售投入较低而且比较容易为消费者所接受。

(五) 用户定位：强化互动与鼓励分享

目前,国际上成功的 App 应用的衡量标准主要是其在 App 市场的排名,而在 App 市场的排名要受到用户的下载量评论、用户流量、转化率、激活率等多种因素的影响,其中最为关键的因素是与用户管理直接相关的用户下载量与评论。

1. 强化互动

在移动互联网时代,媒体 App 应用要想获得成功,离不开优质用户体验的创造。媒体通过 App 应用与用户建立了情感上的联系,从这一角度来讲,App 其实可以称为"用户管理平台"。可以通过运营微信公众账号与用户实时沟通交流,让用户在内容的生产与表现形式上提出批评、建议,这样可以增强用户对品牌的忠诚度,使其获得存在感与参与感,以主人翁姿态参与到媒体 App 内容的创造过程中来。

2. 鼓励分享

对于一些为 App 创造优质内容的用户可以给予一定的奖励,既可以是物质奖励也可以是精神奖励,这种方式在提升用户对品牌的归属感与忠诚度方面具有极大的优势。一套完善的内容分享激励机制的建立是实现这种方式持续稳定发展的重要保证,通过开发的内容分享功能使用户可以将感兴趣的内容共享到各大社交媒体平台上,以用户自主分享的方式将品牌推向更大的市场。媒体"今日头条"App 的成功就是一个典型的案例,用户在阅读完平台上的内容后可以将自己认可的内容一键分享至微信、微博,也可以将其通过短信、彩信、E-mail 等方式实现共享。另外,延伸阅读功能的建立能为消费者提供与其兴趣爱好一致的内容,对积极参与优质内容共享的用户给予一定的奖励,使新闻媒体与用户之间建立深层次的情感链接,提升用户对品牌的忠诚度。

(六) 营销推广: 多触点延伸与新旧媒体互推

传统媒体大规模进军 App 市场,在一定程度上造成了用户对某种产品关注度与黏性的降低,结合当下的市场环境,用户关注度与黏性的维系主要通过两种手段: 多触点延伸与新旧媒体互推。

1. 多触点延伸

使媒体的新闻 App 与产品 App 形成对接。例如,网易的新闻 App 与网易云音乐 App、有道词典 App 对接,百度新闻 App 与百度魔图 App 对接等。将产品 App 的用户流量优势发挥出来,而且新闻 App 在推广产品 App 方面具有极大的优势,使二者能相互促进、协同发展。另外,媒体的新闻 App 还可以与其他品牌的 App 进行合作,一些以墨迹天气、搜狗输入法为代表的日常应用 App 拥有海量的用户流量,可以通过与它们的合作来进行新闻 App 的品牌推广。随着移动互联网时代社交媒体平台的兴起，出现了拥有众多粉丝的意见领袖，他们中有企业家、某一领域的专家，还有一些明星，将这些意见领袖引入媒体 App 的制作以及营销推广过程中，发挥专业人才的创造力与影响力，从而增强产品的推广营销效果。

2. 新旧媒体互推

新媒体与旧媒体之间互相推广，如在传统媒体的纸质产品营销推广过程中，以多种形式向用户推广数字化的媒体 App 应用，也可以在 App 中通过内容营销等手段进行纸质媒体的推广。《京华时报》的纸质产品中就添加了扫码直接下载新闻 App 应用的二维码，极大地带动了媒体 App 的用户流量提升。当然，与火爆的电视节目进行合作，借力进行新闻 App 推广也是一个不错的发展思路。受观众热捧的湖南卫视的《天天向上》曾经做过一期 What is App 的节目，节目选择了墨迹天气、非常准、Camera360、大众点评、唱吧这五款 App 应用上镜，结果这五款 App 在节目播出后人气暴涨，成功沉淀了大量的用户。但是，新闻 App 的运营者应该认识到，不同类型的 App 借力电视节目进行推广还需要考虑节目的类型、风格，以及节目的受众是否与 App 的用户定位相一致等因素。

说到底，媒体进行新闻 App 的开发是要顺应移动互联网时代的移动化发展潮流，但是对于一些中小媒体公司来说，不需要将自己限制在独立研发 App 应用的思维定式中，媒体完全可以借力其他的第三方综合服务平台，通过受众热捧的自媒体在新时代的市场竞争中找到自身的位置。在传统媒体新闻 App 的发展过程中，能够克服自身在技术与思维方式等方面的劣势，与拥有技术优势的合作伙伴协同发展，同时发挥自己在信息资源占有方面的内容优势，结合移动互联网时代大数据与云计算在内容生产上发挥出来的巨大作用，最终走好新时期的传统媒体移动化生存之路。

第二节 "互联网+"时代传统媒体的战略转型

一、大变革：新媒体时代传统媒体如何实现战略转型

（一）解构 VS 重构：传统媒体格局面临"大洗牌"

互联网的发展和渗透给整个商业社会以及人们所处的生活环境都带来了巨

大的冲击。各个产业之间的界限被打破,相互之间能够产生关联的产业开始逐渐走上了融合的道路。传媒业、通信业以及 IT 行业等也实现了融合创新,传统媒体的行业格局正在逐渐崩塌,新媒体已经开始成为传媒市场的主导者,而这一巨大的变革也为传统媒体在新时代的战略转型提供了重要的时机。

互联网广告已经显示出了强大的发展优势以及巨大的发展前景。以中国的广告市场为例,2014 年中国广告市场增长 2.2%,其中传统广告市场下降 2.7%,各个媒体的广告收入也发生了不同程度的变化,电视刊例收入下降 0.5%,电台刊例收入增长 10.6%,而报纸和杂志的刊例收入分别下降 18.3%和 10.2%,互联网刊例收入增长 36.5%。其中,报纸和杂志的广告收入下降最为明显。而由报纸和杂志所主导的传统媒体之所以会出现这样大幅度的下降,主要原因在于用户的老化以及人才的流失,而这两个原因也使得越来越多的广告主将目光投向受众群体更广的互联网广告。

有数据调查显示,报纸所面向的读者群体的平均年龄已经达到了 42.4 岁,并且还在逐渐加速老化。因此,随着报纸读者的逐渐减少,报纸的发行量也将持续下降。行业的不景气使得越来越多的传统媒体人开始选择另谋出路,要么跳槽到其他行业,要么走上了自己创业的道路。例如,凤凰卫视原执行台长刘春到搜狐任副总裁;罗振宇从中央电视台辞职之后与独立新媒创始人申音合作打造了罗辑思维。

对于媒体行业来说,人才以及品牌是支撑其发展的核心资产,因此人才的流失对于传统媒体的发展造成了致命的打击。当传统媒体行业陷入困境、哀鸿遍野的时候,互联网却依然保持着高涨的发展势头。有数据显示,2014 年中国互联网广告市场达到 1 540 亿元,同比增长 40.0%,并且已经远远超过了报纸和杂志的广告总营业收入,成为一种重要的广告发布媒体。

根据艾瑞咨询对企业广告营业收入最新预估数据,2014 年百度的广告收入超过 490 亿元,同比增长 53.5%,排在第一位;淘宝的广告收入超过 375 亿元,排在第二位。百度与淘宝的广告收入占到了整个互联网广告市场收入的 56.2%,是中国互联网广告市场的中坚力量。此外,新媒体的利润和利润率也远远高于报纸,为新媒体行业的发展提供了坚实的资金基础。媒体行业是一个创意型的产业,创新是行业发展的不竭动力,但是从近几年传统媒体行业的发展来看,传统媒体行业的自我创新以及更新能力正在逐渐下降和弱化,而与之相对的互联网企业却表现出鲜活的生命力和强大的创新能力,同时还在创新过程中不断实现分化以及优化升级，壮大了媒体行业的互联网产业链。

搜索在互联网广告中仍然占据着重要的地位，百度以及奇虎 360 都主要依靠搜索广告来实现盈利，并且在近几年搜索广告增速也比较快；腾讯在微信以及微博的支撑下，广告收入也获得了高速增长；搜狐凭借搜狐视频以及搜狗搜索在互联网广告领域拥有一席之地。互联网发展所带来的第四次传播革命是导致传统媒体走向衰弱的根本，在新媒体发展逐渐高涨的今天，传统媒体行业正在面临解构和重构。

（二）变局 VS 破局：新媒体崛起，传统媒体的"攻"与"御"

随着互联网时代的到来以及不断升级的互联网技术在各个领域的应用，当下中国传媒业正在酝酿一场深刻而伟大的变革，原本由报纸、杂志、广播、电视等主导的传统媒体正在受到新媒体的冲击和打压。传统媒体的生存和发展空间正在逐渐被新媒体蚕食，同时其在传媒界的话语权也逐渐下降。而微博、微信等社交平台的兴起，为自媒体的发展提供了更有利的生长环境，在新浪微博上注册个账号吸引粉丝，就可以为自己的文章带来流量。再加上 iPhone 和 iPad 等智能终端的普及，越来越多的用户开始使用网易云阅读、鲜果、Zaker 等 RSS 聚合工具获取新闻资讯。各种智能手机以及平板电脑的爆发式增长使用户开始从过去通过电视、广播、报纸等传统的信息获取方式中解脱出来，利用更加方便快捷的移动阅读终端来获取信息，这就是一种颠覆性的变革。

每一次信息技术革命都会为传媒业带来翻天覆地的变化。印刷术的发明和普及让报纸和杂志成为人们信息获取的一种重要方式，并且直到今天也在发挥着重要的作用；而 PC 的发展和普及使人们开始利用门户网站以及搜索引擎来了解新闻资讯；而今，移动互联网的发展以及智能手机的流行，使得内容制造以及传播的门槛进一步降低，人们获取信息的方式也发生了变化，自媒体在人们生活中扮演着越来越重要的角色，同时也对报纸、杂志甚至门户网站的发展造成了冲击。

面对越来越小的生存空间，传统媒体要想继续生存下去就必须改变思路，摆脱现有的生存困境，寻求新的发展道路。在新媒体的冲击面前，许多传统媒体都在积极寻求新的变革，但是很多传统的媒体公司对新媒体都存在误解，因此在新媒体领域的布局和投资基本上都存在失误。其失误主要表现在以下三个方面：

一是投资手机报。手机报曾经在 SP 时代红极一时，但是现在已经逐渐淡出了人们的视线。因此，很多传统媒体公司虽然投资了手机报，但是随着时代的发展这一投资并没有带来预期的回报。

二是投资微博。很多传统媒体公司希望能够利用微博平台走微博行业的垂直化发展路线,但是最终并没有获得成功。

三是错过微博的时机。在微博处于繁盛阶段的时候,应该借势发展出一个媒体大号,但是却因为加入太晚而错失良机。

对于传统媒体来说,在社会化媒体时代找到自己的发展出路是事关自己生死存亡的大事。那么,传统媒体应该怎样做才能冲破困局呢?

(1)拥抱社会化媒体

这里并不是说要让你自己去做一个社会化媒体平台,而是投入更大精力、尽快地进驻社会化媒体平台。《创业家》杂志利用自己在新浪微博上的影响力,在创投领域占有一席之地,树立了品牌形象。《创业家》杂志利用官方微博开展的"集团订阅"活动更是吸引了众多粉丝的参与,在几天的时间里杂志的预订量即达到了5 000套。通常,一些小杂志的总印数也就5 000套,而创业家杂志在短短几天时间里就轻松达到了这一目标,足见微博的力量。而且媒体在微博和微信中拥有自己的大号,是开展社会化运营的基础,对未来市场活动的开展也具有重要的价值。

(2)做内容聚合平台

自媒体的盛行让媒体的内容也逐渐呈现多元化的趋势,用户有了更多的内容选择,并在选择中占据主导地位。很多行业媒体中,行业以及企业主往往在媒体中处于中心地位,没有重视用户的体验以及感受,这样的媒体发展模式将逐渐在社会化媒体时代失去竞争优势,并最终被市场淘汰。在行业的纵深报道方面,传统媒体与新媒体相比有更多的优势,但是由于其内容生产以及发行的时间过长,已经不能适应社会化媒体时代的发展要求了。因此,传统媒体可以利用自己在这个行业积累的作者或圈子优势,做UGC的内容聚合平台,挖掘更多有才华的作者以及写手,通过众包模式将内容做好。虎嗅网、果壳网都是通过这样的形式逐渐壮大起来的,并且收获了众多的粉丝和读者。

(3)做圈子运营

圈子运营是传统媒体在运作中的一种传统套路,每年都会举办各种会以及颁奖活动等,已经作为行业内一种自娱自乐的方式,同时也是一种圈子运营的方式,是媒体盈利的重要来源。在社会化媒体时代,传统媒体可以利用自己原本在行业内建立的影响力以及优势,在圈子运营中实现更多的创新。以《创业家》为例,它就是利用主编牛文文在行业的声誉以及《创业家》在创投行业内的影响力,举办了针对创业者以及投资人实现对接的"黑马大赛",并凭借这一活动在媒体行业树立了更高的形象,同时也获得了比较丰厚的商业回报。

(4) 做新媒体创投平台

与新媒体相比,传统媒体既有人脉也有雄厚的资金支持,同时在行业内也有较高的影响力,与其闭门造车摸不着门道,不如交给有能力和技术的人来做。浙报集团投资机构中出现了很多的天使投资案例,这些投资主要集中在新媒体以及数据的挖掘上。传媒梦工场将大数据投资的重点放在了社交网络数据挖掘上,并且已经投资了知微、优微两家专注于数据挖掘的企业,投资金额达到数百万元。

(三) 国外传统媒体战略转型的启示

国外的许多传统媒体已经开始积极寻求转型,它们的转型主要集中体现在以下几个方面。

(1) 利用互联网新技术

主要是通过创办属于自己的网站的方式,对于许多传统媒体而言,创办网站虽然简单,但是要为自己的网站探索出一种有效的盈利模式却举步维艰。《纽约时报》正在探索的"付费墙"模式是一种典型代表。

(2) 重视新终端

iPad 的出现让许多传统媒体行业人士看到了希望,然而新闻集团 ThDaily 的失败又让传统媒体的希望破灭。

(3) 优化内容平台和内容采编流程

推进"内容采编流程"的改革和完善,综合运用互联网技术,紧跟新媒体的发展潮流,不断对内容平台和内容采编流程进行优化,从而可以保证在最快的时间里能够向新媒体供稿。

(4) 收购新媒体公司

收购新媒体公司,借助新公司的力量完成转型,比如,新闻集团以 5.8 亿美元收购了 Myspace,但是由于双方奉行的理念很难达成一致,Myspace 内部管理不当,因此收购并没有为新闻集团带来预期的效果,再加上脸书的崛起,Myspace 的市场影响力迅速下降,目前新闻集团已经在为其寻觅新的东家。

(5) 剥离或出售利润较低板块

将一些盈利能力较低的业务剥离或者出售。面对一些利润比较低的业务板块,许多传统媒体开始选择剥离或者出售。例如,新闻集团将出版业务剥离出去使之成为单独的板块,时代华纳将杂志业务进行了出售等。相对而言,国内传统媒体在进行转型的过程中面临更加复杂的环境。主要表现在以下两个方面:

一是国内奉行"条块分割"的管理体制,让区域以及行业的分割已经成为一种天然的特征,这也就使得很多传统媒体单位往往局限在某一区域内,不仅规模小而且实力也相对较弱。

二是许多传统媒体单位仍然遵循"事业单位企业化运营"的管理体制,还没有真正实现"转企改制",产权未实现明晰化,也没有制定合理的股权结构,这些因素都将使其难以成为市场的主体,也缺乏自主成长的能力。

以上两个原因使得国内的传统传媒单位在转型过程中遇到了重重困难,再加上新媒体的冲击,国内传统媒体行业要实现完美转型还有很长的路要走。

(四)国内传统媒体的战略转型实践

国内传统媒体行业的转型主要集中在以下几个方面:

(1)推行跨区域发展战略

推行跨区域发展战略,扩大业务的覆盖范围。例如,南方报业传媒集团与云南出版集团合办《云南信息报》,湖南广电与青海卫视的合作等。

(2)整合省内传媒资源

整合省内传媒资源,比如山东省的大众报业集团将青岛、潍坊、临沂、菏泽等地的报业资源整合在了一起,通过这种资源的整合最大限度地开发资源的价值。

(3)利用各媒介推进转型

利用各种丰富的媒介推进转型,尝试"电子版""报网互动""全媒体记者"等媒介形式,积极推动传统媒体的转型。例如,杭州日报报业集团旗下的 19 楼网站是中国最大的本地生活交流和服务平台,致力于为各地的用户提供全面、贴心的服务以及便利的交流空间,受到了众多网民的青睐;人民日报社打造的以新闻为主的大型网上信息交互平台——人民网已经发展成一家综合性的网络媒体,并且于 2012 年初正式上市。但是从整个传统媒体行业来说,这些转型尝试效果并不明显。

(4)实施前向一体化或后向一体化战略

例如,SMG(上海东方传媒集团有限公司)已经在积极尝试进入节目制作和发行等环节。

(5)实施产业多元化战略

目前,许多传统媒体已经将发展方向转向了其他一些产业,比如江苏凤凰出版传媒集团已经开始涉足文化地产行业,《河南日报》进入了酒店经营行业,《浙江日报》和绿城合作开展房地产经营,大众报业集团进入教育和文化地产行业等。

（6）尝试投融资战略

通过投融资战略的尝试,进入 E 等金融领域。比如,湖南广电旗下的达晨创投管理的资金总额已经超过 100 亿元,河南日报报业集团、大众报业集团和新华社等也开始踏足文化金融业。

（7）通过做孵化器实现转型

例如,浙江日报报业集团打造的传媒梦工场致力于为众多的创业者提供资金以及资源方面的帮助。

综上所述,国内的很多传统媒体都在通过多种方式的尝试来实现转型,但是从转型的实际效果来看,整体效果并不好。主要原因有两个：一是长期以来传统媒体发展形成了一种固化的思维模式,使得难以将技术的应用融入行业的经营中;二是面对新媒体的冲击,传统媒体的目标是融合新媒体,将其变成自己的一部分,而不是通过自身的彻底变革转型做新媒体。

（五）传统媒体战略转型的对策建议

传统媒体应该认识到转型是一个系统性的工程,要始终秉持以观念转型为导向,以战略转型为方向,以体制转型为保障,以机制转型为动力,以媒介转型为主体。传统媒体的战略转型一般有五种可能的路径。

内容经营转型：实施收缩战略,做单纯的内容提供商。

产品经营转型：实施延伸战略,做综合营销服务商。

产业经营转型：实施延伸战略,打造产业运营平台。

信息平台转型：构建智能信息服务平台。

资本运作平台转型：致力于整合文化产业资本。

各个传统媒体单位应该从自身出发,选择合理的转型战略,同时还要在转型过程中根据自身的能力不断地进行调整。传统媒体要想成功转型为智能信息服务平台,首先要学会转变观念。具体如下：

在行业认知上：要认识到这是从传统媒体行业向信息服务业的转化;要从传统媒体业转型为信息服务业。

在受众和信息的关系上：传统媒体行业中人和信息是一种分离状态,而在转型之后,人与信息能够实现有机结合以及互动。最关键的是要从过去的以内容为核心变成以技术为核心。

在实现战略转型的过程中,还需要有完善的配套措施。

政府应该推动管理体制的改革和完善,改变现有的条块分割的传媒业市场格局,实现一体化的传媒业大市场。

从"内容为王"的观念转变为"信息服务为王"的观念。

紧跟行业融合的趋势,从单一转型到多元化,打造系统性、全方位的媒体和产业格局。

不断拓展业务范围,发挥范围经济效应,寻求产业的多元化发展。

改变国有占股或者一股独大的股权结构,引进更多的社会资本,推动股权多元化,构建可以实现内部制衡的管理机制。

不断完善内部管理体制,通过引入和运用竞争机制提升产业的竞争能力。

积极推进转企改制,在行业内部推行现代企业制度,提高自身的自力更生能力,稳固自己在市场上的地位

运行竞争化的内部机制,通过激励约束制度的形成为传统媒体的转型保驾护航。

媒介互联网化,从融合变转型,实现彻底的互联网化。

人才竞聘化,通过这种机制实现优胜劣汰,促进内部员工能力的提升,同时也有利于为传统媒体的发展挖掘更多优秀的人才。

二、大数据转型:大数据时代传统媒体的创新与变革

(一)传统媒体+大数据:实现战略转型的关键

大数据应用的时代序幕已经悄然拉开,2015 年 9 月,作为全球最大的互联网公司——谷歌在硅谷工程会议上发布的数据显示:谷歌的代码库每天要处理 85 TB 的数据量。而新兴的社交媒体平台脸书每天上传的照片已经超过 1 000 万张。Youtube 的日均访客已经突破 8 亿。所有这一切都在显示着大数据已经开启了人类社会的一个全新时代。大数据的分析是指基于海量的数据统计前提下,解决一系列"是什么"问题的数据分析方式,这和以往基于抽样调查,解决一系列"为什么"问题的方式有较大的差异性,正是这种差异性使大数据分析技术成为时代的宠儿。传统媒体应用大数据分析技术可以实现用户需求与信息产品的有效匹配,真正让传统媒体在新时期重新掌握以往在内容上的巨大优势。

大数据分析技术由于涉及数据的挖掘与处理，必然要与云计算技术实现完美融合，以一种智能化的处理手段更加高效率、低成本地掌握具有巨大潜在价值的信息。而作为掌握庞大用户流量的互联网企业巨头——以阿里、腾讯、百度、谷歌、脸书等为代表，无疑是这一时代的巨大受益者。

1. 大数据分析是传统媒体转型的关键

（1）信息过载时代使得内容的价值越来越难以变现

如今人们被海量的信息所笼罩，在这海量的信息中人们变得不知所措。如今人们对信息的反应速度已经远远低于信息传播的速度，这些海量的信息已经远远超出了人类所能接受的数量，人们在如此众多的无关信息的干扰下，对正确信息的选择已经变得十分困难。

在媒体行业出现的以微博、微信为代表的自媒体平台使大量优质的自媒体内容呈现爆发式增长。庞大的虚拟互联网空间使得一些生活类服务资讯开始走进人们的视野并且得到了消费者的认可，一些平台借助这类资讯沉淀了大量的忠实用户。信息过载的前提下必定会发生信息的过度充足与实现用户个性化和定制化需求严重缺乏之间的冲突，人们生活在一个被信息围绕的信息海洋之中，而所需的信息被无数的不相关信息严重干扰。这种情况导致了新闻信息与优质内容的被稀释，而且其价值被压缩，最终导致盈利模式出现严重问题。

（2）大数据分析能够有效实现信息智能匹配

如今，用户面临的生活节奏日益加快，工作之余没有多少时间用来接收外界信息。因此，那些不能满足消费者需求的信息不仅无法激起用户的付费欲望，还会适得其反使消费者感到厌烦。所以，创造出精准对接消费者需求的智能化信息才是创造价值的关键，也是成功激发读者付费欲望的重要手段。不难看出大众所需要的信息正朝着智能化的方向不断发展，只有智能化的信息才能够满足用户个性化与定制化的需求，而信息的智能化发展趋势有利于大规模收费的实现，从而打破以往存在的盈利难题。换个角度来说，单一化、同质化的信息在大数据时代已经无法为消费者创造价值，只有智能化的信息才是带来巨大价值的重要手段。

2. 国内智能化信息产品存在的三大难点

智能化信息的生产绝不是简单的事情，它需要有海量的高质量信息作为支撑，通过一定的科学技术以高效率、低成本的渠道向用户传递。目前，国内的智能化信息产品主要存在以下三个方面的难点：

第一，国内的传统媒体规模较小、分布散乱、实力不足，无法形成具有强大实力的优质信息平台，而且国内的传统媒体被严格地限制在体制之内，地域特点与垄断特征十分突出，缺乏创新发展的原动力。

第二，单一化、同质化的信息产品生产使得整个行业陷入无休止的价格战中，成本控制下信息产品的内容质量得不到保证，无法给消费者提供所需要的信息。

第三，缺乏完善的技术体系作为支撑。传统媒体缺乏掌握新技术的人才，刚刚发展起来的新媒体在信息源的占有上又存在巨大的不足，这造成了信息源与技术之间的割裂。而且新媒体由于处于起步阶段，在资源与管理经验上处于劣势地位，短时间内无法形成完善的技术体系。传统媒体还在沿用落后思维模式与技术手段，短时间内要形成技术体系也不现实。

由此可以看出，智能化信息的生产不仅需要具有一定规模的优质信息平台作为支撑，还需要有完善的技术体系作为信息生产的重要手段。在大数据时代，做好智能化信息产品的生产要在以下三个方面做出努力：

（1）构建综合的云信息服务平台，这一平台要有海量的优质信息资源作为信息源，并且该平台能够对这些信息进行分类搜集、整理以及分析。

（2）建设大型的技术平台，并在该平台通过对数据的挖掘来精准掌握消费者的需求变化，实时定位目标市场。

（3）以技术手段高效率、低成本地完成消费者需求与信息产品的动态匹配，开发出相应的支付手段来完成对智能化信息产品在多种传播渠道上的自动收费。

（二）传统媒体的短板：缺乏大数据技术基因

移动互联网给人类社会带来了巨大变革，使得大数据的应用有了更为广阔的施展空间。近几年来，以数据挖掘、分析为主的信息服务型公司开始大量涌现，从而为新时代的媒体开展信息的定制化以及个性化服务奠定了现实基础。但是机遇向来与挑战共存，传统媒体的信息产品与相关服务在大数据时代却面临着严峻的考验。

信息收集技术的不断进步使得人们所能接触到的信息量产生了质的飞跃，人们对信息的使用要求与动机之间存在较大的差异性，因此技术上应具备高效、全面的数据挖掘能力与分析能力。传统媒体的内容生产以信息收集者的自我判断为主,未做到与受众的需求进行无缝对接,而且信息产品生产是单一的线性生产流程,在新时代的市场中很难得到消费者的青睐。

"内容为王"是传统媒体从业者所秉持的重要理念,在以往信息不对等的时代,这一理念确实为传统媒体创造了巨大的利益。但是,如今在移动互联网的推动下已经迎来了信息爆炸的时代,对接消费者需求的内容产品才能得到大众的普遍认可,传统媒体继续以自我判断为基准去进行内容产品的生产无异于脱离了市场发展的轨迹,最终只能走向失败。

对消费者所需内容的掌握不足是传统媒体亟须解决的一大难题,这不仅反映在传统媒体的信息产品在生产环节面临困境上,在信息的来源、信息产品的个性化与定制化等方面也受到严重限制。

而且,我国传统媒体的内容生产除了受到市场因素控制以外,政治因素、法律法规、文化传统等方面的影响也不可忽视,具体表现为以下两个方面:

(1)作为一种传播意识形态的工具以及市场行为主体二者的结合体,传统媒体缺乏转型升级的动力,在移动互联网时代新型媒体的不断冲击下,传统媒体被迫走上转型之路,但转型的方式不够高效灵活,无法形成市场核心竞争力。

(2)传统媒体从业者在满足市场需求的技术方面有所欠缺,一些具备相关技术的人才要进入传统媒体也比较困难,这就使得传统媒体在人才资源与科技资源方面具有极大的劣势,最终阻碍了传统媒体的转型升级。

(三)再造固有基因:大数据技术+传统媒体灵魂

大数据时代迎来了信息行业的颠覆性变革,传统媒体的信息产品生产方式以及营销方式将被重塑,技术的匮乏使得传统媒体面临着巨大的困境,但传统媒体的救赎之路必须靠技术的突破实现。在大数据时代,传统媒体应该顺应时代要求,引入相关技术作为走向成功的重要手段,在具体实践中应该做好以下三个方面:

1. 利用数据分析来对接用户的个性化与定制化需求

新媒体兴起的重要原因就是它所拥有的强大的数据分析能力,使其从海量的数据中发掘出对用户有用的信息,实现了用户需求的信息产品的定制化与个性化生产,充分展示出了数据分析的强大能量。数据分析技术的应用对传统媒体而言具有以下三个方面的优势:

第一,传统媒体的信息收集与处理能力朝着自动化以及智能化方向发展,直接使消费者的需求与内容对接,使传统媒体延续以往内容上的优势地位。

第二,它使传统媒体过去由于市场调查以及抽样分析不足而不能全面掌握数据的难题得到完美解决,使传统媒体对消费者的需求分析更加符合市场的需求,从而在信息产品以及服务的生产上处于优势地位。

第三,传统媒体通过数据分析技术上的突破使生产成本得到降低,生产效率获得大幅度提升。

2. 数据挖掘技术为传统媒体的内容生产提供了一种全新的方式

以往,传统媒体的内容生产都建立在记者的日常经历与直观的体验之上,容易受到个人认知局限性的影响。采用数据挖掘技术将会扩展内容生产者的视野、丰富内容生产者的知识体系,从而使信息产品更加有效地匹配用户的需求,实现信息的个性化与定制化生产。传统的新闻数据存在着晦涩、枯燥、难以被人理解的问题,从而影响用户使用数据的效率,而经过数据挖掘技术处理后,信息能更加清晰明确地展示在受众的面前;信息的内容以一种更加友好的方式被用户所接受,提升了信息利用率。

3. 数据挖掘和分析为传统媒体的舆论引导提供信息来源

我国的传统媒体往往发挥着引导整个国家舆情的重要作用,这种作用尤其体现在内容的导向方面。以往传统媒体无法掌握即将发生的舆情,也无法得出舆情走向的变化趋势,而借助大数据挖掘与分析技术,传统媒体可以对舆情提前了解,并对其发展做出合理的预测。

大数据时代所进行的传统媒体的舆情分析,将会建立在对社会中的海量信息统计分析的前提之下,其中涉及社会学、传播学、政治学、经济学等多种学科的内容,最后通过计算机技术对这些数据进行整理并分析出有价值的结果,投入的成本相对较高。

(四) 信息平台: 传统媒体在大数据时代的定位

新时期,市场朝着垂直领域不断迈进,用户的需求呈现出个性化与定制化的发展趋势。在复杂多变的市场需求下,要完成内容与用户需求的无缝对接,显然不能仅依靠单打独斗,需要基于相对成熟的大数据技术平台。这一平台的建设关系到传统媒体在未来市场发展中的成败。

大数据平台的建立除了依靠海量的数据支撑以外,对大数据的分析与处理也是关键,处理过程要高效、成本要低廉,为了实现价值变现,要能通过多种支付渠道实现智能化收费。通过这种云计算技术的应用,使海量的数据信息转化为具有潜在价值的知识,最后通过用户差异化的需求,从不同的角度寻找出这些知识的应用方向,满足用户的多种需求。

大数据平台的建设相对比较复杂,在国内要真正实现这一平台的构建需要克服多方面的困难。我国的传统媒体呈现出规模小、分散化、实力弱等特点,同行业之间相互共享的信息内容十分有限,某一媒体投入大量精力所获得的数据,其他媒体还要再去进行重新收集,资源的大量浪费现象十分常见。

在大数据时代,数据平台的建立需要有海量的信息共享作为支撑。媒体要进行的应该是,按照不同的报道场景来以不同的方式进行多元化与差异化的数据发掘与分析。如果信息无法做到共享,那么大数据平台的建立也将变得毫无意义。传统媒体的工作以信息的获取者为核心,他们的综合素质决定了信息产品的质量。但是,这种方式和大数据时代的媒体特征显得格格不入。一方面,海量的数据信息仅凭个人很难处理;另一方面,信息获取者思维方式、信息处理能力的不足也难以应对大数据时代的客观需求。传统媒体实现与新媒体的深度融合在大数据时代显得尤为重要,二者的深层次融合将会使传统媒体克服技术落后、人才不足、成本较高的难题,同时有效解决新媒体在占有数据资源的选择上混乱不堪的局面。

(五)华丽转型:"传统媒体+大数据"转型路径

传统媒体在大数据时代的转型升级之路确实面临巨大的考验,从目前的形势来看,传统媒体可以通过在以下四个方面做出努力来完成自身的突破。

1. 借助大数据分析直接对接用户的需求

如今,传统媒体与互联网媒体相比在用户体验上存在较大的劣势,而大数据分析可以通过对数据的挖掘找到用户所关注的热点,从而为传统媒体制定满足消费者需求的信息产品提供参考。美国在线视频网站 Netflix 在 2013 年推出了新版电视剧《纸牌屋》,该剧获得了多个国家观众的普遍好评。这部电视剧制作的背后正是大数据分析技术的应用。Netflix 的技术部门统计了几千万次用户体验、几百万条用户评论与用户搜索,成功找出了用户观看视频的多种需求,并引入用户关注度极高的导演大卫·芬奇(David fincher)与著名演员凯文·史派西(Kevin Spacey)参与该影片的制作,而且通过大数据分析发现英国的原版《纸牌屋》有很大的受众。迎合消费者需求的美版《纸牌屋》上线后大受欢迎,编剧根据美国与英国的差异性对内容进行的全新创作使其更加符合观众的需求。正是 Netflix 对海量的用户数据进行分析后挖掘出了用户的关注点,从而创作出了优质的产品。

2. 数据可视化

当下正处于信息爆炸的时代，人们对优质内容的需求在不断增加，媒体能够将可视化的数据以一种更加友好的方式展现在消费者面前显得尤为重要，可视化的数据市场有着极大的发展前景。2003 年成立的企业可视化数据服务公司 Tableau 经过十多年的发展已经成功上市。Tableau 拥有企业级用户上万家，其中不乏脸书、苹果等大型企业。而随着大数据分析技术的应用，2014 年国内的业务分析市场规模也已经达到近 14 亿美元，并将以 16.7％的年复合增长率逐步提升，预计在 2019 年增至 30 亿美元。

3. 借助大数据分析技术研发舆情引导的相关信息产品

我国目前正处于改革转型时期，作为承担舆情引导重任的媒体来说，做好舆情引导十分重要。2015 年，人民网舆情监测室公布的《2015 年中国互联网舆情分析报告》显示：通过统计网络上的多种热点事件的发帖数量，成为全年热点舆情榜首的马航事件的微博贴文数量已经达到了 2 500 万条。马航失联事件、香港"占中事件"、云南 6.5 级地震、阿里赴美上市等事件成为 2014 年度民众关注度排行榜的前五名。由此可以看出，当前形势下舆情引导的压力很大，传统媒体应该应用大数据分析技术，发挥自身在优质新闻内容发掘与传播方面的巨大优势，引导舆情向正确的方向发展，维护社会秩序与国家发展的稳定。而且，做好舆情引导也能为媒体带来巨大的收益，如人民网通过优质的舆情引导，信息产品每年创造的收益达到上亿元。

4. 利用大数据分析技术服务企业决策

在海量的无关信息的干扰下，企业的决策面临着较大的难题，企业迫切需要有高质量的信息作为决策的参考数据，这也为传统媒体的转型升级提供了一条新的思路，如果传统媒体能够克服自身在技术与思维方面的缺陷，做出服务企业决策的优质产品，必将获得快速发展。对于传统媒体从业者来说，转型升级的真正实现最为关键的是构建基于大数据分析技术的综合信息服务平台，而这一任务的艰巨性也注定了传统媒体的转型升级还有很长的一段路要走。

（六）"传统媒体＋大数据"的三个前提

大数据时代对传统媒体的颠覆性表现在多个方面，但最为关键的是，它将传统媒体从以往的"内容供应者"转变为一个"对接用户需求的信息服务者"。从经济学的角度来看，它将传统的以产品为中心的卖方市场转化为以用户为中心的买方市场。如今,用户需求更加多元化与差异化。这种市场的变化要求传统媒体能够比以往更加高效、精确地获取数据信息,通过大数据技术对信息进行颠覆性变革,完成新时期传统媒体在移动互联网时代的转型升级。传统媒体的转型升级之路注定是要经过多重考验的,就目前国内媒体业的发展情况来看,传统媒体转型升级的实现必须有以下三个前提条件作为支撑。

第一,媒体之间真正实现信息的共享。

第二,搭建横跨多种类型的媒体的信息共享平台。

第三,以市场规律为主导的信息共享平台实现稳定高效运转。

这些前提的实现仅依靠媒体的单一力量是不够的,必须有国家层面上的相关政策的引导,使传统媒体能够在完成舆论引导的使命下更多地以市场的规律协调与各个媒体之间的关系,最终完成我国传统媒体在新时期的转型与升级。

三、传统媒体 App 运营:构建以用户为中心的盈利模式

互联网的兴起推动了传统媒体兴办新闻网站,以应对门户网站的市场冲击。同样,移动互联网时代的到来也引发传统媒体纷纷研发 App,进行移动互联网化的转型,以应对不断兴起的移动新媒体的挑战。

数据显示,2012 年初苹果公司 App Store 在全球范围内的应用软件达到了50 多万款;到 2013 年 6 月更是达到了 90 多万款,增长迅速。而根据相关统计,苹果 App Store 中新闻类的应用软件比例约为 2.7%,IOS 系统平台中的新闻类应用数量约为 2 万个。至于国内,传统媒体推出移动 App 的趋势更为明显。在IOS 与 Android 两大系统平台上,新闻资讯类的应用超过了 1 300 个,在排名前400 的应用中,传统媒体 App 的比例也高达 47%。然而,在传统媒体看似热闹非凡的新媒体业务中,能够取得成功的却并不多见。就连世界著名传媒大亨鲁珀特·默多克(Rupert Murdoch)与苹果合作推出的 iPad 专属报纸也因为连续亏损而被迫关闭。因此,传统媒体要想实现新媒体转型,关键是要找到合适的盈利模式,如此才不致黯然收场。而对一些成功案例进行探讨,有利于帮助传统媒体找到 App 运营的获利渠道,为其新媒体业务的探索提供借鉴。

第三节 "互联网+"时代的新媒体营销战略

一、新媒体营销策略及案例实战解读

（一）新媒体营销的八大优势

2008年，奥巴马成为美国历史上第一位黑人总统。2012年，他又击败共和党候选人罗姆尼成功连任。奥巴马成功竞选总统，有很大一部分原因在于他比竞争对手更善于发挥新媒体的优势。例如利用YouTube、脸书和Myspace等社交工具进行宣传，购买谷歌关键字，提高搜索频率，在博客上建立个人档案，并大量投放网络广告等。

随着移动互联网的发展，人们获取信息的渠道逐渐发生了变化。以电视、报纸、广播为代表的传统媒体，以及网络博客、手机短信等渠道逐渐被淘汰，而以即时通信为特点的新媒体开始崭露头角，引起了人们的关注。大数据以及移动互联网技术的发展为用户获取信息提供了多样化的渠道，降低了用户对传统媒体的依赖性，消费者由被动接收信息转为主动获取信息，同时使用户的需求逐渐得到细化。而伴随着新媒体成长起来的年轻一代，更加享受新媒体所带来的便利。可以肯定的是，随着年轻一代的成长，新媒体将发挥越来越重要的作用，并将取代传统营销模式，成为企业网络营销的主要渠道。因此，企业也应顺应时代发展的潮流，积极革新，利用新媒体营销。与传统媒体相比，新媒体营销主要有以下八大优势。

1. 新媒体营销让消费者自主选择并有效互动

公元前361年，商鞅在秦国变法。为了获得百姓的信任，商鞅在都城的南门立了一根三丈高的木头，宣称能把这根木头扛到北门的人，就奖励他50两黄金。商鞅通过南门立木取得了百姓的信任，从而为变法奠定了基础，而秦国也由政治、经济、文化比较落后的国家一跃成为当时的强国。

在新媒体时代，企业进行网络营销也是相同的道理，要让消费者参与进来，就需要主动传播产品的信息，取得消费者的信任。传统的媒体营销是面向所有受众，采用的是大众传播，而新媒体营销则是面向每一个消费者，采用的是人际传播。因此，在新媒体时代，企业网络营销要重视与消费者的互动沟通，要让消费者参与到产品的营销中来，以此扩大产品的营销范围。

如果企业在营销中没有让消费者参与进来，那么即使企业投入再多的成本以及精力也无法达到设定的目标，反而是事倍功半。互联网的发展为人们提供了海量的信息，但同时也增加了企业决策的难度。为了实现科学决策，精准营销，企业必须获取大量的信息，而让消费者参与到企业的网络营销中来，既可以降低企业获取信息的成本，又可以保证精准决策。通过与消费者的互动沟通，企业可以获取更多的信息，从而不断调整产品的研发方向。在新媒体时代，用户成为市场的中心，消费者的需求决定着市场的导向，同时消费者也更容易体验到个性化、定制化的服务。

2. 新媒体有效降低了营销成本

在新媒体时代，企业有了更多的营销渠道，可以更加充分地传播企业的产品信息，树立品牌形象。在传统媒体时代，企业需要花费大量的精力去建立网站，并且还要定期更新内容，雇用专业人员维护，耗费的时间和成本极大。而随着新媒体的产生，企业可以利用一些免费的平台进行营销，例如，在豆瓣建立小组，定期推出话题活动；在微博上发布产品信息，与用户实时沟通；在微信上建立微信公众号；在百度上建立词条等等。利用一切可以利用的资源，通过赠送奖品或者促销活动来加强企业与消费者的互动。

新媒体的产生不仅扩大了企业网络营销的渠道，同时也降低了传播成本。在传统媒体时代，企业需要投入大量的成本去建立网站，营销企业产品。而随着互联网的发展，为企业的网络营销提供了便利的途径，只要企业发布的内容富有新意，能够引起消费者的共鸣，他们就会主动传播。例如，企业发布了一条产品信息，引起了某个消费者的注意，他便会在自己的朋友圈里传播这条信息，从而引起其他好友的关注转发，以幂次增长速度传播，在短时间内就扩大了信息的传播范围。新媒体的发展加快了信息传播的速度，企业可以低成本投入实现有较大影响力的传播。

3. 新媒体提升了广告的创意空间

移动互联网技术的发展催生出多样化的营销形式，如病毒营销、数据库营销、社区营销、互动体验、焦点渗透、口碑传播、反向沟通、精准营销、事件营销等。在新媒体时代，消费者更加注重广告的内容，尤其是创意，富有新意的广告容易吸引消费者的眼球，并促使他们主动传播。创意能使广告产生巨大的威力，吸引更多的消费者。而随着互联网的发展，大量的新技术层出不穷，为企业策划提供了源源不断的灵感。通过互联网，企业可以获取多方面的信息，不断完善广告方案,为网络营销提供源源不断的新元素,从而吸引消费者的注意力,扩大传播范围。

4. 新媒体能让用户帮你创造产品,并一起挣钱

随着新媒体的产生,用户有了更多获取信息的渠道,同时也可以更便捷地参与产品的设计,既是产品的制造者又是产品的消费者。例如,苹果公司的 App Store 在设计之初,苹果公司通过互联网广泛征集用户意见,苹果后台负责销售和下载用户编写的程序。如果用户编写的程序成功出售,那么会得到一定数量的资金作为奖励。苹果公司的这套方案在很大程度上激发了消费者的积极性,同时又减轻了苹果公司的工作负担。截至 2011 年,苹果公司的 App Store 已经有近 20 万个应用程序,总下载次数高达 15 亿次,其中平均每个应用程序价值 2.85 万美元。让用户参与产品的设计能够激发用户的创造力和活力,挖掘他们的潜力,而奖励对公司发展有贡献的用户还能够吸引更多的用户,并形成用户黏性和忠诚度。

企业通过这些忠实的用户不断扩大产品的营销范围,树立品牌形象。由于参与企业产品设计的用户也希望有更多的人了解到自己的创意,因而会不遗余力地帮助企业宣传产品信息,让更多的用户来体验。用户的这种行为直接为企业带来了更多的粉丝,促进了企业的发展。

新媒体的产生为用户参与产品设计提供了便利的渠道,将产品人格化,而这些带有情感特征的产品在传播的过程中更容易引起用户的共鸣,从而成为企业的忠实顾客。从苹果公司 App Store 的应用程序设计中就可以看出,企业与用户共享利润能够激发用户的自主能动性,从而为企业的发展注入源源不断的活力。

5. 更精准化的客户定位,能满足个性化需求

与传统媒体相比,新媒体营销的最大特点是为消费者提供个性化、定制化的服务。门户网站中设置广告按钮,搜索引擎也出现关键词广告,所有的媒体都开始精确定位客户,满足消费者的长尾需求。例如,用户在自己的社交圈中谈论买足球的事,后台系统获取这一信息后便预测该用户有这个需求,那么在其后一段时间内,即使该用户不再谈论足球,系统也会定期向他推送足球的相关用品。

随着移动互联网的发展,消费者越来越喜爱能够凸显其个性的产品,市场也根据消费者的需求不断调整营销策略,而大数据以及移动互联网技术的发展为商家获取消费者的需求提供了便利,使其能够精准定位用户。例如,定制手机高端套餐的人大多是成功的商务人士;而经常在社交平台上分享自己的穿衣心得、美妆经验的人,一定是比较时尚且经济收入较好的人……通过准确获取用户的信息,企业可以科学决策,实现精准营销。

6. 巨大的数据库营销宝藏

新媒体的发展扩大了企业获取用户信息的渠道。在日常生活中,用户通过社交平台进行交流互动,其用户信息就会被企业通过多元化的手段获得。当今时代,大数据以及移动互联网技术的发展,为企业获取用户信息提供了技术支撑,并且可以通过分析预测出用户的消费趋向,进而吸引潜在用户。通常,用户在社交平台注册时会详细填写个人信息,如昵称、年龄、职业、兴趣爱好、地址等,从而吸引来自相同地区或者从事相关职业的人,并且用户会在社交平台上分享跟自己有关的事情,用户这些无意识的行为便成为了企业竞相争夺的资源。脸书在全球有着 6 亿的注册用户,这意味着脸书能够精准获取大量的用户信息,并将这些潜在的用户变成自己的粉丝。目前,脸书要做的已不是如何盈利,而是如何像苹果一样给用户提供更高品质的体验。

7. 企业主可以按照广告效果付费

新媒体的产生为广告设计融入了大量的创新元素,提高了广告传播的效果,使得企业主可以根据广告效果收取费用。在传统媒体时代,由于技术相对落后,广告还无法准确有效地传播企业品牌。随着时代的发展,社会的进步,越来越多的企业开始重视新媒体的运用,并且,随着互联网广告以效果付费模式的推出,更是吸引了众多的企业主。在新媒体时代,企业可以通过互联网随时查看广告的传播效果,如点击量、展示程度、粉丝数、电话数、销售量等,再决定是否付费。

8. 新媒体能有效面对危机公关

消费者是一个个独立的个体,他们会产生不同于他人的需求,因而,企业在为消费者服务的过程中总会出现个别消费者不满意的情况,并且在新媒体时代信息趋向碎片化,舆论难以控制,这些都对企业形成了新的挑战。因此,企业需要学会在新媒体时代如何有效地面对公关危机。企业需要明白,舆论的作用既是巨大的,也是很难控制的,但这并不意味着企业就应置身事外,听之任之。企业需要在危机产生的初期就积极应对,采取有效的手段加以缓解控制。新媒体是有效处理公关问题的一个渠道。公关是企业在发展过程中处理企业内外部的各种关系,包括员工与员工、组织与组织之间的关系,而良好的公共关系能够树立正面的企业形象。

随着移动互联网技术的发展，每个人都可以是信息的发布者。因此，企业正面或负面的形象都可能传播。对此，企业应合理有效地利用新媒体，完善公关模式，树立正面的企业形象。

（二）社群经济时代的自媒体营销

2012年底，罗振宇和独立新媒体创始人申音合作打造了知识型视频脱口秀——罗辑思维并迅速获得了巨大成功。作为一次自媒体尝试，罗辑思维已经成为了一个极具知名度的互联网社群品牌，并被视作国内社群经济模式的典范，为社群经济视角下的自媒体营销提供了极大借鉴和启发。

1. 聚众与分众：自媒体的社群塑造

互联网社群是指，基于共同的兴趣、情感、价值或利益，围绕某个具体的话题或品牌，通过网络平台聚集在一起、有着紧密交流和互动的人群，具有高聚合度、高互动性的特点。PC时代的社群主要是高校BBS论坛、百度贴吧，处于初步发展阶段，影响力有限。移动互联网时代，随着微博、微信等自媒体平台的快速发展普及，不仅重塑了信息的传播模式，也为社群的形成提供了便利。伴随自媒体的发展，社群迅速崛起，社群经济也成为新的商业形态。具体而言，借助自媒体聚众传播和个性化传播的特点，网络社群得以在微博、微信等自媒体平台上迅速构建。

（1）聚众传播效应

自媒体是互联网发展的产物，其为以往缺乏表达渠道的人们提供了展示自我的平台，因而很容易吸引到大量的用户。聚众传播，就是自媒体将网络中多元化的信息、渠道和用户聚集起来，在实现内容表达和信息传播的同时，让同质性的用户能够发现彼此，形成互动。进而通过自媒体平台用户聚集在一起，形成社群。简单来讲，就是任何用户都可以通过自媒体找到自己需要的内容或产品，以及具有同样需求的其他人群。自媒体则借助内容生产、多渠道传播等方式把这群人变成自己的用户，以此实现同质性人群的聚集与互动，从而形成社群。

（2）分众传播

"互联网+"时代，人们的注意力被不断更新的信息分散。碎片化的场景选择对于信息传播越来越重要。分众传播，就是细化目标受众的场景需求，不断提供个性化、特色化的内容或产品，以吸引更多流量，提高用户黏性。具体而言，作为互联网时代产物的自媒体，在内容生产、信息传播等方面具有交互式、去中心化的特点，注重自身的开放性与互动性。用户不再仅仅是被动的接受者，而是主动参与到自媒体的内容生产和信息扩散过程中。这又反过来督促自媒体不断变革更新,通过分众传播为不同需求的用户提供个性化、多元化的产品和服务。

自媒体的持续成长离不开稳定而又高度互动的用户群体。因此,自媒体必须打造出自己的特色品牌,围绕品牌构建互联网社群,并通过各种途径获取社群经济效益。例如,最开始提到的罗辑思维就是当前影响力最大的知识型社群;与此类似的还有豆瓣、知乎等网络社群也受到很多"爱智求真"的年轻群体的青睐。社群并不等于社群经济,自媒体要想获得经济效益,实现自身的可持续成长,还需要采取适宜的营销策略,将社群用户"标签化",以增强成员的归属感与认同感,提升用户的社群黏性。"标签化"就是自媒体通过内容生产、价值塑造、理念传达等方式,将社群成员与其他人群明确区分开来,使成员形成明确的社群身份意识并且高度认同这种身份。

二、自媒体营销如何实现"协同创意"

(一)寻找"沟通元":连接品牌与消费者

互联网的出现对各种传统行业的发展都是一个极大的挑战,尤其对于营销来说更是一种颠覆性的存在。如今,随着互联网技术的越发成熟,互联网营销已经成为现代营销的主流,其本身具有的互动、精准和可监测等特性为企业带来了极具诱惑力的机遇,使得越来越多的企业一拥而上,将之奉为自身发展的有力条件。

然而,在当前"移动化、碎片化、场景化"的营销环境中,企业如何才能在浩如烟海的信息大潮中拔得头筹,赢得受众关注就成为重点和难点。这是因为营销环境的嬗变为企业带来全新营销策略的同时也带来了不小的挑战,企业若想抢得互联网营销的一席之地也并非易事,大多企业发出的信息都如泥牛入海般没了下文。究其根本,这些企业落得如此下场完全是因为没有把好互联网营销的"脉搏",也就无法"对症下药"——提供正确的信息。

具体而言,就是企业没有真正地理解与消化"沟通元"与"协同创意"这两个概念,也就没能正确地进行运用,所以导致互联网营销未能发挥出应有的能力与影响。2014 年,腾讯的掌门人马化腾指出,移动互联网才是真正的互联网,能够连接一切,颠覆所有行业。而今,移动互联网时代已然来临,一切都发生了巨大的变化,在人人都是传播者的今天,消费者再也不是被动的接受者,而媒体平台也成功变身为更加多元化的传播平台。对企业来说,它们面临着营销领域里新的风起云涌，一向以品牌传播主打的传统营销传播渐渐没落。

对于传统的营销广告来说，它已经形成了一套较为固定的流程，而且整个流程下来都处于一个相对封闭的环境之中。无论是营销、传播等策略的制定，还是创意的提出与执行，乃至后期的市场发布，都是广告从业人员的单向创作，消费者并不会参与进来。所以，能否赢得消费者的喜爱在得到市场反馈之前都是个未知数。

然而，到了网络时代，随着互联网的介入，传统的营销方式被颠覆了，尽管策略的制定、创意的提出是不变的，但其过程却被互联网玩出了新花样。能够连接一切的互联网将消费者也纳入了营销流程之中，使他们能够和创作者一起进行策划与创意的研究，并随时进行互动，提出自己的意见和建议。

如此一来，创作者就更容易掌握消费者的喜好以及市场的走向，创作出更能被大众所接受的作品方案。这是因为，营销传播是随着时代的发展而不断发展变化的，在移动互联网普及的大环境下，传统的营销传播模式已经跟不上时代的脚步，无法满足企业发展的需要。因此，新时代的品牌传播必须紧跟时代步伐，拥抱互联网，形成全新的营销策略与媒介。

沟通元是网络时代里的一种自觉传播工具。所谓沟通元，指的是一种共同的基本价值要素，有着可复制性，是根据语境的不同而进行扩散和变异的文化基因。在文化背景和价值认同方面，很多人有着一定的相似性，在此基础上，人们会对具有复制性的某种元素进行再传播。而因为传播的个体也具有自身独特的特性，在传播扩散过程中会发生"变异"，所以沟通元的扩散有着多样性、丰富性和复杂性的特点。

2010年，著名的"凡客体"广告风靡一时，韩寒与王珞丹的广告海报一夜之间出现在了全国各大中城市，上面两句极具80后口吻的广告语也被提炼成"爱……爱……不是……不是……我是……"的基本句式，瞬间占据了网络高地，随即出现了大批以此句式为主进行填空的恶搞语，各种版本开始疯传，芙蓉姐姐、小沈阳、成龙、郑大世、贝克汉姆、余秋雨等都"躺着中了枪"，甚至连动画形象哆啦A梦都没能幸免。

诚然，创作者在创作之初并未想到此广告语会如此火爆，但细加分析会发现"凡客体"就是沟通元，在网民的热情参与下进行了分享与再创造，使之成为一种网络文化现象。而凡客在无意中打了一场漂亮的网络营销战，成为各方关注的焦点。从本质来看，沟通元就是一种文化基因，基于文化却又超越文化。一旦出现一种符合人们认知与期待的文化符号,人们就会将之保留、分享传播,希望更多的人去关注并接受它。所以,沟通元在互联网传播中的扩散变异是需要品牌与消费者共同合作的。也就是说,沟通元是始终存在的,只要被关注到就可能被引爆。

(二)执行协同创意:品牌与消费者协同分享

如上文所说,沟通元是需要品牌与消费者共同合作的,而双方价值协商的过程是需要不断磨合的,在这一过程中,双方之间的价值认知并不会完全等同,有差异的部分正好可以使得消费者对品牌有自我感知,这是极具个性化的。而这个异同的创造就是前文提到的协同创意。从这个意义上说,协同创意拥有与传统广告创意不同的魅力,具备网络互动的特性,因为消费者对品牌的体验和包容性正是它极为重视的方面。重视沟通与融合的移动互联网时代也是一个需要协同的时代,根植于此的网络营销更不会是例外,"协同"仿佛一柄利刃,为之开辟新的疆土。那么,如何才能做到更好地协同呢?其关键就在于对沟通元的把控,只有管理好沟通元,才能使得消费者与企业协同作战,创造品牌价值。

联想曾推出了一款 Y450 电脑,主要目标受众为年轻大学生,在联想的所有产品中,中高端配置的 Y 系列的笔记本一向标榜追求性价比。联想集团为了在大学生群体中推广这一产品,在各大高校组织了在校大学生的创意营销大赛。经过一番激烈的角逐之后,"彪悍的小 Y"脱颖而出,成为此款产品的代名词。随后又推出了"彪悍的小 Y 不只是传说"的口号并发动了"寻找生活中的小 Y"的活动,一时间刮起了一阵"彪悍"的旋风。此活动仅上线 3 周就已经收到了 1 万余件小 Y 签名,近 2 000 个小 Y 故事。在这个案例中,联想集团就很好地运用了沟通元这柄利器,赋予了产品"彪悍"的个性,引起了目标群体的关注,进而分享与传播。

但是,互联网传播本就带有一定的不可控性,对于品牌营销来说,品牌信息何时何地被筛选到并进行传播及再次传播都是未知的。再加上网络时代数字技术发展的成熟,传播平台多元化的发展,无论是信息发布还是接收都变得更加不可预期,那么也就无法控制信息能否到达目标群体。虽说环境如此,但并不代表企业就对此束手无策,毕竟进行消费者洞察是至关重要的一个环节。为此,很多企业都进行了各种尝试,其中 Social Plus 公司洞察白酒消费者的做法就比较成功。

首先,它选择了微博这一自媒体传播平台,分别从饮用情境和消费趋势两个不同的角度进行了分析,得出了活跃在这一平台上的白酒饮用人群区别于传统的饮用人群这一结论。并根据数据获得了一系列相关信息,比如饮用人群的变化、白酒盛行的场所、第一次喝白酒的际遇等,这些信息为白酒企业进行互联网营销提供了良好的依据。

在当前所举案例中,沟通元的基本文化基因多为流行文化,但并不代表着每一个流行文化热点都适合构成沟通元,因为某些热点可能会起到反作用。所以,至关重要的消费者洞察就成为企业选择合适的流行文化的关键点,只有建立在这个基础之上,才能选对与品牌契合的热点文化,正确地匹配沟通元。

(三) 4I 原则:利用自媒体进行整合营销

在营销领域,网络整合营销遵循经典的 4I 原则,即 Interesting、Interests、Interaction、Individuality,为传统的营销方式向网络营销的挺进做出了指引。而协同创意作为互联网营销的一柄利刃,有其自身策略的规律,也可以将之定义为4I 原则,分别是 Incidental、Imbalanced、Interactive、Integrated。

(1) Incidental

即偶发性,顾名思义是偶然发生的,并没有一定的模式与规则可循,所以企业必须有十分灵活的反应力及非常迅速的执行力才能抓住这一原则所带来的机遇。这样,即便遭遇危机也可以转危为安,否则企业可能就会受到沉重的打击。2012 年,央视在"3·15"晚会上曝光了一系列企业,麦当劳位于北京三里屯的餐厅就在其中。央视的受众群体非常庞大,如若不能及时对此做出反应,麦当劳的声誉会受到很大的影响。而麦当劳仅用了一个半小时就通过微博发布了道歉声明,承诺立即调查并严肃处理。该微博一经发布就受到了诸多网友的关注,短时间内转发上万、评论者众多,尽管声明中的用词受到了大众的调侃,但其闪电般的危机公关却获得了广大受众的认可。

(2) Imbalanced

即不平衡性,如哲学中所讲的那样,事物是处于发展变化之中的,品牌和消费者之间的关系同样如此,正是因为这一关系是动态发展着的,所以充满了不稳定与不平衡性。一般来说,在营销过程中,品牌是占据着主动性的,所以在双方的关系中一直处于主导地位。然而消费者也并不处于弱势,因为品牌再怎么高高在上,也是需要消费者的主动参与,从而赢得认可的。高洁丝品牌就很注重消费者的参与性,因其受众群体为广大女性,所以他们研究了较有影响力的 50 位女性意见领袖的兴趣,并根据结论制作了相关的商品放入礼盒中。然后吸引受众积极参与进来,只要转发这些礼盒的图片,就有可能获得礼盒,而这 50 位意见领袖也会通过各种社交平台去传播品牌口碑。

（3）Interactive

即交互性,是互联网的最大优势之一,属于比较活跃的因素。在自媒体时代,交互性指的是信息传递的双向性,使得信息的传播者与接受者之间的界限越来越模糊。而在自媒体传播平台上,一切关系都可以是交互关系,这种关系会因为不同的触发因素得到更广泛的传播,这样一来品牌的整体关系就会受到很大的影响。曾经有这样一个案例：一位博主在推特上有 4 000 左右的粉丝,他开玩笑说：Saw a bird had crapped on a Smart car. Totaled it.意思是说"看到了一只鸟在 Smart 车上拉屎,击沉了这辆车",这本是一句嘲讽 Smart 车的玩笑话,却获得了大量的转发和评论。Smart 车官方推特反应迅速,紧紧抓住这一营销灵感积极地参与进来。为了证明这句玩笑话的错误,他们展开了大量的计算工作,最终得出了结论：需要 450 万只鸽子才能够做到将 Smart 车击沉。Smart 官方推特回应的图片被社交平台大量转发,使得越来越多的人知道了 Smart 车的车体结构,赢得了诸多消费者的赞誉。

（4）Integrated

即整合性,就是指将零散的东西彼此连接起来,实现资源共享与协同。在传播领域里,对营销传播进行整合是当前企业的战略发展策略,是一种自上而下的推广。随着移动互联网时代的到来,整合性策略有了进一步的内涵,消费者不再是被动的接受者,而是成为积极的传播主体,其参与性为品牌传播带来了巨大的传播力量,有着极大的影响。

三、App 广告营销：新媒体时代的"自营销"利器

（一）移动互联网时代的 App 广告营销

移动应用程序广告又称为 App 广告,主要是指将包含产品信息的广告投放到移动智能终端的广告方式。通过在 App 中植入广告以此来营销推广企业产品。在移动互联网时代,手机 App 以其便捷性、简洁性等特征取代了传统的浏览器,成为广告主纷纷抢夺的新平台。

1. 手机移动媒体助力 App 广告

（1）带体温的精准传播,缔造经典营销案例

移动互联网的发展打破了时间和地域的限制,使用户可以随时随地上网。

而作为移动互联网的衍生物,手机以"随时随身在线"为特征渗透到了用户的生活中。此外,手机不同于计算机,可以自行设置,有较好的隐私性,更容易激发消费者的好感。而广泛应用于手机上的 App 软件,以其广告唯一、创意空间大、精准性强等优势,在同类产品中具有强大的竞争力。例如,德国汉莎航空(Lufthansa)曾推出手机闹钟 App 应用,每天都会为用户播放不同的音乐,如果用户在 1 分钟内猜出所播放的音乐与哪个城市有关,那么就可以获得汉莎航空免费提供的机票。汉莎航空的这项创举极大地激发了消费者的参与热情,同时也提高了汉莎航空的品牌知名度。

(2) 个性化的内容定制,强化传授双方互动

随着移动互联网的发展,社会进入自媒体时代,用户可以通过微博、微信、贴吧等社交平台发布信息,传统媒体不再是信息的垄断者,每个人都能成为信息的制造者和发布者。与此同时,消费者不再被动地接受信息,而是可以平等地交流沟通,双向互动的时代已经到来。App 广告依附于手机传播,具有个性化和定制化的特点,可以细分消费全体,满足每一个消费者的需求,为其提供高品质的服务。在移动互联网时代,信息趋向碎片化,这意味着广告无时无处不在向人们的生活渗透。

(3) 低成本运营高收益,App 广告传播优势凸显

App 软件的运营成本低,企业只需向第三方软件公司购买已经制作好的软件即可,无须投入过多的时间和精力。据 2015 年《中国互联网络发展状况统计报告》显示,截至 2015 年 6 月,我国已有 5.94 亿手机网民。这意味着 App 广告将有大量的受众。此外,App 广告中还附有购买产品的链接,用户只需点击感兴趣的产品链接即可,十分方便快捷。用户在体验到优质的服务后,还会主动向朋友传播,又扩大了企业品牌的知名度。2012 年全球著名的信息技术研究机构 Strategy Analytics 的数据显示,移动广告市场迅速崛起,已成为移动互联网的重要分支力量。美国和西欧的企业在移动广告上投入的资金大大超过移动网页,其中手机 App 广告的发展更迅猛,已占移动流量份额的 80%,移动广告份额的 73%。

2. 多屏时代的移动营销:智能手机成主流元素

科技产品在发展过程中,其任务之一就是要打破传统束缚。传统在发展中会积累形成干预创新的障碍,这种障碍使得同类产品难以有突破性发展,消费变革阻力增大。而类比到多屏时代,移动互联网发展面临的阻碍也就成了多终端

设备想要冲破的屏障。当这种障碍被打破,移动互联网逐渐演变成人们生活中不可或缺的部分时,人们就感受到了来自多屏时代的召唤。普通电视已然发展为数字电视,平板电脑、智能手机层出不穷,户外屏、LED屏也随处可见,这些大屏小屏为我们提供了更为丰富的信息接收平台。毫无疑问,我们正处在极速发展的多屏时代。在多屏时代,人们可以同时利用PC端、智能手机、iPad等多种智能终端上网,但是这会带来注意力分散、媒体边界模糊等弊端,消费者无法长时间聚焦某一款智能设备,这使移动互联网营销面临着全新的挑战。整个营销过程必须实现多屏体验感的融合,进行多屏整合,使消费者能够感受到来自各种媒介的极致体验。

智能手机可以说是多屏时代中率先冲破障碍的终端力量,有数据表明,目前全球智能手机的出货量已经超过10亿部。伴随着移动互联网的发展,智能手机以其丰富的发展资源成为多屏时代的发展主元素。移动互联网风潮的兴起带来了移动营销这一全新的概念。

说到移动营销,大多数人首先想到的必然是智能手机。商家可以利用智能手机任意开展营销活动,消费者也可以随时随地进行购物、支付等各项活动,智能手机已然成为移动营销的代言人,甚至有人认为智能手机就是移动营销的营销阵地。但在多屏时代,要想成功打造移动营销阵地仅靠智能手机是不可能完成的。如今,PC端与智能手机、iPad的结合已经成为主流的移动营销方向。

然而,若想要扩大整体移动营销阵地,还是要进行多屏整合,即将智能手机、数字智能电视、iPad、笔记本、台式机以及电子手表等智能穿戴设备结合起来,根据消费者的习惯进行多屏的有效合一,使移动营销呈现出更加广阔的发展空间。

(二)影响App广告营销效果的三个因素

1. 品牌广告主认知度不高,优质App资源利用不充分

目前,App广告的传播效果还不尽如人意,新媒体对于大多数企业来说还是一个陌生的概念,并且App广告也没有得到企业的重视。大多数企业对App广告持观望态度,只投入较少的资金。同时,从技术的角度来看,大多数App广告还存在一定的缺陷,需要不断完善,而优质的App为了保证自身的品牌,也不敢贸然植入广告,以免引起用户的反感。从总体上来说,App广告市场还存在着大量的空白,亟待企业挖掘其发展潜力。

2. 用户"信息屏障"难以突破,品牌差异性不突出

随着互联网的发展,海量的信息向人们涌来,但其中存在着大量重复性的信

息,因此用户选择将大部分信息屏蔽,只关注一两个相对感兴趣的信息。对此,企业需要充分考虑消费者的个性化特征,以其差异化的内容吸引消费者。由于目前 App 设计的技术还不成熟,大多数产品还是以推送产品信息为主,这就容易引起消费者的反感。

3. 行业规范尚未形成,广告市场较为混乱

目前,伴随着新媒体的发展而产生的 App 广告在我国还是一个新兴的行业。因此,在市场中难免存在行业规则不规范,市场秩序混乱等现象,而我国相关部门也没有制定出一套行之有效的市场管理方案。法律的缺失致使在 App 广告市场中还存在虚假广告、侵犯隐私、不正当竞争等行为,既扰乱了市场秩序又危害了消费者的权益,对企业形象的树立、品牌的传播造成不良影响。

(三) 差异化营销战略:突破与用户的"信息壁垒"

1. UGC 模式助力广告信息精准传播

在新媒体时代,App 广告能够借助大数据、移动互联网技术等获取用户的信息,对其进行划分定位,预测消费者的潜在需求,为其提供个性化的需求。企业通过 App 广告实现精准营销,从而形成用户黏性和忠诚度。企业在通过网络广告宣传产品信息时,应重视消费者的个性化需求,根据消费者自身的特点为其定制内容,同时也采用 UGC 模式,让用户参与内容的定制,增强其体验感,从而使企业获得竞争优势。

2. 富媒体等媒介形式提升用户体验

富媒体不是具体的网络传播形式,而是指包括声音、图像、文字等多种载体的信息传播方法。富媒体最大的特点是它能以多种形式传递信息,可以从视觉、听觉上打动消费者。因此,相比其他的媒介,富媒体更适合以 App 应用的形式传播。

例如,一些游戏会通过富媒体来提醒玩家升级游戏等级、获取道具等。随着移动互联网技术的发展,未来富媒体将与 App 广告深度融合,为用户带来更极致的体验。在提升用户体验方面,企业也应充分利用其他先进技术,如位置签到、二维码、AR、LBS 定位等,以吸引消费者,形成用户黏性和忠诚度。2011年,渣打银行设计了"Breeze Living"App 应用,其中就运用了 AR 和 LBS 技术,消费者通过手机摄像头可以获取虚拟优惠券,从而在实际购物中享受折扣待遇。渣打银行的这一举措吸引了大量用户的关注,成为 App 广告营销的典型案例。

3. 建立效果评估监测体系，完善市场监督机制

如何衡量 App 广告的效果是目前所有企业最关注的问题。企业在前期耗费了大量的人力、物力、财力，自然会关心广告所带来的效益。因此，急需一套完善的效果评估监测体系实时监测广告的投放效果，从而帮助企业进行精准决策。目前，市场上已逐渐开始出现监测系统，帮助企业有效监督广告投放效果。随着新媒体的发展，App 广告市场的发展也引起了国家相关部门的重视。《广告法》《消费者权益保护法》《反不正当竞争法》等相继出台，为 App 广告市场提供了法律依据。

除此之外，监督部门也应担负起相应的职责，加强监督，充分发挥行业监督、群众监督与国际联动监督的作用，处罚违法违纪行为。同时，市场活动的参与者也应自律，并通过消费者举报、投诉等来规范市场行为，树正面的企业形象，维护消费者权益。随着新媒体的产生，App 广告已成为移动互联网的支撑力量，并得到各个行业的认可。在未来，App 广告必将爆发出更大的能量，驱动行业发展。

（四）提升营销体验感，实现 App 广告精准投放

层出不穷的 App 应用也是移动互联网风潮的产物，它们的出现使人们的消费方式、生活形态都发生了巨大的变化。商家也看到了移动 App 所蕴含的巨大商机，使其变成广告的主要投入载体。目前，这种智能化的移动平台已经逐渐成为影响品牌营销未来走向的重要因素。在这场激烈的移动营销阵地争夺战中，本土企业品牌所面临的挑战是巨大的，这就需要品牌根据移动时代的商业规则做出适当调整，在准确把握移动时代传播要领的基础上进行创意型变革。

金创景文化传媒就是颇具代表性的案例。金创景文化传媒是河南领先的移动营销方案提供商，之所以能够成就今天的领先地位，与其顺应移动营销浪潮是分不开的。金创景文化传媒敏锐地感觉到移动互联网所带来的重大变化，抢先建立了 App 移动广告平台，其所提供的高效便捷服务、个性化移动广告解决方案，使众多的本土企业抢占到了移动营销传播的先机，也使金创景文化传媒成为行业的佼佼者。

1. 独占国内最大精品 App 群

金创景文化传媒率先建立移动广告自助交易平台——In Apps，以满足广告主们渴望得到全方位的移动互联网产品营销指导以及品牌推广服务的愿望。除此之外，为满足不同企业的多方面需求，金创景文化传媒还建立了包括新闻、游戏、网络浏览、阅读、即时聊天、在线购物等多种类型在内的精品 App 媒体资源

库。这一国内最大的精品 App 群具有"40000＋"款高品质应用,其媒体资源的丰富程度和亿万级的曝光率的确为本土企业带来了新的发展契机。

2. 多样化的创意展现方式

鉴于不同企业的品牌文化和产品信息具有明显差异,广告投放诉求也呈现出多样化趋势。为充分满足各类企业的广告诉求,In Apps 开发了包括全屏广告、视频广告、互动广告、横幅广告等在内的多样化的广告展示方式。这些创意展示方式使本土企业可以根据自身情况进行个性化选择,更好地传播产品信息与品牌文化,并最终实现产品销售的提升。

3. 精准领先的投放模式

广告主们都期望自己的品牌广告能够以精准的定位把握消费者的购物袋,实现定向营销,这对于广告主来说是一个很难完成的任务,但对于建了 App 广告平台的金创景文化传媒来说却相对简单一些。金创景文化传媒从消费者使用习惯、手机型号、操作系统、联网方式、媒体属性等多个维度创立了领先的投放模式,借助该模式其他企业就可以对自己想要的广告进行多维度定向,由此广告主们就可以获得更加精准的个性化广告内容,既高效便捷,又减少了资金浪费,实现了投放和收益的平衡。

4. 移动解决方案三部曲

金创景文化传媒的 App 广告平台将"精准、定向、高效"视为其运作理念,公司所提供的移动营销方案也都遵循这一原则奏响三部曲:金创景文化传媒在接受广告主委托之后会首先对企业的背景和需求进行深入了解和分析,对传播的目标人群进行系统定位;明确受众之后,在 App 广告平台上选取符合目标用户的 App 资源进行定向投放;最后就是借助 App 广告平台所提供的监控传播路径的工具对营销数据进行实时监测,同时还可以对广告投放的误差进行及时调整,既保证了良好的传播效果,又实现了营销效果的优化。

毫无疑问,App 广告平台已成为移动互联网时代的营销引擎,借助 App 平台进行广告投放已经成为未来企业营销的发展趋势,这将会带来一场激烈的移动营销争夺战,而这场战争输赢的关键则是 App 平台背后所隐藏的消费者。

四、跨屏营销:移动互联网时代的视频媒体营销

(一)跨屏营销:多屏时代的移动营销

随着移动互联网的广泛覆盖以及高科技水平的不断提高,智能手机、平板电

脑、智能电视以及移动可穿戴设备等多屏模式迎来了一个蓬勃发展期,同时也引发了众多市场营销从业人士对多屏的探讨。在几年前人们谈论的焦点还在"多屏整合"营销上,而近两年随着大数据的广泛应用以及深入发展,"跨屏"开始成为一个备受瞩目的概念,营销人员也正在积极寻求打通技术壁垒,推动跨屏的实现。对于市场营销人员而言,怎样通过数据挖掘打通各个屏幕,将多个屏幕连接起来,这才是他们的目标。

1. 这是一个多屏时代

如今,"屏"已经深深嵌入了人们的工作和生活,并且成为重要的组成部分。早晨是手机闹钟将你叫醒,当你关闭闹钟的时候你还会趁着起床之前的零碎时间刷一下朋友圈;上班进到办公室打开计算机办公,偶尔趁休息时间看看手机;中午休息时间玩平板电脑;晚上下班在公交车上用手机玩游戏或听歌;晚上回家吃饭的时候打开电视机,同时玩玩平板电脑;睡觉前浏览一下手机。

这些场景的再现也就意味着用户会交叉使用多个移动设备来工作、生活或者是享受休闲时光。在全球70多亿人口中,使用智能手机等移动设备的用户已经达到了45亿,而且这一数字还在不断攀升。在全球范围内,各种电子设备产品的销量呈现持续上升的趋势。美国有超过1/3的消费者拥有1台以上的智能设备。越来越多的消费者正在使用平板电脑、智能手机等移动设备来购物和消费。

2. 多屏如何影响消费者对于产品的认知习惯

对品牌广告主来说,在时代发展中抓住互联网时代的发展脉搏并不是一件容易的事。他们将电视以及个人计算机当作消费者了解产品以及服务的最好途径。然而事实上电视以及个人计算机并不是消费者了解产品或服务的唯一途径,品牌广告主也不应该将所有的精力都放在这些上面。多屏现在已经成为商业营销中一个备受关注的选择,而互联网与多屏的结合为广告主创造了更多的新机遇。

IAB(Interactive Advertising Bureau)在2012年发布了一份报告,这一报告的目的是揭秘多屏是如何对消费者的产品认知习惯产生影响的。受访者在调查的过程中被要求写下在关注或者搜索产品时所使用的途径以及方式,同时还包括是通过哪种方式与商家保持联系以及进行互动的,并就这些途径以及方式根据线上线下进行分类。

(1)消费者通过何种途径关注一个新产品或新服务

消费者对一个新的产品或服务形成最初的印象以及认知往往是通过形象记忆，因此，发现以及关注一个新产品或服务最主要的还是通过线下，与他们手中智能设备的数量没有多大关系。而在拥有四块屏幕以上的用户中，通过社交平台、在线服务以及门户网站等方式来了解产品或服务的用户人数在不断增加。

（2）消费者更乐于通过什么方式探究新产品或新服务

通过何种方式来更好地了解新产品属于消费者的偏好问题，但是从调查结果来看，更多的消费者更倾向通过在线形式了解产品更全面的信息。即使是只拥有两块屏幕的调查者也同样更乐于通过在线形式，而且他们也主要是通过互联网获取资讯，线下渠道一般是通过朋友或者家人的个人体验来更深入地了解产品信息。而线上渠道则主要是通过社交网络以及搜索引擎。

（3）消费者如何与品牌保持联系

在一般情况下，消费者在购买了产品之后，还继续与品牌广告主保持联系的方式比较少，而促销传单以及邮件就变成了与线下客户维持长久联系的一种最主要的方式。在多屏时代，品牌广告主可以通过一种更加便捷的方式经营与客户之间的关系，如社交平台、电子邮件等，这种关系维系方式不仅更加方便，而且可以为品牌带来长期、稳定的客户关系。

3. 营销是多屏整合还是跨屏打通

站在营销者的立场上我们就可以发现，消费者与品牌之间的互动方式也发生了深刻的变化。消费者希望能在不同的设备中获得相同的体验，并且将 App、品牌网站零售店以及广告视为一体，如果不同设备间的体验差异较大，就会影响他们对品牌的选择，因此营销人员应该找到一种比较高效的跨屏营销策略，确保消费者能够获得相同的品牌体验，从而提高广告投放的 ROI。而之前热烈探讨的"多屏整合"就是一种过渡策略，对各个不同屏幕的用户使用习惯进行总结以及深入分析，从而对各个屏幕的体验效果进行预估，根据效果对各种不同屏幕进行有效整合。

跨屏营销策略不仅整合了多个屏幕的营销、充分发挥了各个屏幕的优势，同时也为消费者提供了一种更极致的用户体验。然而，开展跨屏广告却并非易事。从最基础的层面上来说，许多营销人员仍然不能熟练掌握各个平台的操作，这也就使得各个屏幕的营销活动呈现出了各自独立的状态，而不能对用户数据进行追踪和分析，更是加剧了这一问题。对广告主而言，如果广告以及受众群体能实现完美匹配的话，这就等于跨屏营销已经实现了一半。然而眼下的问题是广告主仍然无法对用户进行精确的识别：今天使用智能手机看到广告的用户无法与明天在计算机上购买产品的用户对上号，而这也是阻碍跨屏营销走向成功的一大拦路虎。

4. 跨屏营销的核心："跨屏追踪"

所谓跨屏追踪，就是指广告平台、媒体发行方或者是广告技术公司希望能在智能手机、平板电脑、个人计算机之间精确识别每一个独立的互联网用户，从而提高广告主广告投放的精准性。在移动端，如果没有跨屏追踪技术，就无法对用户进行准确定向，也就无法实现精准营销。定向功能的实现可以让广告主识别网站上的消费者，从而根据消费者的需求向其推送产品信息，而且不管消费者浏览哪个网站，广告主都能追踪用户，实现持续的广告投放。不过，随着 Cookie 在移动设备上应用的失效，对消费者行为的追踪变得更加遥不可及，而且随着移动互联网的发展，各种类型的移动设备层出不穷，再加上广告平台、媒体发行方等方面的问题，更是加大了跨屏追踪实现的难度。

5. 关于跨屏营销的几点建议

在积极寻求跨屏营销策略的同时，广告主也应该做好充分的准备来应对跨屏变革。如今，跨屏变革已经是大势所趋，如果不能适应变革，将很难在未来的跨屏营销中分得一杯羹。

（二）提升跨屏营销的投放效率

随着互联网和移动互联网的发展，传统的广告形式已经不能适应时代发展的要求，越来越多的广告主将目光聚焦在数字广告，并将数亿元的广告预算放在数字广告上。对于广告主来说，都希望能够获得一种比较踏实的安全感。比如，这些钱到底花在了哪些地方？这些投入的广告预算能够带来怎样的效果？我了解我所面向的用户吗？然而对于这些问题在现实生活中是没有明确答案的。在影响以及阻碍数字广告的发展因素上，大多数广告主以及代理商们都一致认为是薄弱的归因分析能力、欠缺的消费者洞察能力以及低转化率导致的，并且他们也认识到真正的跨屏营销并没有实现和落实。那么，对于处在现阶段的广告主来说，应该怎样做才能有效推动跨屏的实现？

1. 多屏中的"Mobile"屏

市场研究公司 eMarketer 发布的 2014 年 9 月调查报告显示，与 2013 年相比，全球的数字广告预算增长了 17％，所有能够与互联网实现链接的设备都可以作为数字广告的媒介，比如个人计算机、智能手机、平板电脑等。预计 2015 年全球数字广告的总花费将达到 17 085 亿美元,并且还将呈现持续递增的趋势。随着消费者生活和行为的日趋数字化,数字媒体已经在人们生活中占据了重要的地位,而且移动端在数字广告上所占的份额也在不断攀升。

2013 年,美国成年人在数字媒体上花费的时间第一次超越电视,其中移动设备在其中发挥了重要的作用,有 50% 以上的数字广告都是通过移动设备传递给消费者的。并且这一增长趋势还将在未来一段时间里得到保持,移动设备已经成为众多消费者获取信息以及生活消费的重要方式。对于广告主来说,用户在哪儿,就应该将广告投放在哪儿,因此各个移动平台就应该成为广告主开展营销战略的核心和重点,而移动营销与桌面营销以及线下营销的结合也成为一种大的趋势。

2. 跨屏中的技术门槛

从技术层面上来说,对 PC 端用户进行精准定位的技术已经发展到了比较成熟的阶段,Cookie 的应用已经对用户实现了追踪。然而,要实现跨屏营销关键还在于其他"屏",打破各个屏幕之间的界限,实现互联互通,才能够实现跨屏营销,因此移动设备就成了跨屏营销的核心。对于移动设备来说,实现用户与移动设备的完美匹配可以进行更精准的广告推送以及开展营销活动。全球数字营销机构 Vizury 认为,要实现用户与移动设备的匹配,应该做到以下三点。

(1) 解决好 Android 用户推广 ID 的问题

虽然中国的许多智能手机都在应用谷歌的安卓系统,但是由于该系统在中国的不完整性,使得谷歌在安卓设备上的标识符——即 AAID(Android Advertising ID)缺失,导致广告主不能对用户、设备和广告进行准确定位,国内有 97% 以上的安卓设备都不支持数字广告的投放。

(2) 帮助 IOS 推广代码通过 App Store 的审核

在 IOS 设备的 App 中,加入广告推广 SDK 要经过 App Store 的审核,如果 SDK 不具可视性,很可能会被定义为非法代码,从而影响 App 的运行。

(3) 实现非用户登录模式多设备定位

目前,操作可行的跨屏方式是通过用户的登录模式,而要实现通过非用户登录模式对用户进行定位并非一件简单的事,凭借 Cookie 以及账号登录无法对大范围使用移动设备的用户进行识别和定位,因此,怎样让广告设备对同一个用户使用的多个设备进行识别是广告主应该攻克的难题之一。

要想成功实现跨屏追踪,关键在于成功识别每一个"屏"的用户,并实现精准的用户匹配,为精准的广告投放以及跨屏营销的实现提供必要的条件。

3. 跨屏追踪和归因分析

对于广告主而言,要提高广告的 ROI 就应该确保广告投放的对象是对自己的产品有需求的用户,从而让每一份广告投放以及预算都能发挥其应有的价值。进行跨屏追踪是要将广告投放的对象落实到每一个真实的个体,了解每一个消费者的需求,从而进行有目的的广告投放。例如,广告主如果投放有关婴幼儿产品广告的话,可以锁定在移动端浏览母婴类网站的用户,并在用户使用计算机浏览电商网站的时候向其推送相关的产品信息。

此外,对于已经在计算机上完成消费的用户,广告主也要学会识别他们,适当减少广告的推送,以防对他们的生活造成困扰,进而影响其对品牌的认知。同时,广告主还应该避免广告的"过度曝光",如果广告主对追踪的 Cookie 进行投放,就会发现其实这些都同时指向同一个用户。从用户产生购买欲望到完成购买的整个过程中,会有多种营销渠道影响他们做出购买选择,到底哪一种营销手段发挥的作用更大,就需要建立归因模型进行深入分析和判断。

在跨屏上,用户可能在手机上就看到了广告,之后又在浏览平板电脑的时候又看到了广告,最后通过计算机完成订单,可以说通过手机和平板电脑,用户对产品形成了印象并刺激了其购买欲的产生,而最后计算机将这种影响转化成实际的购买行为。从广告主的归因分析角度来讲,不管是最终点击模型(将所有的转化价值给予转化之前的最后一次接触渠道)还是首次点击模型(将订单完全归因于转化路径上最初的接触点),都不能准确地反映出不同屏幕对于最终转化率的意义。根据渠道的不同作用以及效果进行权重分配才是比较合理的预算分配方案,因此,广告主对于用户了解广告可能会通过的"屏"应该有一个更加清晰的认知。

如果不能实现精准的跨屏定位,也就意味着没有真正的跨屏,统计工具可以帮助广告主识别屏幕背后的用户,因此即便在某一渠道中增加预算,也不会获得预期的效果。

综上所述,实现跨屏营销的关键就在于跨屏追踪,而跨屏追踪的核心就在于能够对用户进行精准识别。

4. 跨屏追踪的可行方法

一旦实现了跨屏追踪,离跨屏营销的目标也就不远了。目前在市场上有两种比较可行的跨屏追踪方法:一是精准匹配;二是预估匹配。

（1）精准匹配

精准匹配就是通过多种渠道共有的 ID，将多种设备上同一用户的行为连接起来，实现这一点主要是靠用户的跨设备登录账号或者是互联网平台上提供的 ID 识别的支持。实现精准匹配的短板就在于这种方法对于账号生态提出了比较高的要求，通常来说只有像百度、谷歌、脸书、腾讯等大型的互联网平台才能依靠拥有的账号数据对大范围的用户进行匹配，这种方式的优势在于用户匹配度较高，用户的平台账号不会经常变更。

（2）预估匹配

使用这种方法需要用到数据模型进行推测，也就是使用运算的方法对多个渠道下的用户进行识别。只要是同一个用户，在不同平台上遗留下来的行为轨迹都有一些识别特征，如行为标签、技术参数、来自第一方的加密行为数据等。这种方法的优势在于不用依靠用户的登录账号，扩大了跨屏技术应用的范围，并最大限度地将互联网生态中的所有用户囊括进去，为广告主挖掘了更多的潜在客户。但是这一技术的实现也存在很多问题，比如如果要对用户进行识别合并，就需要参考已经明确为同一用户的行为数据对算法进行校验，而不管算法模型有多精准，都始终会存在一定的偏差，这也就影响了预估匹配的精确度。

5. 迎接跨屏营销的到来

跨屏营销已经成为大势所趋，但是对于广告主来说，跨屏营销又像是个遥不可及的梦。跨屏的实现就已经遭遇了艰难的抉择，不管使用哪种方法，都需要投入大量的时间、精力以及成本，而如果要放弃的话，未来可能会失去的机会也是广告主难以预估的。跨屏营销时代即将来临，广告主应该随时做好充分的准备迎接这个时代的到来，而它的到来也将帮助广告主实现一种最理想的状态：将正确的广告在正确的时间投放给正确的用户。让每一分广告预算都能发挥其最大的价值，让每一次广告投放都能带来有效的产品转化。

五、跨屏营销的七种玩法：创意与技术的协同

移动营销（Mobile Marketing），是指企业借助移动互联网技术，通过手机、平板电脑等移动终端设备，向目标受众推送更为精准化的营销内容，并通过与用户的交互沟通实现市场营销的目标。就本质而言，移动营销是借助移动互联网和多屏技术，基于消费者不同的碎片化场景而进行的更大范围的营销整合。因

此,移动营销并不只是简单的 App 广告、全屏广告或者内容植入广告等,而是包括了一切碎片化移动场景中与消费者的交互沟通方式。就当前来看,除了以往的 App 推送等方式,移动营销还包括下面几种新趋势。

1. 电视广告与手机双屏互动

在移动互联网时代,智能手机已成为人们在任何时候都不可或缺的一部分。例如,人们在看电视时,也会同时利用手机进行社交互动(微信、微博、即时通信等)和查阅浏览信息。相关研究也指出,当前高达 86.3％ 的网民会将智能手机作为电视的跨屏搭配,从而在传统的"看电视"场景中获得更多的价值体验。对于广告商来说,充分把握移动互联网时代的这种多屏化连接特质,将传统的电视广告营销与日益流行的移动 App 融合起来,有利于吸引用户参与互动,获得更多的深度营销价值。

例如,为了更好地达成沙滩电视广告的营销效果,可口可乐公司就推出了一款移动 App"CHOCK"。当沙滩电视广告画面中出现"可口可乐"瓶盖时,打开 App 应用的用户可以挥动手机"抓"取电视屏幕中的瓶盖。广告结束后,公司会在参与互动的用户中进行抽奖,给予汽车等极具吸引力的奖励,并将结果公布在 App 中。通过电视广告与智能手机的双屏互动,可口可乐公司在传统的电视广告场景中为消费者创造出了全新的价值体验,有效吸引了用户的关注参与,实现了营销效果的最大化。

2. 移动营销的全息化

在人们越来越追求个性化、新颖化和多元化的今天,单纯的文本信息已经无法有效地吸引消费者的眼球。因此,移动营销需要借助文本、图片、音频、视频等多种内容展现形式,实现与消费者之间的全息化交互,达成移动营销的目标。例如,作为国内首家以声音为媒介的新媒体广告服务提供商,声盟以其强大的专业技术覆盖了国内大多数智能手机用户和几万个 App,每天的广告播放次数过亿,成为了移动营销行业的标杆之一。

在用户使用移动 App 时,声盟会将广告商的信息和品牌内容以声音的形式推送到用户手中,从而实现 App 应用与广告信息的有效融合连接。这种新颖的声音传递模式能够降低对用户体验的影响,吸引用户的接收兴趣,从而更好地实现移动营销目标。再如,作为一家专门从事语音识别软件、图像处理软件等研发的公司,Nuance 推出了一款名为"Nuance voice ads"的新产品。该 App 允许用户借助语音对话的形式参与到广告互动中,从而为用户带来了全新的广告体验;

同时,用户的积极参与和沟通也有利于商家进行互动式营销,实现移动营销价值的最大化。

总之,在创新求变的移动互联网时代,商家需要实现移动营销的全息化,即借助文本、图片、语音、视频等多种信息展现形式,在有限的空间内为用户提供更加多元丰富、个性新颖的场景营销内容,从而吸引用户的眼球,激发用户的参与兴趣。

3. 把移动广告放在盒子里

相对于 PC 端,手机、平板电脑等移动智能端的界面和内存十分有限。因此,如何在有限的空间中实现有效的广告营销就成为很多广告商不得不面对的问题。2012 年 8 月上线的英国伦敦初创公司 LoopMe 一直致力于探索更为有效的移动广告营销服务,目前已和包括本田、亚马逊等知名企业在内的 100 多家公司进行了移动广告业务合作。针对移动智能终端的营销特点,LoopMe 研发了一个专门收纳移动广告的"广告收件箱"按钮。通过这一设计,既避免了移动界面中过多的广告信息对用户体验的干扰,又可以让用户方便快捷地获取更加丰富的广告信息,提高广告内容的点击阅读率。正如 LoopMe 的联合创始人兼总裁史蒂芬·阿普斯通(Stephentone)所言,将移动广告"藏起来"不仅不会降低广告的营销效果,反而会获得更高的点击阅读率。根据相关的追踪调研,被收纳进"广告收件箱"按钮的移动广告的用户点击率是其他横幅广告的 10 倍,且用户的点击浏览行为也具有相当大的稳定性。

4. 为真正的效果付费

商家进行移动广告营销的最终目的是塑造品牌形象,扩散影响力,实现产品或服务促销。因此,广告营销效果的评估对商家而言就十分重要,可以大大降低无效的广告费用支出,提高移动营销的精确性和转化率。针对这一需求,互联网搜索领域的巨头 Google 在 YouTube 网站的视频广告中推出了队列广告("True view In Stream ads")这一新形式,以更好地评估移动广告的实际效果。具体而言,当 YouTube 中的视频广告播放 5 秒后,用户可按照自己的意愿,选择跳过或继续浏览该广告。在付费方面,商家只需支付那些被观看了 30 秒以上的广告费用。显然,这种队列广告形式既为用户提供了更加多元化的选择,优化了用户体验,又有效评估了移动广告的真实传播效果,降低了商家的营销支出。

5. 人与屏幕双向沟通

正如《连线》(Wired)杂志创始主编、美国知名互联网技术观察家凯文·凯利(Kevin Kelly)所指出的,随着互联网特别是移动互联网时代的到来,人类文化的根基和载体已经由文字和书籍逐渐转向了越来越多元化的智能屏幕。人与屏幕之间的交互沟通将成为移动互联网时代社会生活的新特质,也为移动时代的营销转型提供了有利条件。

例如,2013年三星公司推出的Galaxy S4智能手机,就能够通过相关的技术设置捕捉到人眼的动作,实现人与屏幕的双向"观看"。另外,其他更为先进的技术实验,如借助智能屏幕捕捉人类情绪、判断用户的兴趣倾向等也日益受到重视,从而实现人与屏幕间真正的双向互动沟通。对于商家来说,这种用户与屏幕的交互沟通有利于对营销受众进行细化分割,精确地把握用户的即时性场景需求和痛点,实现更为精准化的移动场景营销。

6. 实物奖励

在信息无限丰富和不断更新的今天,移动营销需要借助多种方式来有效吸引用户的眼球,实现市场营销的目标。实物奖励能够为用户带来意料之外的价值体验,从而有效地吸引用户关注,提高用户的忠诚度,因此成为移动广告中常用的营销手段。例如,2012年创立的上海宾谷网络公司(Pingao)就借助"虚拟成就兑换实物奖励"机制,为游戏和App开发商提供了优质的移动营销方案。具体而言,就是在用户玩游戏的过程中为他们提供意料之外的价值体验(如知名品牌的限量赠品、免费的赠券等实物奖励),用户只需点击广告就可以获得相应的奖品。

这种基于实物奖励的广告营销实现了多方的平衡共赢:一方面,用户获得了实物奖励,得到了实惠;另一方面,商家借助用户的主动点击行为,提高了营销内容的精准度和转化率。此外,App研发者也能够借此优化用户的应用体验,增强用户的黏性,获取更多的用户数据和信息。

7. 利用NFC(近场通信)营销

NFC(Near Field Communication,近距离无线通信)技术的发展普及,为商家和消费者的即时连接融合提供了更为简单直观的方式。用户借助智能手机等终端设备,可以通过周边的NFC海报、广告牌等即时获取需要的产品或服务信息,从而实现更为便捷的信息交互与沟通。例如,微软旗下的广告公司Razorfish推出的"数字口香糖机"就是典型的利用NFC进行的移动营销尝试。用户只需投入硬币并利用智能手机对着机器挥动一下,就可以即时获取歌曲下载、电子书、优惠券等产品或服务信息。

总体上看,不论移动营销有多少种新玩法,其本质都是顺应移动互联网时代以人为中心的特质,通过内容、形式或渠道创新,为用户创造更多的价值体验,从而提高用户的关注度和忠诚度,实现粉丝积累和口碑传播,最大化地挖掘移动互联网的营销价值。

第六章　未来媒体运营设想——内容平台

　　假设在内容和用户不变的情境下，如果内容和内容消费者是匹配的，内容消费者和内容生产者将产生共鸣，彼此促进激励。与之相反，内容和消费者不匹配会造成用户注意力的浪费。然而在媒体运营中最稀缺的因素就是用户的注意力，用户时间和精力都是有限的，内容消费者几次找不到自己感兴趣的内容就失去耐心。对于绝大部分内容生产者来说，如果自己生产的内容没有收到消费者的反馈，也会逐渐失去对内容平台的兴趣。

第一节　内容平台的基本概念

一、内容平台的定义及基本概念

　　内容平台实质上是一种数字信息的交换场所或空间，用户可以通过内容平台体验、制作、管理、传播，搜索影视音画文等数字内容，"内容平台"可以理解为由"内容"和"平台"两部分组成。

（一）"内容"和"平台"

1. 内容

　　内容本身广泛存在于我们所处的社会和家庭中，它所传达的信息从古至今层累式地形成。原意为容纳之物，而现今已经成为一对多媒体形态表现信息的概括。

　　内容是为了满足特定需求的信息组合，其形式有文本、图片、音频和视频。内容包含有一系列的经过分类组合的信息，而且对于每个应用者来说都是特定的和独一无二的。

2. 平台

　　平台可分为系统平台和数字化平台两部分。系统平台是指在电脑里让软件运行的系统环境,包括硬件环境和软件环境。典型的系统平台包括一台电脑的架构(computer architecture)、操作系统、编程语言等。

数字化平台是指生存和活动于现实社会的人进行信息传播和交流的平台,不过,这个平台是借助于"数字化"构造的,虽是虚拟的但却是真实的而非想象的,是一种真实的虚拟空间。

(二) 内容平台的定义

我们可以按照以往媒体的发展历史,假设当内容与平台相结合后,产生了一种新的组织形态。内容与平台的结合既有内容载体的媒介特征,又有了平台和网络的新性质。内容平台是数字传播时代的媒体,是以数字多媒体内容为核心,建立在软硬件系统环境之上的新媒介,是数字内容及其所在计算机系统和网络的总称。任何一个定义都要在一个特定语境下讨论,指称一些特殊的经验内容平台就是在数字传播时代语境下讨论其内涵和外延。

1. 语境:数字传播时代

任何一个概念都是特定语境下的概念。内容平台就是在传播媒体经历了原始交流、印刷时代、电子时代后,进入到数字时代才产生的新型媒体。在之前的三个时代中平台并不鲜见,但与数字时代的内容平台有着根本的区别。

2. 内容平台是相对于电视、广播等媒介的媒介组织形式

"一种新媒介对个人与社会的影响是由于新的尺度所造成,这种新尺度是由我们身体的延伸或由新技术引进到我们事务之中",内容平台是将数字网络技术与内容结合的媒介,是人的视听感官的延伸。使用内容平台成为人体的一种新的延伸,塑造了新的感知世界的方式,进而在整体上奠定了一种生存方式。传播媒介是"巨大的社会隐喻"(Vast Socialmetaphors),它不仅传递信息,而且还告诉我们世界的存在方式;它不仅刺激并愉悦我们的感官,而且通过改变我们对各种感官的使用比例,实际上改变着我们的性格。内容平台可以说是电视、广播、网络等媒介的发展目标,所有的传统媒体正在通过数字化、网络化、平台化的方法向内容平台转化。

3. 内容平台的核心是数字多媒体内容

与传统媒介的最大区别是,只有数字多媒体内容才能在内容平台上传输和使用。内容数字化后可以将原先单一媒介的内容结合并传播。文字、声音、影视、图片都可以在内容平台上以 0、1 为基本编码进行传递。没有数字化的内容无法在内容平台上高速交换和传输,比如纸质的报纸不能在内容平台上传输,磁带上的音乐也只能通过专用播放器才能放出声音。这些内容必须经过数字化后才能用于内容平台。

反过来讲,没有数字化技术就没有内容平台的出现。因为技术提供的可能,使文字、声音图片、视频等都完成了数字化进程,内容平台才得以出现。由于数字化内容的传播和交换有其特定的规律,内容平台才顺应这种规律而出现。因此,没有数字化内容就没有内容平台,内容平台是以数字化内容为核心发展而来。

4. 内容平台建立在软硬件系统环境之上

数字化内容是内容平台的核心,这决定了内容平台必须建立在软硬件系统之上。考查内容的数字化过程可以看到,报纸、图片等内容的数字化以计算机系统发展为原点,数字化内容一经出现就与计算机系统相辅相成,同步发展,数字化内容与计算机系统平台已经融为一体,成为数字内容制作和传播的必要基础设施。内容平台也是在计算机平台与内容结合后显示出新的媒介规律,渐渐替代了传统媒介部分功能而独立成为新媒介。

5. 内容平台以网络为基本架构

数字多媒体内容的制作和传输都离不开计算机系统,而在系统之中,网络为内容平台带来了与传统媒体最为不同的发展路径。与传统媒体的线性思维不同,网络使内容产业的分工更细,使并发成为可能,使线性的产业链发展成为产业网。网络不仅是内容平台的传输方式,同时也成为了内容平台运作的逻辑。

6. 内容平台是内容与载体的总称

内容与竹结合成为竹简,与纸张结合成为书报,与电波结合成为广播电视,与数字网络结合成为内容平台。内容平台不能独立于内容存在,是在一定历史时期出现的特定媒介形式。因此,它是数字内容及其所在计算机网络的总称。

(三) 内容平台相关概念

1. 内容平台与内容产业

内容平台与内容产业并不是同一个范畴的概念。内容平台是媒体的新形态,是多对多的信息交流形式。而内容产业则是从产业经济学的角度提出的经济学概念,两个概念有交叉但不重复。内容产业代表着现代文化产业。早期的文化产业根据载体不同,依照传统工业标准划分各纵向部门并局限在传统的传媒业范围内,而内容产业则是横跨通信、传媒、计算机诸产业领域的新兴综合产业,涵盖了以往所有现代媒介所负载的内容。内容平台将对内容产业发展产生重要的影响。其影响可以概括为以下几点：

（1）内容平台主导内容产业发展

内容产业以内容为核心，产业发展和规模都需依托内容平台。内容平台自产生以来渐渐主导了内容的组织形式，因此，内容平台也成为内容产业发展的关键因素。

（2）内容平台改变产业发展路径

当内容以平台的方式组织，内容产业改变了其发展路径。以内容为依托发展起来的内容产业，在一个世纪的高速发展过程中一直按照实体产业模式发展，从产品化到组织化，再到规模化。但当内容数字化并在网络化的平台上制作、传输、分发后，产业发展的模式受到了挑战。

2. 内容平台与大众传媒

媒介传播简单说来就是指通过利用媒介，即承载信息的设备进行传播的过程。传统意义上的大众传播具有三层意义：一是指规模庞大的传播机构；二是指大批复制的传播内容；三是指人数众多的传播对象。

大众传播的核心是媒介组织，它在大众传播中占有主导地位。内容平台从它的传播过程来说是一种在多重情境中传播的过程，所以大众传播只是它的一种传播情境，在某些状态下，可以将某类内容平台称为大众媒介。

内容平台与传统的大众传媒的主要区别有以下六个。

第一，内容平台的传播过程呈现出多重传播的特性，是多对多的传播，其中有大众传播，也有人际传播和组织传播等其他层次的传播。而大众传媒则以大众传播为主，有别于人际传播和组织传播。

第二，内容平台必须通过计算机系统提供的软硬件平台系统进行，而传统媒体则先于计算机平台出现，与计算机系统可以分别运营。

第三，内容平台与用户之间的关系不再是传递与接收的关系，而是共同搭建的关系。

第四，内容平台有着网络多属的特性能够为用户提供尽可能多的选择。大众传媒遵循的是稀缺经济，而内容平台遵循的是丰裕经济。

第五，内容平台更突出个人属性，内容的使用者和提供者都需要以个人身份在网络上出现。大众传媒则更重视集体属性，在节目中要尽量剔除个性，以满足更大数量受众的需求为目标。

第六，内容平台中承载的内容仅限数字内容，其他平面媒体和电子媒体则有各自特定的媒体介质,不仅限于数字化的内容。

3. 内容平台与文化及文化产业

从广义上讲,文化是指人类精神的社会存在形式的总和。狭义上是指包括语言、文学、艺术及一切意识形态在内的精神产品,而内容实质上就是带有文化因素的信息总和。内容平台则是将各种内容形式集合在平台之上。内容是文化的一种物化形式,同时又有着精神产品的特性。文化产业是为社会公众提供文化、娱乐产品和服务的活动,以及与这些活动有关联的活动的集合。

文化及相关产业的范围包括提供文化产品(如图书、音像制品等)、文化传播服务(如广播电视、文艺表演、博物馆等)和文化休闲娱乐(如游览景区服务、室内娱乐活动、休闲健身娱乐活动等)的活动,它们构成了文化产业的主体。同时,还包括与文化产品、文化传播服务、文化休闲娱乐活动有直接关联的用品、设备的生产和销售活动以及相关文化产品(如工艺品等)的生产和销售活动,它们构成了文化产业的补充内容。平台与文化产业的主体关系密切,属于文化产业的核心层,同时也会影响其关联产业。

4. 内容平台与信息平台

内容与信息还有一些不同,版权内容是可以自由复制的,而信息则带有一定的专属性,比如个人信息、身份信息等,这些信息不可以在专属平台以外的其他平台自由使用和修改,只能在限定的范围内共享信息,以原始数据(Raw Data)的方式呈现给人们。内容(content)层次是原始数据向意义转换的第一步。

由此可知,内容指代更丰富。信息平台的指代则比内容平台的范围更广,因为信息一词在计算机术语中是所有内容、知识、信息的总称,所以信息平台一开始就代表着计算机系统平台。在信息平台的基础上,又衍生出"家庭信息平台"和"个人信息平台"的概念,"家庭信息平台"是指,基于数字电视系统,以家庭用户信息数据库和数字内容库为基础的,为家庭用户提供各种信息服务,以满足家庭用户信息需求的系统,其核心是可控的实时互动的家庭信息的获取及处理。

"个人信息平台"是指,以满足个人信息需求为目标,以个人信息服务技术体系为标志,以数据库体系为运营核心,实现海量信息需求与海量信息供给精准适配的系统。

内容平台仅指信息平台中以内容为核心的传播媒介,信息平台的意义更泛化,因此,两者不能置换或通用。

5. 其他相关概念

《2005 中国数字媒体技术发展白皮书》把数字媒体定义为：数字媒体是数字化的内容作品，以现代网络为主要传播载体，通过完善的服务体系，分发到终端和用户进行消费的全过程。这一定义强调了网络是数字媒体的传播载体，网络是数字媒体传播过程中最显著和最关键的特征。

新媒体是在 1998 年 5 月联合国新闻委员会召开的年会上首次提出的，当时是指被称为"第四媒体"的互联网，其意为继报刊、广播、电视等大传统媒体之后的第四种主要大众传播媒体。无论是数字媒体、新媒体，或是数字新媒体，从它们的指向看，都是从技术角度提出的一种新的内容载体，从大众传播的角度分析新的内容。

内容平台与数字媒体的区别在于，内容平台有三个最主要的构成因素：数字内容、网络和计算机软件。在数字媒体中只注重数字内容，对能运行数字内容的载体并无区分。比如楼宇电视、列车电视，这类电视是在数字技术和平板电视机普及后产生的"新媒体"，它们虽属于数字媒体，但不具有可以点对点自由编辑和传播的媒体特性，因此，它们不是内容平台。更重要的是，内容平台是一个以人为中心的媒体，兼有人际传播、组织传播、大众传播等各层次传播。而数字媒体或数字新媒体一般都指在大众传播语境下的媒体组织。

二、内容平台的内涵与外延

内容平台可以说是一个虚拟内容库，物化的形式是中国移动的后台服务器群、计算机群，是数字电视的服务器群、计算机群，也是互联网的服务器群、计算机群。同时它又对社会产生着很大的影响，传播着信息和知识，吸引着社会关注，引导着网络舆论，进一步成为人们社会生活的一部分。

（一）内容平台的内涵

内容平台从广义上讲有精神和物质两个层面。

在精神层面，内容平台已经成为社会生活的重要组成部分，以内容平台为基础的虚拟社会对内容进行多层次多维度的再诠释，围绕着内容平台形成了以内容为核心的精神圈。而在物质层面，内容平台则是指以内容为核心的互联网、有线电视网、手机通讯网等一切数字网络平台。

从狭义上讲，内容平台仅为物质层面。我们只讨论物质层面的内容平台，它所涉及的主要领域有内容制作业和传播业，包括实现数字化的新闻、出版发行和版权业、广播电视电影业、文化艺术演出业、网络服务、文化休闲娱乐服务、其他文化服务、通讯信息服务,有线网络运营服务等。

内容平台的影响面很大,随着网络用户、有线电视用户、手机用户的不断增加,内容平台的影响力也不断加大,加之内容平台不仅有大众传播功能,还兼有人际传播、组织传播等功能。它的影响会深深植入社会生活之中,成为文化传播的最主要途径之一。

从产业形态看,内容平台有其核心层和服务层。核心层包括内容生产平台和内容传播平台,而服务层则包括提供检索服务、物流服务、网络运维服务、技术服务的行业,同时还包括内容品牌衍生品开发的生产商和零售商、娱乐公司和设施生产商等,这是产业更外围的行业,是内容平台的附加层。

(二) 内容平台的组成

内容平台通常由软件和硬件两个部分组成,硬件又包括计算机系统和网络,软件则由网络窗口、内容库、搜索软件构成。内容平台解放了人的传播自由,融合了大众传播、人际传播、组织传播等各种传播方式,顺应了内容传播的发展需求,也将信息业、媒体业、通讯业三个相关行业之间的原有壁垒打破,成为这三个行业的共同发展目标。

三个行业由于历史原因形成了各自的网络主体,分别是有线电视网、通讯网和互联网。这三个网络成为内容平台的基础网络,而在其上的计算机系统自然而然地成为内容平台所依托的硬件环境。内容平台的硬件网络的差异致使内容平台在不同网络上的发展和功能有很大差别,与之相配适的软件也有很大不同。

在互联网上的内容平台一般以网站的形式呈现;在有线电视网上的内容平台需要数字化双向有线电视网,实现以电视为终端的内容点播互动平台;通讯网上的内容平台以手机视频服务为主。在互联网中,内容平台并不是所有的网站,而是指以数字化多媒体内容为核心的网络平台。从业态上也可以分为三层,核心层是以提供内容为核心的媒体网站、网络电视台、视频网站等;而服务层是指提供搜索服务、物流服务、购物服务、交易服务等相关服务的网站,比如百度的视频搜索服务、支付宝等交易服务网站等;更外层的则是与内容有关的产品生产商直营网站等,为附加层。在互联网中的内容库是各网站自行建立的资料库。

在数字有线网络中,内容平台是指以电视内容为主的数字硬盘播出系统和点播系统,而在全国的数字有线网试点城市已经发展了内容平台的服务层产业,比如城市服务平台、家庭信息平台,个人信息平台等。而与之相关的一般还有物流服务等相关行业。内容库即为各电视机构所兴建的内容库以及各有线网络公司自行购买版权的片库。在通讯网中,内容平台是电信、移动等运营商为用户所提供的内容服务平台。其形式与互联网中的网站相似,内容库也一般以合作为主。

(三) 内容平台的类型

1. 按所属行业分类: 广电内容平台、网络内容平台和通信内容平台

内容平台的基本结构包括数字内容库、网络平台及计算机系统三个部分,在这三个部分中,数字内容库基本以传统媒体已建立的规范内容库为主,而网络平台由于行业的传统分类,分属于广电业、网络及通信行业。网络平台是内容平台的渠道,数字内容库是核心,由同样的核心出发,通过不同的渠道就形成了不同的内容平台。

广电、通信与互联网又由于各自产生的原因不同,网络质量各不相同,导致形成的内容平台存在着不小的差异。广电内容平台的数字内容库非常成熟,但网络还没有建成互通互联的整网;数字通信内容平台网络建设成熟,计费系统精准,资金雄厚,但上传带宽和下载带宽落差大,不利于个人内容的上传,内容方面只能依靠传统媒体的内容合作。

从现状看,电网和电信网近年来一直在进行数字化改造,拥有数字网络业务的多种牌照,但网络质量和改造难度并不相同,这导致两个网络之间竞争加剧,而对于内容提供商来说,网络环境和带宽对内容分发的速度和精度有制约作用,不同网络的上限值差异造成内容平台网络效应的临界值有差别,这将影响内容产品的生命周期,进而影响媒体品牌。因此,不同网络运营商都在积极改造自己的网络硬件设备,以期吸引更多的平台运营商合作。

2. 按功能分类: 生产平台、传播平台、生产传播平台

如果按内容平台的主要功能看,可以分为三种:第一是单纯的内容生产平台、第二是单纯的内容传播平台、第三是内容生产与传播共享平台。

内容生产平台以传统媒体的内容生产环节为主,比如电视台的媒体资料库。近年来也出现了很多民营制作公司,专营内容的制作。同时,独立制片者也随着技术门槛的降低越来越多,成为新的草根制作人。内容传播平台是指靠购买、合作获得内容版权,主要经营内容的传播平台。比如视频网站,专营合作机构或是正版购买的视频内容。内容生产和传播平台是指内容生产和传播在同一主体内经营。比如网络电视台,电视台内容生产平台与网络传播的平台适当对接,形成了生产与传播的平台。

3. 按组织形式分类：集权式、分权式、半分权式

集权式的内容平台是指以传统的内容播出为主的大众传播式内容平台，如网络电视台，以流媒体为主要播出形式，可以在线播出各类节目。分权式内容平台是指分享式的内容平台，由各个用户上传内容形成内容平台。如视频分享网站。半分权式则是指集权式和分权式结合在一起形成的内容平台。也就是将分享与大众传播的形式相结合的内容平台。这种平台是最主要的形式。

4. 按开放程度分类：完全封闭式、完全开放式和半开放式

完全封闭式的内容平台是指在局域网中使用的内容平台，具备内容平台的各种功能，但不对所有广域网络用户开放，只限于局域网络用户使用。比如省内有线电视网络用户的点播系统。完全封闭的内容平台只是暂时的状态。完全开放式的内容平台即对所有用户开放的内容平台。如互联网中的内容平台维基百科，对所有用户开放，可以在线修改每个词条。半开放式平台是对有限用户开放的内容平台。在网络允许的范围内，将内容有限开放给用户。比如视频网站，只允许用户修改自己上传的内容，而不允许修改其他用户上传的内容。

（四）内容平台的外延

如果按照内容平台的要素关系来看，符合内容平台特征的平台还有很多，特别是媒体行业在数字化后，很多媒体也围绕着媒体内容库改造内部组织结构和流程。

1. 传统媒体的内容平台

传统媒体为了应对竞争，很早就开始对自身进行改造，以适应新媒体出现后的竞争环境。传统媒体的内容平台是介于内部管理平台与内容平台之间的一种形式。它也是由内容库、网络平台、计算机系统组成的，但网络平台并不允许所有用户对内容进行上传和修改，还是依照着传统的加工程序来安排所有内容的架构。在内容的丰裕程度方面，传统媒体的内容平台也是一个有限的平台，版权一般是以输出为主。

2. 信息处理平台

信息与内容不同，信息平台自然与内容平台也不同。信息平台与内容平台的技术架构基本相似，虽然也会有一些内容出现，但是这些内容不连续，并不会形成内容库。比如说淘宝网上面有大量的商品信息，购买者可以按需找到商品信息，还可以根据个体感受进行评价。但这些评价或信息不是以体验为过程的，

无法分享或者多次体验。一本书可以屡看不厌,而一条商品信息对同一个人所表达的意义就简单得多了。在信息平台之上,内容平台的平台经济规律同样适用,但运营模式却有很大差异。物联网就属于信息平台。

第二节　内容平台的媒体属性

一、内容平台的传播属性

内容平台是数字内容与平台的结合,它虽然只是一种内容的新形态,但与印刷和电子媒体相同,对社会、政治、经济乃至人类生活的各个方面都产生着影响。这种影响从媒介使用的习惯到信息接受方式,慢慢延伸到社会生活的方式方法。以此反观内容平台的传播特性,可以说传播理论对内容平台的探讨虽然已经开始,但远不充分。

(一) 关于媒介传播属性的论述

现代报业的形成及后来兴起的广播、电视事业,表明人类的信息交流活动进入了以大众传播为基本特征的发展时期。

随着传播媒介发展而发展的大众传媒研究,历经二十世纪三四十年代的拉扎斯菲尔德(Paul Lazarsfeld)、卢因(Kurt Lewin)、拉斯韦尔(Harold Lasswell)、霍夫兰(Carl Hovland),以及杜威(John Dewey)、帕克(Robert Park)等一代先驱完成的经典研究后,逐步为传播学的形成奠定了基础,并初步建立了一整套关于大众传播的定量研究方法。

一般认为,拉斯韦尔(Harold Lasswell)确定了传播学的研究范围,建立了研究的理论框架;拉扎斯菲尔德(Paul Lazarsfeld)建立了它的方法论;而施拉姆(Wilbur Schramm)则成为后三十年的传播学研究的开拓者和集大成者。其中以大众传播理论探讨媒介特性为多。大众传播学者对媒介传播的研究经过半个多世纪的发展,体系庞杂、内容丰富。但正像美国传播学研究者德弗勒(M. I. Defleur)在谈及当今大众传播研究的领域和范畴时所言:"传播研究,不管怎样变来变去,都有一个共同的框架。"

这就是美国政治学家拉斯韦尔(H. Lasswell)当年为传播研究所勾画出的

五个领域或五个方向,即他所说的五类"分析"。任何传播过程都可分解为五个基本要素——传播主体、传播内容、传播媒介、传播对象和传播效果,即"5W"模式。相对于这五个传播要素,拉斯韦尔又区分出五种传播研究,即针对传播主体的"控制分析"(control analysis),针对传播内容的"内容分析"(content analysis),针对传播媒介的"媒介分析"(media analysis),针对传播对象的"受众分析"(audience analysis)和针对传播效果的"效果分析"(effect analysis)。

内容平台赋予了传者与受者前所未有的自由,这种自由使内容平台的传播明显与传统印刷、电子媒体不同,但我们仍可以从传统传播理论中找到对"自由传播"主体的种种设想和论述。

(二) 内容平台的传播属性

从前所述可以看到,内容平台对于传播的意义源于它的开放和自由,但这种开放和自由并不是无限的,是在社会之大图景下拓展了人们对内容的感知方式。

1. 传播主体: 凸显人性

内容平台带有明显的个人特征,这与内容平台本身的技术构造有着很大的联系,同时由于平台赋予了每个人传播的自由,因此,这就使得平台"人"化身份识别成为使用平台的前提条件。这个特征在互联网上更为明显。互联网的底层协议 IPv4 可以为互联网中 43 亿台单独地址的设备分配地址,当人们通过机器上网时,就是一个带有 32 位编码的个体。而在不久的将来,IPv4 的地址空间将耗尽,那时将启用 IPv6,IPv6 将使用 128 位地址,能够支持的设备数目大得有点不可思议,是 2 的 128 次方。有人开玩笑说这个数字意味着每一粒沙子都将拥有 IPv6 网络地址。

区别于其他人的个性化地址决定了互联网是一个以个性为基础的网络。这已经成为了互联网的一种潜在规则。大众传播网的基础与此完全不同,大众传播是基于一个广泛传播的从天到地的电子媒介网,通过电波在空间传播信号。它所包含的隐义是不做区分,只要有接收器就可以看到信号。个性化只赋予传者,而不区分受者。换句话说,是由传者控制的传播方式。虽然在广播和电视的技术中添加了很多互动的机制,比如点播手机回传等功能,但这些仍基于广播式技术基础。而内容平台却是从根本上颠覆了集体接受的技术基础。个性化技术基础使得每个人只能以个人形式出现在内容平台上。就算是传播者也只能以个人身份登录并上传文件。

个性内容传播得以补偿。在广播式的传播活动中,个性力量被抹杀掉。特别是在国际传播中,为了能够防止因政治因素而无法争取更多的用户,国际传媒业大亨们总结出了成功跨国传播的种种策略,这些策略的统一原则就是去掉节目中的个性因素,只留下其中无差异的内容。这种原则在内容平台上可能被完全替代掉。内容平台的"传播人"特征还表现在它的复杂性上。对于任何一个人,既有自由的需求,又有需要保护的需求。特别是对于内容平台来说,它既是一个"传播人",又是一个"经济人",还是一个"技术人",在这三者之间不停地寻找着平衡。

2. 丰裕的传播内容寻求"自助餐式"的传受互动

自助餐式的传播本是施拉姆(Wilbur Schramm)对鲍尔(Lonzo Ball)使用与满足理论的比喻。这比喻曾被传播学者认为是"自欺欺人之说"。因为这一理论一旦与当时大众传播的时代背景相联系,就会发现,整个传播空间实际上早被大众媒介所把持,受众并没有多少选择的回旋余地。也就是说,就算受众可以挑肥拣瘦,但总是在餐厅所提供的花色品种中进行,而且受众的口味还是由媒介日复一日培养出来的。

但我们在数字网络时代再重新审视这一理论,则会发现内容平台正是能为受众提供各式餐点的自助餐厅群。在内容平台上,内容是丰裕的,如果受众在一个餐厅(内容平台)上没有得到满足,那么还可以在多个平台上自由转换和组合,甚至自行订制内容。从这个角度看,使用与满足理论就有了现实意义内容平台的迅速崛起,主要得益于向用户提供信息的方式和范围。

通过内容平台,用户可以选择自己所需要的信息,信息的来源也不受疆界的限制。而传统媒体则是以"推"的方式向用户提供信息,用户因此没有主动权,在信息的范围上也有极大的限制。在新媒体时代,个性化的表达和收视、阅读需求得到了空前的满足,受众可以根据媒介形态的不同选择自己所喜爱的节目内容。电视观众变成了电视用户,电视的传播模式也变为电视台与用户之间的多点对多点的双向网状传播,观众从一定程度上获取了传播者的能力,在内容选择方面拥有了更大的自主权,并能通过便捷的双向互动和交流,直接影响电视台的节目选择和编排。

相对于传统媒体,新媒体具有超强的消解力量——消解传统媒体之间的边界,消解国家与国家之间、社群之间、产业之间的边界,消解信息发送者与接收者之间的边界。新媒体从诞生之日起就和全球化的潮流相吻合,随草根精神和共享的 Web2.0 时代而来,打破了传统媒体对信息的垄断。新媒体以它的开放、它的热情、它的无处不在和英勇表达,改变了传媒的秩序,改变了我们每一个人的生活方式。

3. 传播媒介延展传统传播方式

正如麦克卢汉(Marshall McLuhan)所说,媒介是人的延伸。网络一经使用就成为人类获取信息的渠道,并不断拓展它的功能和使用范围。内容平台一经推出,立即成为网络上人气最高的平台,有学者称之为"异质化传播"。传统媒体走的是"同质化传播"之路,即所谓的"点对面"式地传播相同或相似的信息。这种同质化的传播模式,由于传播过程中缺乏差异性,受众被迫丧失了个性;而以数字化和互联网为基础的新媒体由于建立起了一种新的技术化人际传播结构",使得人类的宏观反思变得像在家庭里自娱自乐一样轻便自如。

新媒体时刻在面对一个具体的人说"你好",这种异质化信息的传播方式让每个人的社会自主性地位得到了空前提升。同时,值得注意的是,在内容平台之上,人际传播特征明显。传统传播学研究过于偏向大众传播领域,传播学被置换成了大众传播学,研究领域明显被"窄化"。

近年来,组织传播开始重新得到学界关注,而人际传播却始终没有成为学术研究的重点。但在内容平台的传播中,明显带有人际传播的特点,这是以往的媒体研究中最为缺失的一块。平台内容传播是在多重情境下的并发模式,这使得人们很容易将使用各种媒介的习惯相混淆。人际传播与大众传播、组织传播之间的自由切换就好像将个人的人际社交圈子移植到了内容平台之上。人际传播的特点与大众传播的特点相融合,在这方面能给我们所启迪的理论并不是很多,但我们应该很清楚地知道,内容平台有着很明显的"人"的特点。

4. 传播对象泛化,从线性传播变为"网络场域"

互动是形成场域必不可少的步骤。信息在网络上先以检索表方式呈现,刺激人们进一步接触到内容,而每个人的这一行为都会变为"反馈"回传给传播者,传播者面对着不同人群的行为特征,调整着自己的传播行为,这些行为形成的新内容再次通过检索表呈现在用户面前。

这一连串过程在传统媒体可能要经过至少 24 小时的过程。书籍出版到上市,一般要经过几个月时间,购买行为反馈到作者则至少半年才能得到比较确切的数字。报纸销量、电视节目收视率一般要在 24 小时后得到,但这些数据并不足以分析使用者的行为。而在网络中这个过程实时发生,同时是在不断地交流、不断调整中进行的复合过程。反馈过程使传播不再是一个线性的单向过程。

内容平台的传播场分解了传播者的分工,进而模糊了传者与受者的关系。

在传统媒体中,内容要经过不同的工序,最终到出版线或播出线,完成传播的最后过程。但在内容平台之上,每一个环节都可能完成一个反馈的过程。比如新闻制作,在新闻事件发生的同时,就可能有网友上传图片、录像,这时传统媒体的记者会将其中的有用内容用于节日,而播出的节目又可能成为网友加工的对象。再比如外文电视剧,在网络传播中经常会在播出季即被录制下来,经过网友的翻译、配音、上传,供网络用户观看,在这一过程中,翻译中的错误会遭到质疑,同时用户也会选择优质版本再次传播。网络的自由度使得内容制作和传播的过程由传统的生产线形式渐变为以每一个结点为原点的放射型结构。

5. 考察传播效果新标准:寻求感觉平衡点

麦克卢汉提出的媒介即人的延伸理论,提出了寻找感觉的平衡点。这种感觉的平衡点基于一个前提,就是人类在信息需求上的可用时间和注意力是有限的,在这时,一方面用户会将有限的时间按需分配,同时在内容上也会按需分配其注意力。感觉的平衡一般来说来源于人类各种感官所能得到信息的重要程度。列奥纳多·达·芬奇(Leonardo da Vinci)曾说过:"距离感官最近的感觉反应最迅速,这就是视觉,所有感觉的首领。"实验心理学家赤瑞特拉(Treacher)做过关于人类获取信息的来源和途径的心理实验,他通过大量的实验证实:人类获取的信息83%来自视觉,11%来自听觉,这两个加起来就有94%,其他的信息途径还包括嗅觉、触觉、味觉等其他感官。寻求感觉的平衡解释了为什么电视出现后很快便成为大众媒体中影响力最强的媒介,同时也解释了视频网站为什么会成为网络媒体中增长最快的类型。

但感觉的平衡绝不会是单一感觉能达到的。平衡有轻重,同时也有层次,正像内容的不同层次一样在意义协调理论中,意义可分为六个层次:内容、言语行为、契约、情节片段、生活剧本和文化模式。在这些层次中,高级层次的意义可以帮助我们解释低级层次的意义。在内容平台之上,如果要达到感觉的平衡,就要打破媒介间的行业分隔。由于人的感觉并不只有视觉或听觉,这些感觉的复合才能达到平衡。但媒介的历史形成了大众媒介的传统,也形成了业态的分隔。

这在传媒业被称为"竖井"。在第一届中美有线电视高级管理研讨会上,美国联邦通讯委员会政策与规划办公室主任罗伯特·佩波(Robert Walpole)在讨论美国管理方式的时候,提出了"竖井"理论。他提出:"'竖井'是把各个行业分开管理的,每个'竖井'的顾客是不同的。顾客总认为有线和无线、电视和电话都不是一回事,可是现在发生了变化。可以说,人类对信息需求的感觉平衡带领着人们不断创新传播技术,而内容平台已经可以初步达到从文字、声音、图片到图像的同时满足,这种满足必然伴随着各种内容的平衡搭配。从此推断,媒体竖井的融合势在必行。

与大众媒体不同,内容平台不仅是一个可以向大众传播的媒体,同时它也可以完成人际传播或小众传播,是一个真正的"媒体"。对于内容平台的传播学论述,最重要的一点是以人的视角来定位传播特性:内容平台是多对多的传播;内容平台是自助餐式的传播;内容平台是多重情境的传播;内容平台是在传播中寻求感觉平衡的互动传播;内容平台是将人际网络移植到内容平台场域的传播。

二、内容平台的经济属性

传媒经济学者皮卡特认为,并不存在特定的传媒经济学这一概念,因为这将意味着传媒领域的经济规律和理论有别于其他领域。换言之,就是说传媒的产品和服务实际上与其他的产品和服务并无不同,只是将经济规律和理论具体应用于传媒产业和公司,寻找提高利润和效率的途径。

(一) 关于媒体经济属性的论述

传媒经济学的特性在学术上并没有得到一致认可,但内容的经济特性,却得到研究者一致承认并每每用来作为传媒研究的基本出发点。

1. 内容的经济学特性

主流经济学一般认为"内容"具有公共产品和外部性两种性质。内容是一种公共产品,可以被多次重复利用,能够产生比初次使用更高更持久的价值。保罗·萨缪尔森(Paul A. Samuelson)在《公共支出的纯理论》一文中将公共产品定义为:纯粹的公共产品是指每个人消费这种产品不会导致别人对该种产品消费的减少。其特征是非竞争性、非排他性、非穷尽性和外部性。

非竞争性(non-rivalness)是指公共物品不会因为有更多的消费者而影响其他人的享用质量,也不会因多一个人享用而降低了效用。公共产品的边际生产成本为零。这里所说的边际成本是指增加一个消费者对供给者带来的边际成本,并非微观经济学中经常分析的产量增加导致的边际成本。

非排他性(non-excludability)是指在技术上没有办法将拒绝付款的个人或厂商排除在公共物品或服务的受益范围之外。即一个人在消费公共物品时,无法排除其他人对这类产品的消费。不论个人或厂商是否为之付款,都能从提供的公共物品或服务中得到利益。反之,任何个人或厂商都不能用拒绝付款的办法将其所不喜欢的公共物品或服务排除在其享用范围之外。

非穷尽性(non-exhaustible)具体表现为,传媒产品似乎公然违反经济学定律的基本前提——稀缺性。一部电影、一首歌或一个新闻故事在被消费后并没有被耗尽。而内容的公共物品性质对社会的影响非常大,这种影响形成了外部性。

外部性(externalities)是指强加于第三方的成本,是个人或企业行为对社会福利的影响,外部性往往是一种潜在的成本或收益,这种成本或收益外在于社会当中。如果这种影响是有利的,就是正外部性,正外部性又称为外部经济,会使社会增加收益,减少成本,受益者无须花费代价。如果对社会的影响是不利的,给社会造成了外部的成本就成为负外部性,也称为外部不经济。负外部性造成市场资源的配置缺乏效率。

内容的上述特性在媒体发展的过程中一直产生着至关重要的作用。内容是媒体最为核心的竞争力,任何一种媒体都会或多或少地带有公共产品的性质,媒体的运作与管理也都会遵从这几个根本的性质。

2. 媒介的双重市场

传媒组织是内容业最主要的主体,主流经济学认为传媒公司所具有的共同之处在于它们都以某种方式参与制作、包装和发行传媒内容。在经济学家眼中,传媒公司与其他行业的公司在本质上是相同的,只是传媒业有与其他行业产品不同的地方,核心都是追求利润最大化。传媒公司常常同时分别在两个截然不同的市场销售它们的商品。传媒业的与众不同是因为,其各行业一般是在"双重产品"市场运营。传媒公司创造了两种商品:第一种是内容(电视节目、报纸、杂志文章),第二种是受众,接近受众的途径被包装和定价,然后销售给广告客户。

内容的经济特性决定了媒体有规模经济和范围经济的规律。规模经济存在于任何边际成本低于平均成本的产业中。范围经济为某一市场创造的产品可以重新改变其形式,然后通过另一个市场销售。例如,为纪录片录制的一段政治家访谈可以被编辑在电视或广播的新闻节目中,相同的电视内容还可以再包装进其他的产品中。只要存在范围经济,多种经营都将是一种经济有效的策略,因为同一群生产单一产品的公司相比,实现多经营的公司的总成本比较低。

传媒经济学的研究致力于研究经济和金融力量如何影响传媒体系和传媒组织。传媒经济学创建于20世纪50年代,传媒经济学是构建于不同的经济学理论和分析方法之上的应用性学科。主要研究范例包括理论型、应用型和批评型范例,其研究方法可分为行业市场研究、公司研究和影响力研究。在传媒经济学者看来,并不存在特定的传媒经济学这一概念,因为这将意味着传媒领域的经济规律和理论有别于其他领域,传媒经济学的研究主旨在于将经济规律和理论具体应用于传媒产业和公司。

传媒经济学认为传媒产品和服务具有双重性,它同时服务于受众和广告商。由于受众市场和广告市场对传媒产品和服务的需求不同,因此经常会产生不均衡的经济影响力。同时,对于传媒企业和组织来说,传媒产品的生产过程是艺术性的创造过程,这与一般性的工业化生产有着极大的区别。从管理的角度来诠释媒体组织的运营规律,一般是针对竞争得失总结规律和经验。这里所说的竞争是指商业上的成功。当然,商业的成功与成功传播是无法完全分开的,媒体的成功通常被总结为四个方面"分布(Distribution)、受众(Audience)、内容(Content)及资金(Funding)"。传媒组织还是一个劳动密集型行业,因为文化产品不能大批量生产,劳动主要是由脑力劳动者来从事。

3. 传媒制度选择

由于媒体对社会的影响巨大,传媒产品和服务的双重属性使公众对于传媒制度选择倍加关注。基于对传媒外部性的认识,不同的政府会选择不同的传媒制度。但每个政府都有责任创造一个受规章制度约束的环境,而且在这种环境里,不能以损害社会安康为代价去实现个人目的。对于传媒制度选择的论述和实践,往往游离在两种极端意见之间。部分学者坚持认为,传媒市场可以由市场自由调节,以达到最佳状态。

在国外学者中,以科斯(Ronald H. Coase)的意见最为有代表性。1991年诺贝尔经齐学奖得主科斯曾系统研究过英美两国的传媒业,并以此为依据讨论传媒的经济性质。但他认为传媒产品与其他商品并没有什么特殊的区别,因为财货市场与意见市场并没有什么不同,所谓媒体产品就是意见的"自由市场"。他呼吁人们把一般财货与观念财货等同看待,不特别歧视国家介入,也不特别歧视市场自主,所谓的"市场失灵"等公共性和外部性的后果其实并不存在。

所谓垄断公共产品以及规模经济,都不能作为独立的分析范畴而存在,因为只要交易成本为零,垄断妨碍资源配置效率最优的结论便不能成立,科斯定理只需要以零交易成本费用这一前提假设,就可以利用市场的自动调节功能以实现产值最大化。国内持这种意见的学者则从阻碍传媒业发展的因素分析,认为实现传媒业再次腾飞的关键并不在于传媒经济本身如何运作,恰恰在于非经济因素。

非经济因素是指,中国传媒业兼具事业单位、机关单位、企业单位三类特点,实行"事业性质、机关式管理、企业化运作"的独特机制,这与资本扩张的天然属性产生了根本冲突,传媒业的资源配置权不在传媒业而在上级机关,只能由政府这只"看得见的手"进行资源整合,而不能由市场这只"看不见的手"优化资源。

这种观点认为,中国传媒业所具有的机关、事业、企业的特征正是中国传媒经济难以做大做强的基本原因。要解开这个套,关键是对不同层次的传媒重新定义性质和功能。这种观点发自在传媒业的资深研究者,深切地反映了新闻工作者在实际工作中试图突破体制约束的努力。但我认为,传媒业乃至传媒市场的繁荣并不是由组织特点完全决定的,中国传媒业的构成并不是清一色的事业单位,如果将传媒组织个体内存在的冲突和矛盾扩大为整个市场或行业的通病未免有失偏颇。

主张私有财产制度的人认为不存在竞争状态的产业,如水电、天然电信等具有自然垄断性质的公用事业可以透过三种方式来达到最大的效率。市场机能,如定期拍卖电波频道;经济规范,手段包括报酬率管制与价格管制,后者如英国电信公司及 BBC 的执照费设限;内部市场,如英国全民医疗服务虽然是国家经营,但各家医院及医生之间开始有竞争关系,国家及医院依据竞争结果配给经费。

在实际运行中,广播电视等大众媒体由于它的公共性质,一般都会由政府进行规制,西方发达国家主要通过五种途径进行干预,立法规制、司法规制、行政管理、独立规制和社会监督。还有的学者则将内容与媒介分开分析,认为媒介产业具有准公共产业的性质。媒介产品中的内容不具排他性和竞争性,是一种公共产品,媒介最终的产品(报纸、杂志)则有排他性和竞争性,属于市场物品。

因此,传媒产品属于兼具私人和公共性质的物品,其现实形态的产品可以由市场提供,也可以由集体来提供。无论是科斯为代表的新制度经济学,还是主流经济学都并不否定内容的公共性质和外部性,他们的主要不同意见存在于内容的经营者,即媒介的性质。

由以上对传媒经济学理论的简述可以发现,媒介的经济属性基本是伴随着传播属性而来,同时又以经济逻辑反向强加于传媒。而媒体的外部性又会通过受众的反馈对政府施压,这一过程与传播的过程叠加在一起,形成了媒体传播与经济之间的互动关系。要以管理的视角认识内容平台的运营规律,而这一规律又是伴随着内容平台的传播特性而来，由此，可以从内容平台的传播特点来看它的经济特性。

（二）影响内容平台运营的新经济因素

对于媒体与经济的关系，几乎每个业内学者都会有所论及，但最根本的焦点则是传媒的双重性问题。在我看来，这是经济自由与传播自由之间的竞争与博弈。从经济学者的角度看，媒体具有"经济人"的属性，需要竭力发挥它的经济属性，而传播学者则更看重传播的自由。如果从管理者角度来看，则只有将这两种属性相结合，形成一个良性循环，媒体才能取得竞争优势。

内容平台所处的媒体环境也与电子媒体时代有了很大的变化。在新经济的条件下，内容平台的经济属性一方面受宏观经济条件的影响，另一方面也受到传播属性的制约，这使得内容平台的经济属性必然会有新的特征出现。传统媒体取得竞争力积累多半受益于受众、广告、节目经费和节目质量四个因素的螺旋上升。从赢得受众到赚取广告等运营收入，保证充足的内容制作经费，带来内容质量的提升，内容质量提升又使媒体争取到新的受众。

我们常说媒体运行进入了良性循环。所谓的良性循环其实就是将受众、经营、内部管理与节目质量织成了一条环环相扣的螺旋上升路径，可以说，这种最佳循环是媒体运营的一种理想状态。对于内容平台来说，经济环境的变化、传播过程的变化抑或是内部管理程序的变化都会影响到其运营。经济环境改变了内容平台的盈利模式，传播过程和受众行为会影响到内容平台的用户数量，这对于一个媒体来说至关重要。而组织内部的结构和流程的变化则会影响到媒体的效率和效益。

第三节　内容平台的运营模式

内容平台的传播特性与电子时代的大众媒体有根本的区别，它运营所遵循的经济特性也完全与传统大众媒体不同，这使得它的管理与运营都发生了很大的变化。转型期的运作模式选择成为传统媒体和网络视频最为核心的问题。传统媒体的"平台化"和网络视频的"媒体化"并不代表内容平台解决了生存的问题。由于内容平台与传统媒体有着根本的区别，它在选择运作模式时也必然会有不同的路径。

一、内容平台的运营特性

（一）内容由 20%精品和 80%原创构成

对任何一个媒体来说，其经济价值都与其产品的传播特性息息相关，甚至可以说是建立在其传播价值之上。

1. 精品内容趋同

如果将内容平台看作是由无数个小的平台相互关联而组成的虚拟产业群，我们将看到，所有这些内容平台都由三个部分组成，每一个用户都可以随意进入或退出其中任何一个内容平台。用户选择进入平台的机会是均等的。在这种情况下，所有的内容平台在竞争中都会选择建立大部分内容趋同。

霍特林竞争行为模式（Hotelling Model of Competitive Behavor）认为，在无计划的市场中，竞争会使得各媒体提供基本相似的内容。他作了一个比喻，在一条笔直的两头都有墙的海岸线上有两家冰淇淋摊点，度假者均匀地散在整条海岸线上，假设两家冰淇淋的销售商不在价格上竞争，那么对他们来说最具竞争性的办法就是把两家并排设在海岸的正中间。同样，两家不在价格上竞争的电视广播公司，它们最佳的选择实际上是提供同样的主流节目服务。

从电子媒体时代的竞争结果来看确实如此，而从数字媒体的竞争现状看，这一行为模式也解释了相当一部分问题。通过视频网站的购片策略看内容的投入，一般也是按照点击率最高的几个剧集来排名选择。视频网站的购片策略还体现了网络长尾的特点，就是任何一个内容都有可能被客户点击，为此，视频网络公司不但要在排名靠前的各类内容上与其他竞争者竞价，同时，还要将几乎所有的内容购入库中，如此才能真正满足客户的需求。

这种趋势会造成两种后果，第一，内容版权价格上升到只有个别竞争者能够承受。第二，非专业制作者成为小众视频的主要制作者。在内容版权价格的变化中，从国内 2007—2010 年的版权价格变化可以看到，剧集的价格不断攀升。特别是有实力的视频网站会故意抬高版权价格。在竞价过程中把市场均价抬高，使得行业成交价高于大多数网站的承受能力，又不得不在版权上投入更多的资金，以保证内容库的服务能满足用户需求。下次搜狐就算不买，优酷也要买，本来是合作机构，不用付钱就能得到版权，但现在却只能用过高的价格来得到版权，这个市场找到了一个利润的增长点，根据需要来采购，这个机构应该是代替各家来进行采购。

2. 精品内容的版权门槛激发更多的草根内容

内容供需的不平衡因版权价格上升而加剧，与此同时的是非专业原创视频大量出现。随着技术条件的提高，非专业原创视频也向着专业水准看齐。这种专业水平的提高也是各平台运营作者最希望看到的结果。因为精品内容的版权价格限制了内容平台的购买力，大量高水平的原创视频可以弥补这一缺陷。

3. 内容发展策略选择将再次放弃小众节目

在如此多的视频之中，内容趋同和制作水平的混杂，使得搜索成本越来越高。同时，节目类型也会随之变得一边倒。从节目制作成本来说，各类节目的成本相差很多，同时大众所趋同的需求则使得更大众的节目能瞬间从受众量上弥补高成本，但纪录片等小众节目则成为高雅而昂贵的享受。

根据传统媒体制作各类节目的成本经验，可将主要节目类型归为十一类，而这十一类节目受众量却有很大区别。国内的受欢迎程度数据取自《2009—2010年中国网络视频市场研究预测报告》的统计数据。经过比较，我们可以看到，电视剧集、电影、音乐节目吸引了80%以上的受众，是内容平台不可或缺的部分，但它们的制作成本又很高，因此，大多数视频网站采取购买版权的方式。

这种趋势在影视剧版权市场相对成熟后，会加剧不同类型节目的质量和数量。这似乎又重现了学者们一直批判传统媒体的文化失去多样性的现象。那么在以自由著称的新媒体中，这个现象并没有因自由选择而使文化传统得以延续。如果从纯市场化运作的角度看，传统媒体虽然是大众媒体，但同时还担负着公共文化传播的责任。纪录片等小众节目，虽然对大众来说并不受高度追捧，但对于文化传播和媒体的文化品质来说仍很重要。也就是说，小众精品代表了媒体的品质，这也就是为什么很多商业性电视台也会播出价格昂贵、收视很低的优秀精品节目。

4. 主导内容市场的将是20%精品内容

如果说内容均衡只是一个理想状态，那么内容需求则是精品内容主导市场的原始动力。从成本看，独立的制作公司与国营的制作机构有着本质的区别，一个追逐商业利益，另一个则要完成公共服务的使命，商业利益最多放在第二位。这使得大众与小众市场的精品节目都会主要依靠国营的制作机构来完成。版权交易则是连接国营制作机构和内容平台的链条。由于内容平台的用户有一种"自助餐式"的内容体验方式，精品节目就像是自助餐厅中的必备菜肴一样，代表着内容平台的服务水平和服务品质。这一传播特性决定了精品内容是内容平台必不可或缺的内容之一。

(二) 精品内容趋同,深化服务竞争

内容构成决定了各个平台之上至少有 20％的精品内容趋同。这引发了另一个重要的问题,如果在不远的将来,各个内容平台的内容库趋同,那么如何吸引人气呢? 毫无疑问,在内容趋同的情况下,内容平台的服务将成为竞争的焦点。这也是内容产业发展中最为多样化的一个环节。如何将内容服务与内容相结合,并不断创造用户需求,这成为内容平台普遍思考的问题。

(三) 内容结构与服务质量决定平台价值

价值(Value)是产品与服务的测量尺度,价值的大小可以通过市场中交换的产品与服务的多少得到体现。如果我们将内容制作者与内容平台的运营者分开来讨论,这个问题会更简单一些。因为内容制作的原始投入会得到版权价值,同时,版权经营与内容平台的运营是交叉的关系,因此,我们把这两个环节分开来分析。

对于内容运营来说,对于内容的投入会总体趋同。因为 20％的精品是每个内容平台都需要购买的内容。同时另外的内容以吸引客户上传为主,我们也假设它差别不大。因为对于运营者来说,稿酬设计需要与行业水平持平,如果上传用户少,它必然会多投入。而上传用户多的平台,平台的版面有限,自然平均在每个用户上的投入会相对减少。在内容投入整体趋同的情况下,平台运营的服务决定了用户数量和质量。而商业模式则决定了每个用户能够创利多少。如果内容成本是一个常量,同时平台商业模式比较成熟的前提下,平台的运营服务模式就是黏住用户,是产生价值的最重要环节。

二、内容平台的服务模式

服务就是将内容产品与广告市场连接起来的主要环节。内容平台的服务模式要将丰裕的内容产品与广告客户建立起互动关系。

(一) 服务模式的价值点

1. 消费需求自然显现

无论在社交网站还是在生活服务类网络中,用户对消费的需求已经成为网络互动中最吸引商业机构的一类信息。传统产业机构中的信息是生产过程重要的组成部分,这些信息的基础是对消费者需求的调查结果,根据对需求的描述来

完成产品的设计生产和销售。而当信息技术成熟后,这些信息完全可以通过一种社区的交流而形成新的生产信息流。更令人惊喜的是,这个信息流是由网民自愿上传,与同类爱好者共享的。

社交网站通过服务环节的设计引导用户吐露对产品的各种需求信息,这些信息是原先只能通过巨资调查才能达到的,而现在这些信息自然显现出来。社区互动的另一个重要的服务方式则与内容产品有关。单一产品类型的用户群毕竟属于少数,同时,这种信息与社交网站不同,它的信息需求较为单一,无法满足用户的多样需求。只有专业用户或是职业爱好者才会被黏住。

但从平台的角度讲,如果用户数量下降则意味着平台的价值降低,双方客户都会因缺乏互动而离开这个平台,如何能使平台进入良性循环的状态呢?内容产品的特性是随着用户群增加而产生边际效益的正向增加,也就是说在内容投入基本固定的情况下,分享的人越多,则效益越大。而对于平台来说也是如此。平台用户越多,其所能吸引的双边客户越多,也就是用户和广告客户或是赞助商是同时提高的。这两方面的力量使得每个平台的服务模式都向着黏住客户的方向努力。

在对用户黏性的双重压力下,平台必须要建立一个用户能够长期关注的服务模式。在传统媒体向内容平台转化的过程中,自主研制播放器成为一项重要的策略。比如"BBC iPlayer"和"CCTV Box"都是传统媒体设计完成的一种专属播放器软件。通过专属软件来划定内容平台的范围使得传统媒体可以通过专门的软件播入自主知识产权的节目内容,同时将用户准确定位,通过提供更多的体验方式来黏住用户。比如移动视频服务、卫星电视等。

BBC iPlayer 正在向卫星电视网络进军,用户还可以通过 iPhone 上的 BBC iPlayer 随时下载视频节目或新闻画面。但是总体来说,传统媒体所建设的内容平台与网络原生的内容平台雏形相比,对于网络需求的认知还处于一个起步阶段,如果一味地将原有内容照搬到网络中,还是缺少内容平台中最重要的个性化特征,也就失去了应有的黏性。人的社会化网络如何移植到网络中还是一个在探索中的模式。

2. 丰富内容与爱好优化

正如皮卡德所言,媒体是在双重市场中提供服务。如果能将内容产品服务和广告服务相结合,就能达到一个良性循环的效果。而为了避免客户减少而堕入恶性循环的怪圈,平台运营商必定要在黏住客户方面设计良好的增长模式。

内容平台的服务与传统媒体还有一点不同,就是它的内容丰富且能检索,在一定条件下,又可能与竞争者有20％以上的节目雷同。这使得服务环节尤为重要。

3. 原创版权

20％的精品已经成为所有内容平台必然要提供的产品,那么80％的原创则成为吸引用户的利器。但是大多数内容平台在原创作品的管理中只得到了流量,而收益很小。如何将原创内容变为平台的内在价值?除了吸引人气外,如何将大量原创作品的能量释放出来?作为全球最大的原创视频共享网站YouTube,它的视频数量虽然过亿,但其收支并未达到平衡。原创作品的版权合作却仍是一个未经充分开掘的领域。原创版权的合作可能从文学作品开始做一些尝试。

(二) 内容平台服务的基本模式

通过对于服务环节中的价值点分析可以发现,在这些价值点的运作中,有一个共同点,就是将内容提供方、用户(暂时与内容提供方完全分开论述)、产业机构三方以平台式的服务功能形成互动,然后实现内容平台的良性循环。

根据埃森哲的定义,商业模式至少要满足两个必要条件:第一,商业模式必须是一个整体,有一定的结构,而不仅仅是一个单一的组成因素;第二,商业模式的组成部分之间必须有内在联系,这个内在联系把各组成部分有机地关联起来,使它们互相支持,共同作用,形成一个良性循环。从这两个方面来说,一个内容平台的结构就是由它所服务的三方组成的。如何设计服务三方的关联就成为商业模式的核心。对三方利益互动设计在不同内容平台有不同的体现。如果从环节上分,可以分为对内容服务模式、用户服务模式和产品服务模式。

1. 内容服务模式

提供内容服务的内容平台,可以说是将主要的盈利模式建立在以内容版权为主的服务上。

内容平台的内容库一般由20％的精品和80％的原创构成,这意味着,对于内容的服务设计也会与这两大类内容相关。一般认为,精品内容的生产主要由传统媒体来完成,在将来的内容平台市场上也是如此。虽然会有很多民营或个人制作商进行内容制作的领域,但其中传统媒体业仍是主导精品内容的主要生产者。原创内容则由内容平台用户来完成提供,这两者的内容服务模式也不尽相同。

精品内容分为两类,一类是可以市场化运作的,如电视剧、娱乐、音乐等节目,另一类是政策保护的内容,如新闻、纪录片等内容。这两类内容的制作机构有着本质的不同,前一类由传统媒体和民营企业构成,而后一类则由国家重点媒体构成。这两类内容提供商向社会提供精品内容的服务。

（1）传统媒体发展的内容平台

由传统媒体发展而来的内容平台主要提供精品内容版权与服务。它的精品内容由传统媒体制作而成,可以通过内部核算进行计费。同时,由于其还承担着公共服务的职能,这类内容平台基本实行免费的内容服务。同时,传统媒体还掌握着大量精品节目版权。如国内各大电视台,中央电视台就拥有45万小时的精品节目。在20％节目都需要依靠传统媒体提供的情况下,大量精品内容成为版权市场的明星。版权的价格战使传统媒体成为赢家,但也会使得各媒体之间在现有的竞争下又添加了一份热度。同时价格过高的版权,也会影响市场需求,刺激大量盗版出现。长期来看,传统媒体的版权市场联盟势必出现。

（2）民营制作公司的内容平台

民营制作公司的内容平台同样要购买精品内容版权,如此才能达到吸引用户的基本要求。因为民营制作公司本身拥有内容版权,最为理想的方式就是版权交换或置换。在运作服务平台吸引更多用户的同时,民营制作公司也会采取与版权联盟合作的方式来构建内容库。

（3）由用户上传的内容平台

网民上传的内容是黏住用户的重要资源。这部分内容由于杂乱且不易评估,并不受广告客户的青睐。原创内容平台由于要将内容转化为生产力,就更要对内容的评级、估价与行业接轨。在这方面,版权联盟可能成为最好的统一平台。从这三类内容服务平台的运作看,版权行业的标准统一是内容产业必然要走的模式之一。除了内容提供商的动力外,从其他环节的平台服务商来看,版权联盟的出现将会降低版权风险、黏住用户,同时不必为昂贵的版权——付费,可以有多种付费方式的选择,这也是一个理想的合作平台。

2. 用户服务平台

用户服务平台的盈利点放在用户服务和内容搜索之上。这类平台主要是针对用户服务的平台。在用户服务平台之上,提供对内容的搜索服务,同时对内容进行优化,并将产业客户和广告服务商与用户需求有机地结合起来。这类平台与内容版权提供者之间是购买关系,它将对内容版权进行各种方式的购买和合作。

所以,在这个环节有成本的风险。如果内容版权价格上涨,则平台成本和风险就同时上升。在国内社交网站的竞争中,我们也可以看到,版权价格大战使得所有的用户服务平台均需提高内容投入的资本。

2010 年,优酷网对内容投入达到 1 000 万美元,而对于网民上传的无版权内容,优酷的做法是通过审查将其删除。但对于有版权的内容,在 2009 年之前一般都采取合作的方式,与优酷合作的签约机构多达上千家。但这个合作在版权市场价格上升后开始有了变化。以前无偿合作使用的剧集都要再付版权费用,提高了内容的投入。

同样的状况也出现在土豆网的运营之中。由此可见,对于基于用户的服务平台来说,内容版权价格是成本水的重要影响因素。而另一方面,对于内容的投入并不一定带来商业客户的认可。但如果内容存量不足以达到用户需求,商业客户就更无法认可。这使得内容版权成为影响平台运营的杠杆因素。

影响用户服务平台的另一个重要因素是用户体验。用户体验由内容平台计算机系统设计完成,主要目标就是要黏住用户。无论是在体验上满足类似 HULU 的全正版体验,还是在社交圈(腾讯视频的 QQ 群)的体验,都需要有特色的服务理念。

3. 商业服务平台

在商业服务平台中,对于内容和用户服务主要用于将需求信息收集并整理推动商业机构的生产服务,在商业平台之上,主要完成的是对商业信息的收集。这种服务更重视平台信息如何与产品之间建立内在联系。汽车之家等知名网站就是极好的范例。商业内容平台亦要受内容版权成本的制约,只有凭海量内容吸引大量用户才能进入运营的良性循环。

不同的是,商业服务平台的盈利方式更多样。现在的很多传统媒体网站的运营方式更像一个商业服务平台。比如迪斯尼于 2010 年 3 月在其网站上开通了 40 个小游戏,将旗下的很多卡通形象都变为游戏主角,免费提供给 3～12 岁的用户下载。这个游戏平台不仅是宣传迪斯尼的品牌形象,同时下载用户的信息也会回传到迪斯尼平台上,使得这一年龄段的内容需求自然显现。

(三) 形成良好运营模式需要正视的问题

通过对内容平台的运作模式分析可以看到,在内容平台的运作中,内容版权是一个至关重要的问题。首先,内容版权的价格是影响内容平台成本的可变因素。如果内容版权市场价格超出一定临界值,这时内容平台运营就可能进入恶性循环。其次,内容平台以丰裕为其经济的根本。只有提供丰富的内容才能吸引越来越多的双方市场,反之则平台不能生存。在丰富的内容中,20%的精品由传统的内容生产商生产,80%依靠平台服务来吸引。其中的20%精品是内容平台的基本内容,虽然趋同,但必须拥有。

由以上两条可以推出,传统的内容生产商仍然控制着内容平台的内容源泉。来自公共服务、市场竞争和版权生产的压力将使得20%的精品版权统一价格,或形成版权联盟。在这一过程中,评级标准、计次价格等将成为内容业关注的焦点。而在这些模式中可以看到,互联网出身的媒体角色越来越受到经营模式的掣肘,基于内容的经营模式越走越窄。对于内容的经营只能是重新回到媒体主流的大阵营中。

一个内容平台的经营必然出现两个反向的力量,传统媒体的内容虽然是精品,但生产量远不能满足需求,互联网则掌握需求,但没有内容,播放盗版是饮鸩止渴,这种情况下,经营模式就要考虑如何将精品与原创、流量与收入、版权与黏性结合在一起。从以上分析也可以体察到,在内容平台上,必将出现的是一种混营的态势,这是由于20%的精品必定要与80%的原创作品共同组成内容主体而决定的。

三、内容平合经营策略

内容平台具备着传统媒体所没有的人本特性和丰富可检索的内容,因此,它必将向着社区化发展,并拥有20%以上趋同的内容。在这种情况下,内容平台运营会逐渐出现三种主流业务模式,内容服务模式、用户服务模式、商务服务模式。以上三类业务模式在实际运行中必然会有交叉和结合。

(一)上下游结合经营策略:缩短引入期

从内容平台的生命周期来看,一般会有一个比较长的引入期,当进入用户数量积累到一定临界值时,进入正反馈周期,用户数量会出现爆炸式增长,在这一阶段,内容平台因用户数量多而价值越来越高,会吸引更多的用户加入,内容平台进入良性循环。这个生命周期无论在传播规律还是在运营中都适用。内容平台要达到良性运营就需要尽量缩短引入期,尽快进入正反馈周期,迅速建立自己在市场上的优势。

缩短引入期最直接的办法就是和传统媒体、特别是电视媒体合作,使内容平台在短时间内得到认可。但是内容平台究竟需要多大的临界用户量才能到达良性循环期,这对于每一个内容平台来说并不一样。几乎每一个内容平台都离不开与传统媒体的合作。YouTube 就与国际上 200 多个国家电视机构签订了合作协议,国内的优酷和土豆网也都分别与国内各大电视机构合作。但这种合作并不是单纯出于要在传统媒体上推广他们的视频,主要是为了能够将传统媒体播出的电视剧集或节目所产生的注意力吸引到他们的平台之上。

(二)版权横向联盟策略:减少恶性竞争

内容平台的核心竞争力主要体现在无形资产上,版权就是其中非常重要的一个部分,也是运营的主要成本之一。近年来,随着网络媒体的盛行,网络版权市场也迅速发展起来。而对于内容平台的经营来说,由于内容版权价格的飞涨带来了不小的压力。内容平台的内容中有 20% 的精品内容和 80% 的小众内容组成。而在这些内容中,20% 的精品内容需要通过购买版权获得,版权方多属于传统大众媒体。随着大众传媒的播放能够快速达到受众最大的临界值,这部分版权内容也就成为内容平台必然要购置的无形资产。如果没有这部分精品内容,内容平台就会显得不够丰富,进而失去用户的信赖,使得用户转向别的平台。这样的损失更难以弥补,因此大多数内容平台运营者会不惜代价购入这 20% 的精品。

从内容平台的总体内容构成来说,20% 的精品一般集中在视频版权上,因为新闻、信息、音乐等数字内容版权市场规模都不如视频版权市场规模。而这些视频版权对于各个内容平台来说又是趋同的。也就是说,每个内容平台都要拥有这些视频.而且是同样的一批视频。在这种情况下版权方就有了市场控制权,可以对视频版权有定价权。这种定价权具有一定的强制性。因为内容产品在一定程度上是可以替代的,如果内容平台不购买版权,观众照样可以通过传统的大众媒介看到剧集或节目。这时的内容平台运营商就处在一个非常不利的议价地位上,它只有一种选择,就是按原价购买。

在调研过程中,国内的几家著名视频网站的内容主管都提到,因为内容版权的定价权不在网站手中,所以对于内容的投入无法进行规划和控制。内容版权价格的非理性会带来不少的恶性后果,其一是造成恶性竞争。市场上的某一个内容平台可能会单方抬高版权的买价,抬高内容平台的经营门槛,造成无力购买高价版权的内容平台被迫退出市场。

从市场总体成本来说,对同样的版权支出也造成成本虚高,会扰乱版权市场规则。对于大部分内容平台来说,除了购买版权外,还会通过服务来吸引原创版权的上传。这部分原创版权大部分以付稿酬的方式进行激励,但由于精品内容的版权市场价格虚高,造成原创版权人对收入的期望升高。实际收入与期望收入的差距也会影响原创版权人的积极性。以上种种恶果最终会道迫各内容平台以非货币化的方式换取无形资产的使用权。

版权联盟必然会出现。对于版权持有方来说,已经从大众市场回收了成本的视频节目,版权销售的成本压力会小很多。同时,对于一个节目或剧集来说,提高点击率就意味着用户群规模扩大,也就可以达到需求规模经济。在这两个方面的诱因下,版权间的大规模合作必然形成。大的版权商有可能成为联盟的主导者,并制订非货币化的交换、评价规则。而原创视频版权人则可以通过版权联盟将版权销售给各平台,通过扩大合作范围提升品牌价值横向合作。

内容平台间会以引用的方式允许用户在各平台之间互用版权内容。比如说在社区中引用土以网的视频。这样就可以减少在版权建设上的投入,而将主要的精力放在技术优化和服务上。这种趋势的另一个结果就是专业化。在版权制作上有优势的传统媒体将视内容版权为战略发展重点,成为内容服务商。而其他的内容平台则将战略重点放在技术优化和内容服务上。这使得内容平台的分工更加明确,合作更加频繁。

(三)"实体+虚拟"的双轮模式:驱动信息互动服务

对于很多内容平台运营者来说,以版权为优势的内容服务模式耗资较多。而内容平台的根本特征,人本传播则赋予社区模式无限生命力。由于内容平台的以人为中心的传播渠道,用户会将社会交际网络复制到内容平台之上。社交平台主要的投入是技术优化等无形资产,但其黏性较强。由于是用户自行建立社交圈,在一个社交平台上建好后转移起来比较难,如果技术优化可以跟上,就会产生更大的黏性。因此,社区黏性是用户服务商最核心的竞争力。但如何才能提高社区的黏性呢?

在这一方面,用户服务商与内容服务不同的地方就是以小众市场取胜。一般来说,小众人群是相对于大众而言。但庞大数目的5%也并不是一个小数。"5%定律"便是在小众思路下的收费模式,也就是说5%的付费用户是网站的所有收入来源。这使得小众市场成为用户服务商最为重视的市场之一。另一方面,随着搜索引擎等技术的发展,人们对门户网站的依赖性逐渐减弱,对深层服务的需求日益增加。这也推动着用户服务网站向小众发展。

对于小众市场来说,"实体经济+虚拟经济"的模式则可以将信息经济的优势充分发挥出来。由于小众市场一般是围绕着一个主题吸引忠实用户不断登录,所以内容是吸引眼球的诱饵,而最为重要的是以专业服务来提升平台价值。在《网络利益》一书中,作者用图示表达了虚拟社会中增加利润的动力原理,说明了内容、成员、社区与交易这几者之间的价值链关系。作者以箭头表示出要素的因果关系,而达到这种从因到果的过程则是要通过服务来实现。实体经济与虚拟经济的联系也是通过平台的服务来达到。

汽车之家就是建立在汽车爱好者的共同兴趣之上。这家名为"第一汽车互动媒体"的设计就是以用户为中心,同时兼顾到与厂家的合作。网站的内容库建设是建立在与汽车有关的产品库之上,有发动机信息库、轮胎信息库等,数据结构将用户体验和数据采集形成一个互动的过程。这使得内容服务与用户服务有机地结合起来,同时它还与实体制造业形成有机的互动,将用户的体验信息回传给厂商,也为厂商提供更具销售相关性的推广。这种与实体经济更紧密地合作和互动的方式,不仅可以黏住用户,同时也找到了将流量化为收入的更直接途径。

第四节 内容平台的未来展望

一、传统媒体向内容平台转化

(一) 以内容对接渠道

2010 年 4 月初结束的《2009 年度全国报纸印刷总印量调查统计》显示,2009 年全国报纸总印量继续呈现负增长态势,印量负增长企业数连续 3 年上升,京沪粤地区印量下滑、西北地区印量增长,大型企业印量增速两极分化,行业集中趋势愈加明显。几乎在同时,市场调研公布报告称,亚太地区 2018 年电子纸的销售额将从今年的 4.31 亿美元急剧增长至 96 亿美元,销售量则将从 2 200 万张激增至 18 亿张。2008 年,在文字媒体中互联网阅读率已达 36.5%,而图书阅读率仅为 34.7%,网络阅读首次超过了图书阅读。

在视频方面,2010 年 4 月 7 日中国互联网络信息中心(CNNC)发布的《2009 年中国网民网络视频应用研究报告》显示:截止到 2009 年底,网络视频用户规模达到 2.4 亿,其中近 4 000 万用户只在网上看视频,成为网络视频独占用户。

不难看出，对于传统媒体来说数字化和网络化是必行之路。媒体的网络化只有两条路可走，一是自行建立全国网络，二是集中精力开发内容优势。第一条路显然在现阶段并不可行，而媒体在这种情况下，只能被迫选择第二条道路，就是以内容对接网络。

（二）核心影响：改变传统的生产流程

传统媒体向内容平台的转化是一个复杂的工程。有媒体从业者指出："在互联网价值链中传统媒体必须找到自己的位置，而不是简单地贱卖内容。"这种认识反映了传统媒体从业者已经开始思考网络时代传统媒体的转型这一更具有前瞻意义的问题。内容平台与大众媒体有着根本的区别。由于内容平台的人本传播的性质，它在内容组织、内容结构、生产过程和经营策略上都不同于传统的媒体业。这种根本区别带来了媒体业的深刻变革。

（三）向内容平台转化

传统媒体在向内容平台转化过程中，首先遇到的是观念问题。在传统媒体中，一般执行的是由上而下的决策流程，因此，战略转型是转化的前提条件。

战略转型将集中在如何建设与内容平台相对接或相适应的优势资产和技能上。对于不同的传统媒体，战略转型所代表的难度和成本并不同。由于传统媒体拥有专业的设备和人才，发展内容优势成为第一选择。但全媒体的要求对印刷媒体来说成本较高，对于电视媒体来说则顺理成章。从这个角度讲，传统的电视机构在向内容平台转化的过程中成本更低。这使得电视媒体有更多精力开发新的内容和技术。同时，由于内容版权市场价格的飙升，电视媒体所拥有的无形资产更容易转化为新的生产力。因此，电视媒体更有优势转化为内容服务商。

转型期的改革涉及传统媒体的方方面面，不仅是牵扯工作流程和组织结构，甚至编辑思路和手法都会随之变化。在转型战略确定后，就要按照内容平台的战略定位进行管理改革。传统媒体内部改革还需要有行业认同。因为对于市场的评价已经有行业统一的指标和标准，对于内容平台的标准体系还未建立起来，这使得改革会是一个渐进的过程，是在与行业标准互动的过程中推进的。

以收视率为例，在电视受众市场中，收视率虽然备受诟病，但仍是为大多数从业者所能接受的标准。而对于转化到内容平台之上的电视内容服务商来说，内容是否被认可已经不能只用抽样调查来反映，同时数字网络也使海量样本的统计有了可能。电视节目受众市场以什么为标准，就会渐渐被质疑和改变。标准的改变进而影响到节目制作的导向上。如果以网络点击率来考核电视节目的受众群，就会使得编导更重视网民的反映，注意用网络语言来表达内容，进而改变制作者的价值取向。虽然这种变化是潜移默化的，但最终的结果则将改变行业的价值观和评价。

二、数字新媒体向内容平台发展

数字新媒体在技术和网络上与内容平台更为接近，但在内容上却显然并不占优势。随着三网融合的推进，技术壁垒渐渐消融，网络也将双向进入与数字技术和网络技术同步发展起来的新媒体。凤凰新媒体CEO在采访中谈到担心的是，"高速路建起来后，却没有车跑"。数字新媒体在这种情况下也必然要向内容平台转化。在不断巩固技术优势的同时，还要加大对内容和其他无形资产的投入。

（一）内容平台是战略发展目标

伴随着技术成长起来的新媒体，在发展初期一般都将战略重心放在技术和服务上。

1. 内容投资渐与技术持平

几乎所有的新媒体都是以技术起家，先期发展带宽和界面优化。但在发展中，网络的三大定律：摩尔定律、梅特卡夫定律和达维多定律，使得技术进入门槛越来越低。以往通过带宽投入就能建立的竞争优势渐渐已经不再明显。比如优酷网在建立之初号称能够通过带宽实现视频服务的流畅性，但两年之后，就发现通过带宽建立起来的体验优势已经很容易被追上。

在摩尔定律所提到的三种技术中，带宽的升级速度是最快的，每隔9个月光纤的数据传送速度就能提高一倍，而在另一方面，内容投资却成为没有上限的无底洞。新媒体为保证"有车可跑"，必然要购买内容版权。在"CTRL.C＋CTRL.V"的简单复制时代过去后，版权成为新媒体运营商建立优势的一大利器。单方面提高内容版权的价格，就可以轻易地抬高运营的成本门槛，当新媒体运营商看到这一点后，版权价格一路飙升。在双重压力之下，对于内容的投入不再只是放在内容版权购买这一条路上，所有的新媒体都开始考虑如何发展自己的内容制作能力。

但是，发展内容制作能力又带来了新的问题，原创内容与热播内容所带来的收益完全不同，同时对于原创内容的经营模式也在向大众传播平台靠拢，技术投资与内容投资的双重压力,使得新媒体不得不考虑如何找到一个合理的盈利模式。新媒体开始向内容平台转化,技术与内容并重,并找内容平台价值链上的合适立足点。

2. 内容集成受产品化和技术影响

内容平台中内容产品要想缩短培育期,最好的方式就是与大众媒体的内容同步互动,尽快达到产品用户量的临界值,在此之后,通过网络效应就可以走入良性循环周期,合作成为新媒体最主要的战略之一。我们可以看到,几乎所有的新媒体都以合作为运营的关键词。

YouTube与上千家各国媒体进行合作,国内的各视频网站也都有与上百家媒体合作。不仅如此,视频网站与新闻网站、博客、门户等各种平台寻找可以互相合作的结合点。合作是新媒体的优势所在。由于新媒体在技术上的先行,它向内容平台发展过程中,不断地开发新的技术,或拓展与新技术的合作范围包括与新平台的共建。

比如在新的平台上投放传统内容。集成的技术使这种合作越来越频繁。在苹果新推出的产品中,往往会与传统媒体广泛合作,2010年刚上市的iPad中就集合了迪斯尼专门包装的热门影集Lost。同时,美国广播公司(ABC)和体育专业频道ESPN也提供为iPad制作的独家内容;ABC.com网站为其设计优化界面,方便接入;美国国家广播公司(NBC)将网站提升为与iPad相容格式;彭博社在iPad上提供免费应用。新的平台之所以能得到传统内容的广泛合作,也正因为传统媒体与新媒体有着共同的发展目标,就是要同内容平台转化,取得共赢。

3. 用户体验形成竞争优势

因为深谙技术服务的路径,新媒体渐渐形成了内容用户服务的新商业市场。内容用户服务是围绕着内容体验而开展的商业模式。这就像一个集合器,以内容吸引用户,再将用户的反馈和互动行为通过平台收集,开发内容平台的盈利点。通过服务产生的效益,在传统媒体看来,可能是远远超过想象。

由于用户基数很大,只要付费用户或目标用户达到一个很小的比例,平台就可以达到赢利。比如YouTube网站上传自己制作视频的用户仅为千分之一,在具备百万分之一回复率的情况下,内容平台就可能赢利。而从传统杂志媒体的视角来看,直邮订购服务低于2%的回复率就被视为营销失败。同时,在前文中曾论述过的内容平台人本的传播特性,在这一点上新媒体更有运作的经验。比如说将用户的人际网络复制到虚拟平台之上的社区服务,新媒体可以说是驾轻就熟。在这种情况下，内容体验的交流和互动就可以给用户特殊的体验。

（二）新媒体如何向内容平台转化

1. 资本介入

新媒体与传统媒体不同，不存在严格的行业定位。同时，大多数新媒体都属于市场经济中成长起来的商业组织。在这一点上看，跨越技术和内容版权门的最好方式就是拓展融资渠道，通过资本介入的方式获得先发优势。

2. 国家许可

国家许可和从业许可将决定谁有权开展内容服务。这是新媒体向内容平台发展的一个政策瓶颈。取得了许可就可以参与竞争，否则就无法开展内容服务。当然这也需要行业的积极推动。

3. 品牌建设

对于内容平台来说，品牌是重要的无形资产，这也是媒体运营的一大特点。因此，新媒体在进行内容运营时，要通过建立品牌来黏住用户和商家，只有这样才能取得市场的认可。

第七章　新媒体传播与推广

作为传统媒体的突破与延续,新媒体更加适用于当前日新月异的时代发展,新媒体以各种形式融入了人们的工作与生活。本章从新媒体传播推广的理论基础、新媒体传播内容的特点、新媒体传播渠道的特点和新媒体传播推广的效果等方面来加以介绍。

第一节　新媒体传播的理论基础

一、新媒体传播特征

1. 数字化

数字化成为新媒体最显著的特征。媒体从来都是随着科学技术的发展而发展的,产生于 20 世纪 40 年代的数字技术的快速发展给媒体带来了自诞生以来最大的一次技术变革,数字化成为新媒体的最显著的特征。新媒体的一个重要标志就是数字化,就是传输手段和接收终端的多样化。不仅如此,数字技术使新媒体在表达形式上突破了媒体特性的限制,打破了传统媒体的固定表达模式,可以多种方式呈现新闻。

如传统平面媒体以文字图像表达,广播传播使用声音,电视运用影像、声音,而新媒体则是运用文字、声音、图像、动画,甚至虚拟环境俱全。尼葛洛庞帝(Nicholas Negroponte)说,这个世界不再是原子式的了,而是字节式的。字节化生存使得媒体内容在各种平台上得以打通。无论是文字、声音,还是视频、图片,统统被转化为"字节"。如果说报纸哪一天在头条上来段视频,这也不是不可能的。

2. 交互性

新媒体的传播方式可简单描述为,个人对个人、多人对个人和个人对多人的

217

异步传播。异步传播是指信息受众通过使用网络资源寻找所需的信息的活动，例如查看网页,远程通信等;多人对多人的异步传播,如新闻讨论、贴吧和论坛等;个人对个人的异步传播,如留言,电子邮件;个人对少数人、个人对个人、个人对多人的同步传播,例如微信等聊天软件,在线游戏等。

在第一类中,用户只是作为信息的受众,而在后三类里,用户很有可能是信息的发布者或交流者。由此可见,新媒体的传播方式最突出的变化即为传播者与接收者不仅仅是指个人,也可能是大众,不仅是信息的接收者,也可能是信息的发布者。

受众不再只是接收信息的人,或者说已经没有单一的受众的概念,这给在传统媒介中无发言权的"沉默的大多数"提供了说话的机会。在新媒体中,大众可以决定接收媒体的时间、内容、主题,而且可以随时反馈其态度或决定,可以随时把自己的所见所闻、所思所想作为信息输入网络中,并通过"信息高速公路"传送给其他信息接收者。任何人只要"有话要说",均可将自己的思想、观点传播出去。任何"志趣相投"的人也可以在网络上交换意见,丝毫不受距离的影响。

这种逐渐形成的新媒体对社会、对既存媒体将带来巨大影响。正如英国社会学家吉登斯所说:"在互联网上,没有人可以知道其他人的真正面貌——他们是男性还是女性,或者生活在哪里。"法国后现代主义思想家鲍德里亚也说过:"在网络空间里,我们不再是'人',而是出现在另一个人的电脑屏幕上的信息。"

3. 技术性

在新媒体时代,先进的数字技术、无线通信技术、计算机网络技术无疑是推动传媒业发展的重要因素,也是催生新媒体迭代的不可或缺的条件。新的媒介技术引起了传播特征的变革,拓展了新媒体传播的渠道,促成了新媒体传播框架与体系的建构,在提升传播效率的同时,大大拉进了人与人之间的距离,推动着社会传媒的信息化、现代化。

4. 个性化

借助新媒体,用户对信息不仅有选择权,还有控制权,可以改变信息的内容和形式。比如借助搜索引擎,信息的接收者可以选择自己感兴趣的信息;通过网络,人们可以选择自己喜欢的文章、音乐、图片或视频;通过 E-mail、MSN、QQ 或者微信订阅,可以定制新闻……"个性化""分众化"显现在新媒体的细节设计当中。新媒体就是能对大众同时提供个性化的内容的媒体,是传播者和接收者融会成对等的交流者,而无数的交流者相互间可以同时进行个性化交流的媒体。

5. 非线性传播

传统的播出系统中,电台、电视台采用的都是"线性播出":受众只能按照预先设置的播出单,在预定的时间里分秒不差地依次收看节目。而新媒体的传播是非线性的,强调受众自主选择和反馈。互联网的搜索功能,网络社区、手机媒体的交互功能,IPTV的点播功能等等都代表着新媒体突破了线性传播的模式,使得受众成为可以利用媒介进行主动信息搜索和传播的主体。

6. 风险性

受到网络开放性的影响,当前新媒体新闻在传播过程中,无论身处何种文化背景、地域以及族群的人,均能够自由接收与交流各种新闻信息,在此过程中,每一个人都有利用网络进行文字谈话、新闻交流、群体讨论以及聊天通话等活动的权利。但是从我们了解到的情况来看,网络开放在带来益处的同时,还存在着很多风险,诸如增大了虚假信息以及网络诈骗等网络风险。

7. 政治特征

在现代社会,媒介已经渗透到我们社会体制的各个方面,并且成为影响其他社会系统变化、发展的不可忽视的力量。媒介与政治系统的关系也非常密切。政治系统的有序运行有赖于大众媒介系统的参与,政治人物或政党、团体只有通过大众媒介才能将自己的主张和声明列入公众议程。因此媒介系统功能的发挥直接影响到政治系统的运行,如媒介的监督有助于建立廉洁高效的政府,大众媒介在政府、政党方针政策的贯彻落实方面扮演的角色也日益重要。

大众媒介系统也在越来越大的程度上受到政治系统的制约,在某种意义上,大众媒介系统从属于政治系统。大众媒介为人们提供政治信息,向人们表达政治意见和宣传政党、政府的政策,设置社会舆论引导国民等。新媒体的传播优势使其在与大众媒介的竞争中显示出旺盛的活力,而且在社会政治的运行过程中表现出不能忽视的渗透力和影响力。

二、新媒体传播创新

新媒体是相对于报刊、广播、电视等传统媒体而言的媒体传播创新过程。首先,新媒体传播创新可以是基于传统媒体介质的传播要素的创新。楼宇电视、移动电视、数字电视,从媒介形式上依然以电视作为信息传播的媒介。其次,新媒体传播创新还可以是传播过程和模式的创新。在这种过程和模式的创新中,新媒体传播体现出一些传统媒体传播,或者说大众传播过程中所没有的特性,包括人际传播的特性。从这个意义上来说,新媒体传播并不一定是媒体介质形式的创新,媒体传播过程和传播要素的创新一样也归属于新媒体传播范畴,它们都是新媒体传播创新过程的一种形式。

三、移动网络社会崛起

一个全面互联、充满创造力的"网络社会"正在触及、改造着社会生活的方方面面,蔚然兴起的数据洪流将迎来更大的浪潮,产业版图的重组、产业的加速融合,冲击、重塑着多个相关产业作为"网络社会"重要基石的移动宽带,其强劲发展的势头在未来几年仍将继续。

曼纽尔·卡斯特(Manuell castells)在他的《信息时代三部曲经济、社会与文化》中提出了"网络社会理论"。曼纽尔·卡斯特在第一卷《网络社会的崛起》中对于网络社会结构体系做了如下结论:"作为一种历史趋势,信息时代支配性功能与过程日益以网络组织起来。网络建构了我们社会的新社会形态,而网络化逻辑的扩散实质上改变了生产、经验、权力与文化过程中的操作和结果。虽然社会组织的网络形式已经存在于其他时空中,新信息技术范式却为其渗透扩张遍及整个社会结构提供了物质基础"。

因此很容易可以看出,卡斯特所说的"网络社会"是一种社会结构形态,这种社会结构形态是以一种网络化的逻辑被塑造的。曼纽尔·卡斯特理论体系中的"网络社会"实质上是指以新的信息技术作为物质基础的信息化社会中的一种共有的社会结构形态。这样一种结构形态是与工业社会、农业社会等社会结构形态相对应的,而"网络社会"所蕴含的"网络化逻辑"正是信息化社会的关键特色和基本结构。

新出现的传播技术具有能传播全球的广泛性,整合所有媒介的包容性以及潜在的互动性的多种特点,互联网以其不同的体现与展现方式,已经是信息时代最普遍的互动式沟通媒介,也因此它正在潜移默化中改变我们的文化。

曼纽尔·卡斯特致力于分析新电子传播系统影响下的文化转变,他通过回顾大众媒体与文化及大众行为的交互作用,评估伴随着互联网出现的虚拟社群,得出结论认为,一种新的文化——"真实虚拟文化"正在成型。曼纽尔·卡斯特在《网络星河》中如是分析:"网络社会"有"真实虚拟"文化的特征,称它"虚拟"是因为它是在电子的基础上建立起来的,这是一种通信的虚拟过程。说它真实而不是想象的,是因为我们基础的真实,在这个物质基础之上,我们生活,创建我们的表示系统,进行我们的工作,与其他人连接起来,检索信息,形成我们的观点,采取整治行动以及培养我们的梦想。这个虚拟就是我们的真实。这就是信息时代文化的特征。

2014年8月,曼纽尔·卡斯特等著、傅玉辉等译的《移动通信与社会变迁:全球视角下的传播变革》(Mobile Communication and Society:A Global Perspective)著作中,曼纽尔·卡斯特提出,移动网络社会不仅提升了人们的信息沟通能力,扩展了民众的社会交往范围,而且引起人们信息交往方式、经验基础、社会时空及权力结构等诸多方面的深刻变革,新的信息沟通系统正在形成一种新的文化,即虚拟真实的文化,这种文化正在成为移动网络文化的核心。

第二节　新媒体传播内容的特点

一、传播内容的广泛性、多元化

C.香农和W.韦弗在1949年《传播的数学理论》中揭示道:"传播的基本模式是由发送者经由一个特定的管道发出,当然一个信息的发出会伴随产生'噪声'的冗余信息,而后信息被转换成符号存储,接收者通过下行管道接收信息,并再次转换完成整个的传播过程。"在过去长达百年时间中,大众媒体通过特定的手段或技术,有选择性地把现实世界"再塑造"之后,通过特定渠道传播给普通受众。这是一种典型的单向传播模式。这种单向信息传播所带来的传收双方沟通不对等,使得普通大众在接受信息过程中无法公开表达自身意见,只能被动承受接收大众媒体所带来的影响力。

而在新媒体时代,大众媒体中信息的发送者、传播者和接收者的定义不再清晰。在新媒体时代,人人都是"内容生产商"。理论上而言,每个人、每个机构,只要打开自己的PC或手机,在信号能够覆盖的地方就可随时随地创造内容,然后通过网络传播到全世界。在新媒体的视野下,大众既是信息的接收者,也是传播者和发布者。在新媒体时代,越来越多的普通大众积极参与到社会新闻事件的讨论与发布中,甚至不少网民通过网络搜索行为发表意见,集结成群,组合成个新的社群,从而引起更多的关注。与以往的大众媒体相比,新媒体传播在内容形式上更加多元化,将文字、图像、视频、音频、动画等多种传播方式融合在一起,通过 PC 终端或者是移动终端传播出去。

二、传播内容的"长尾效应"更加明显

长尾效应(The Long tail)这一概念是由《连线》杂志主编 Chis Anderson 在 2004 年 10 月的"长尾"一文中最早提出。长尾效应基本原理是指,只要渠道足够大,非主流的、需求量小的商品销量也能够与主流的、需求量大的商品销售相匹敌。

在新媒体时代,尤其是"超文本技术"的使用,使得网络信息的传播跳出了单一的线性传播模式。由于信息在网络空间的相互链接通过简单的点击,用户就可以方便地从一条信息跳到另一条信息,从而使得网络传播更加符合"人脑的思维特点"。新媒体借助全新的非线性传播方式、点对节的传播方式为大众的参与感提供了工具保障。

所谓的网络热门事件,不少是由普通网友在微博、微信等新媒体平台发布信息,在新媒体裂变式传播的基础之上,传统媒体随后介入,形成二次传播,最终影响更多的人参与其中。普通大众通过访问门户网站、搜索引擎、论坛、博客、微博、微信,关注自己所需要的内容或者信息,在互联网海量的信息世界中,对信息进行各种分类,只要点击相关标签,就能轻而易举地寻找到一大批与他一样对该信息感兴趣的人群,然后基于兴趣组织在一起,从而发出统一或者是相似的意见。当这种"意见"足够多、足够好的时候,通过长尾效应,形成二次传播、三次传播的可能性,从而影响更多的人群加入进来。

三、传播内容的互动性更加频繁

中国传媒大学娱乐经济博士后张小争认为:"互联网最核心的特性是传收一体化互动,不是特定的内容;互联网业务关键成功要素包括但不限于自我性上传、个性化选择、主体性互动、大众化集群、病毒性传播、爆炸性流行等。"互动性是新媒体的显著特征。所谓互动性是指传播者与受众之间的双向互动传播。在新媒体时代,自说自话的单向传播不再是常态。越来越多的信息传播者,对于信息内容的选取,更加倾向互动性。互动性传播成为新媒体传播的常态,成为新媒体传播的核心关键词。

新时期的年轻一代网民在行为上正在发生转变,即非单纯地对媒介进行消

费,例如在观看在线视频时,年轻一代的网民可以对所观看的视频资料素材发表自己的评论,分享给好友观看,或者对视频资料进行排名和评分,同时也可以和世界上的其他观众进行在线讨论,分享自己的看法。观众不仅仅是观众,而是通过互动共同重新汇编了电视剧的内容。

基于相同兴趣、标签的网民更容易集结成互联网的某种社群,对内容传播保持着更多互动。也可以这样说,他们即内容的传播者,优势内容的接收者,并且不断将接收到的内容继续传播到下一个节点。更有品牌将用户视为同样能创造价值的生产者,促使他们去参与设计、创意及分销流程,例如用户生成广告 UGA (Users Generated Ad)等等。用户有掌握和控制信息的需求和能力,表达和传播的自由,在企业的传播活动中能表现出无限的创造力。因此,传播的内容也将更加广泛和多元。

四、媒介内容更加趋向整合

在数字融合(Digital Convergence)时代,媒介传播的内容经由数字技术的融合纷纷变身"比特流",各种媒介形态的内容有了统一的数字编码基础。这促使科技因素越来越成为内容生产所依赖的手段,内容生产开始大量融入科技基因。强大信息解码与编码媒介技术投入到媒介内容生产中,技术已经改变了内容生产的流程和创意的模式,成为内容聚合生产工具。比如半岛电视台通过 Storify 软件自动地拉取、筛选消息,并梳理出适当的故事线,通过它做出精彩的电视新闻节目。科技因素加速了信息的流通以及媒介组织内容共享和提供能力,为信息内容和知识共享提供了环境,当人与知识的关系愈加交织与渗透时,新知识的涌现则逐渐成为常态,从而催化内容爆发式增长,呈现内容生产上的规模经济。同时,数字化技术推动了媒介内容生产和服务的标准化,突破了传统媒体因物理分割而导致的内容差异的鸿沟,促使媒介间内容的融合,甚至形成统一标准的内容产品。

五、非线性内容优势明显

相较于传统媒体,新媒体不仅集良好的多媒体性、互动性于一体,其传播内容本身的非线性也体现出了明显的传播优势。不像广播、电视等节目的实时线性传播,音频、视频等内容一次性播放,受众在接收信息的过程中无法更改,一旦错过便不可返回,即使有重播节目作为弥补,受众在接收过程中同样受到线性内容的限制而不可随意返回听、反复听。新媒体中的非线性内容为受众的自主选择提供了便利的条件,信息接收的时间、空间方便随意,相对而言无版面、时长限制,受众可以在不同平台和页面之间进行跳转,根据其所需控制播放进度条,对信息进行回放、暂停、跳转,并可方便地登录新媒体平台获取资料,用以复习、保存、编辑等,各新媒体平台也设置了对信息进行个性化编辑、收藏、共享等功能,体现了非线性内容宝贵的优势。

第三节　新媒体传播渠道的特点

一、跨媒介融合,传播复合多元性

新媒体时代,多种新媒体工具蓬勃发展,各自发挥媒介的特性,从不同角度、以不同形式全面而各具特色地传播信息。不同媒介不再像从前那样分工明显,跨媒介融合的传播趋势越来越显著,新媒体传播渠道与接收终端向多元化、复合化延伸发展。新媒体传输设备同样体现出复合多元的特征。手机、平板电脑等移动设备推进新媒体传播时空无限性的同时,与传统的电视、广播等媒介上的影音内容,报纸、杂志上的文字内容相融合,形成信息的汇通;电脑等新媒体设备与传统媒体特色相结合,催生了网络电台、网络电视台等多类传播渠道,实现互惠发展、信息联动、优势互补、资源共享,革新了内容的生产和消费方式,推动着新媒体时代信息的海量化、多样化,大众生活的便捷化。

二、智能化、数字化趋势明显

新媒体信息依靠多种智能化软件、应用元素的组合作为渠道进行传播。在新媒体平台中,受众可以主动发出指令让新媒体信息做出智能化的调整。随着计算机与编程技术的发展,新媒体传播渠道的智能化程度会越来越高。此外,新媒体的特性决定了新媒体的信息通过简洁的数字化渠道进行传播,信息脱离了传统媒介的平台,以数据为主要形式,依靠新技术催生的网络设备进行传播。这为信息的存在、编辑、复制和传播提供了便利:信息含量增大,信息的保存更加简单、精确,能够有效地拓展新媒体信息传播的范围突破时空局限,受众可以方便地筛选和重组信息。

三、过程的去中心化

P2P技术追求的是网络中各节点的平等地位,因此,在P2P技术结构中,其中的意义被大大弱化,甚至完全消解,去中心化的特点得到更为充分的体现,网络传播结构的扁平化特点也会进一步凸显。因此,"去中心化"在网络传播中心已经成为现实。新媒体形成了具有自由开放性与往来互动性的、巨大的公共舆论空间。

广大受众通过网络、手机等新媒体表达形成一致性、多人共同意见的时空环境,受众通过即时沟通与交互传播形成强大的舆论,并产生强烈的社会影响,形成公共舆论空间,推动社会公共议程的发展。在报纸与受众的互动中,报纸的反映往往具有滞后性和筛选性,电视、广播与受众的互动虽然滞后性不是主要问题,但依然具有一定的筛选性。

因此,与传统媒体相比,网络互动中无费用、及时、无筛选的优点非常明显。开放的网络媒体可以将不同地区、不同行业、不同年龄的网民整合到一起,并且能够实现网民之间、网络媒体和传统媒体间的信息交互。这种开放型的信息互动使得网络舆论能够以多层次、多角度的面貌快速而深入地呈现相关议题。而网络舆论一旦发动,就会在网上以超乎想象的高速度传播。

四、"葡萄藤"现象的蔓延

在非正规的组织传播中有一种"葡萄藤(Grape vine)"现象,即小道消息传播。"葡萄藤"传播具有速度快、精度高、信息量大、反馈广等特点,这种传播常采用小群体交叉传播的形式,由于多向性和交叉性,它的传播速度和覆盖面以几何级数增长,消息很容易"不胫而走"。小道消息的负熵值较高,人们出于多种心态,留心于保存原样,使得它准确度和信息量都很高。戈德哈伯(Goldhaber.Maurice)曾指出,"葡萄藤"传播的信息,准确度高达百分之八十以上。新媒体传播中,各种意见小团体的出现,从一定程度上符合这种"葡萄藤"传播现象,比如即时聊天工具中的QQ群、MSN群,各网络社区的好友圈点评性质的网站、微信朋友圈等。

五、传播方式立体化、个性化

传统媒体往往利用文字和图片等平面媒介传递内容信息，在传播方式上形成了"中心——边缘"二元对立的格局。而新媒体的数字化、多媒体化、宽带化改变了这种传统模式，在传播方式上沿着立体化、个性化的方向迈进。

第一，传播方式渐趋立体化。新媒体集文字、图表、数据、声音、影像等多种通信媒介为一体，是具有集成性、兼容性、立体性的通信方式。这种超文本的传播手段改变了人们的阅读方式，使大众阅读呈现出快餐式、跳跃式的浅阅读特质。新媒体在进行内容传播的时候，往往将社会中的热点焦点问题及难点疑点问题分解成若干个经典片段，并配上戏谑诙谐的图片或短小精悍的视频，进行声情并茂的感性表述。这种立体式的传播手段，既抚平了各个年龄代际间的知识语境鸿沟，又对精英化、规范化的传播方式进行了抗争，实现了抢占注意力的目的。

第二，传播方式彰显个性化。新媒体时代，传播者往往利用新媒体进行分众传播、小众传播，通过"点餐式"个性服务来吸引更多的受众，不断扩大自身的社会影响力。比如，传播者利用信息技术设立门户网站、微博账户、微信账号和App 客户端。在这些新媒体中，传播者提供各种检索工具，使受众在海量信息中各取所需。同时，"受众还可以自主选择信息接收的时间、地点及媒介的表现形式"。传播者能够根据用户的需求，通过订单生产、定制推送等形式为受众提供相关信息的专门化服务。

六、传播路径的网状化、裂变化

传统的社会思潮传播路径是自上而下的倒金字塔式单向传播，即社会思潮的核心层（主要包括理论专家、高级官员、社会活动家等精英群体）在考察社会心理变化的基础上，通过讨论、验证，提炼出解决社会问题、引领社会走向的思想理论。然后，这些精英群体将他们制造的思想理论进行加工、改造，通过发表文章专著、举办论坛讲座等形式，向广大知识分子尤其是大学生群体进行定向传播，由此形成社会思潮。

在这种"传播者本位"的传播路径中，多数在场受众是被屏蔽的，受众仅仅是作为社会思潮传播的消费者而存在，缺失传播主体的地位和价值，被视为没有发言权的"草根"。与上层大、下层小的线性传播路径相比，新媒体环境下的社会思潮传播路径是中间大、两边小的橄榄式网状、裂变传播。

一方面,社会思潮的传播路径具有网状化特征。新媒体环境下,巨大的民间传播力量在网络上消解了传统的"议题设置"。当社会热点事件出现时各种意见的交流、对话和冲突在网上形成强烈的"舆论场"。精英群体根据点击率、回帖率、转发率把社会舆论的中心和心理共鸣的焦点整合出来,并把问题放大,"造成舆论力量的互动和共振,形成强大的聚焦功能"。这种强大的聚焦功能又会形成巨大的舆论冲击波,形成"民意朝向"的社会思潮传播网。

另一方面,社会思潮的传播路径呈现裂变化的特点。Metcalfe's Law(麦特卡夫定律)强调,网络的有用性(价值)随着网络用户数量的增多而呈指数增长的趋势。由此得知,分享某个话题的受众越多,这个整体的效能就越大。

在新媒体时代,社会思潮的传播线路主要有两种:一种是"粉丝"线路,即传导者在网络上发布思潮信息后,传导者的"粉丝"们都可以迅速获知信息种是转发线路,即某一受众转发了传导者的思潮信息,该信息立即同步到该受众的好友圈里,然后依次类推,实现勾连与嵌套的裂变式传播。

新媒体还有"易检索性"的特点:可以随时存储内容,查找以前内容和相关内容非常方便。新媒体用强大的软件和网页呈现内容,可以轻松地实现 24 小时在线。独特的网络介质使得信息传播者与接受者的关系走向平等,数字技术促使媒体壁垒被打破,信息共享的概率增多,信息的获取、制作成本降低。

第四节　新媒体推广传播的效果

一、传播时效性、广泛性增强,信息到达率高

新媒体技术的运用极大地加快了信息的传播速度,数字化、智能化的传播渠道对信息的解读与编码在短短数秒之内即能完成。简单化、生活化的内容大多不再需要复杂的剪辑和烦琐的后期制作与排版,有效地降低了成本。信息的快速传播增强了信息的时效性,极大地提升了现代社会信息的传播效率,时空的距离被缩短到最小。由于庞大的、积极主动的受众群体的存在,快速的信息传播也极大地提升了传播内容的到达率,受众通过各种新媒体设备随时随地地接收信息,并通过受众的人际传播或网络共享等,扩大信息的传播范围,在高速的信息

网络中实现信息传播速度、范围、到达率的最大化,具有传统媒体不可比拟的强有力的传播效果。

二、媒介环境的改变与传播秩序的重建

新媒体传播"去中心化"的特点极大地改变了传统媒介环境,导致了传播过程中媒介话语权的重新分布。传统媒体中强势的权力因素,如意识形态、利益集团、强势主体等的主导权被日益削弱,平民化、草根化、个性化主体的作用越来越明显。传播过程中传统的等级区分在平等的新媒体平台上不复存在,新媒体传播营造了更加民主平等的传播氛围,个体也拥有了更加自主的传播权力。以新媒体为中心的新传播秩序正逐渐被构建并完善起来,复杂、多层次、自由的特点比较明显。同时,在新媒体传播的秩序框架下,媒介之间的竞争也愈加激烈。

在当下这个视频直播时代,粉丝经济的主体多元化、情感货币化导向愈来愈明显,"粉与被粉"的不同关系对直播带货有着完全不同的影响和作用机制。粉丝经济(Economy of Fandom)一词始于 1992 年约翰·费斯克《粉丝的文化经济》一书,费斯克发现对于文化产业来说,粉丝是一个额外市场,他们不仅经常大量购买"衍生"产品,而且提供了许多宝贵且免费的有关市场趋势和偏好的反馈,并与文化工业争夺话语权。近十年来,视频直播的兴起使粉丝经济的模式日趋成熟和多元化。从 PC 端到移动端、从秀场直播,从游戏直播到电商直播,"直播+虚拟礼物""直播+电商""直播+服务""直播+广告"等商业模式正逐步完善。该语境下的粉丝经济的情感导向、关系连接和用户参与的特质被进一步增强,与此同时也出现了一些变化。直播带货作为视频直播技术的一个应用场景,既具有其他类别直播的共性,也拥有电商内涵的独特一面。从电商的角度来看,直播带货本质是内容营销,在传统电商中,消费者面对的是货品,而在直播的场景中,"人对货"转变为"人对人"。这意味着原本隐藏在品牌和企业背后的人格特质越来越成为影响消费决策的显性因素,人际关系理论在直播带货中发挥着越来越重要的作用。建立起主播的个人魅力和独立 IP 显得尤为重要。

三、"蝴蝶效应"——信息井喷,干扰强烈

1963 年,美国气象学家罗伦兹实验过程中发现,由于误差会以指数级增长,所以一个微小的误差随着不断推移将会造成截然不同的后果,他称其为"蝴蝶效

应"。通俗的解释是,南美洲蝴蝶拍拍翅膀,将使北美洲几个月后出现比狂风还厉害的龙卷风。今天,"蝴蝶效应"一词的内涵扩展为,指对于一切复杂系统,在一定的"阈值"条件下,初值稍有变动或偏差,将导致未来前景的巨大差异,这往往是难以预测的,或者说带有一定的随机性。新媒体传播就呈现出明显的"蝴蝶效应"。

新媒体传播具有互动性、开放性、主动性、跨地域性、草根性等传播特点,好的、正面的东西固然能积极传播,但新媒体更是危机的放大器,任何人都可通过新媒体随便地发表评论,使得危机传播的风险性成倍地放大。突发事件具有瞬间性、非预期性、破坏性等特征,处理得好可能转危为安,处理不当则会演变成一场严重危机。

网络舆论的原因很多极为偶然,有时甚至是主观臆想的推测,由于网络舆论易于出现群体极化特征,从而很可能向不合理的极端方向发展,对社会造成不利影响。海量的信息同时也带来诸多问题,如信息泄露、信息污染、信息犯罪等。网络上也充斥着不健康的、暴力的信息。此外,由于多样化的网络信息,人们在搜索引擎中常常会检索到重复的信息或者被迫在社交网站上阅读各种重复的信息。

在宽广的新媒体世界里,信息纷繁复杂且相互之间的干扰较大,传播过程中的谣言、偏颇性影响了信息的传播效果,信息在传播过程中也容易受到多种渠道的信息的扭曲。信息间的不一致与信息的重复拖延了信息有效传递的时间,一定程度上削弱了信息传播的效果。新媒体具有传统媒体无法比拟的优势,包括海量信息、时效优势、打破地域、互动性强、多媒体化等。同时,新媒体舆论传播也存在一些与生俱来的劣势,如缺乏权威性、缺乏公信力、易走向极端、不易控制等。

在泛娱乐直播获得了极速发展和经济利益的同时,其所带来的视频直播趋势和巨大的收益使得视频直播行业向着更广、更深的领域发展。现今的直播行业已经渐渐从娱乐化向专业化进阶,这代表着直播行业发展的成熟,也预示着同质化的主播势必会被淘汰。从用户需求来说,直播用户群体不断壮大,也带动了用户对直播内容需求的提升,越来越多的用户希望精准服务,细分领域不断突出,基于垂直领域内容较强的专业性,也是高纯度用户的需要。在这种情况下,模仿和抄袭显然不是这个阶段直播用户所能满足的。在激烈的市场竞争中,获得竞争优势的捷径不应是哗众取宠或挑战底线,而应该是内容差异和精准定位。

明确自我定位是产生和传播一个内容最关键的一步，而低俗化的人设不应涉猎其中。

假使我们视"网红主播"为一种产品，那应该了解的是"产品"的外观和内涵。一个外观包装精致，但内核却腐烂不堪的物品，人们在"观看"第一次之后就不会再有下文了，比如网红女主播陈一发儿在直播过程中公开调侃"南京大屠杀"和"东三省沦陷"，因言论不当被平台下架。这些网络红人无视历史、漠视生命，对民族先烈毫无底线的践踏，误导观众，造成恶劣影响，最终断送自己的职业生涯。

四、传播高效化、国际化

在新媒体时代，人类"地球村"的梦想已成为现实。人们可以通过网络等新媒体，零时差、全天候地接收世界各地的信息。因此，新媒体突破了传统媒体传播时效的壁垒，实现了高效化、国际化的通信狂欢。

一方面，新媒体的传播时效呈现高效化的特点。众所周知，传统媒体在社会思潮的传播上存在"成本大""周期长"的问题，其传播、发行等均受到时效的限制。但在新媒体时代，数字化的传播手段和智能化的发布模式省去了传统媒体庞杂的内容制作过程，使社会思潮的内容信息可以做到即时传送、随时刷新。而且，新媒体传播不再强迫受众在传播者指定的任何时间接收信息，受众可以在任何合适的时候上网调阅查询相关报道。这和传统媒介顺序播出、过时不候的传送方式相比，显然，传播权力再次从传播者手中转移到了受众手中，实现了传播效果的最大化。

另一方面，新媒体传播时效体现国际化的特征。新媒体逾越了空间的阻隔，使内容信息实现了真正意义上的全球共享和国际交融。因此，新媒体空间上的开放性极大推动了新媒体在地域上的全球覆盖，拓展了信息传播的广度和深度。新媒体信息发布趋于零时间障碍，真正实现无时间限制、随时加工发布信息。以移动互联网为依托的传播载体，以各类信息微型化、即时性扩散、国际化为主要特性的传播方式，构成了最主要的传播特点。

第八章　新媒体推广策略及实践案例

新媒体推广是基于特定产品的概念诉求与问题分析，对消费者进行针对性心理引导的一种营销模式，从本质上来说，它是企业软性渗透的商业策略。在新媒体形式上的实现，通常借助媒体表达与舆论传播使消费者认同某种概念、观点和分析思路，从而达到企业品牌宣传、产品销售的目的。

第一节　新媒体推广现状及存在的问题

一、新媒体推广现状

新媒体是继电视、报刊以及广播等传统媒体后发展起来新媒体的形态，例如抖音、微博、微信和社区论坛等等。企业一定要把自身放在整个行业联盟信息平台中，从事网络营销，开展电子商务，才可以发挥出企业的整体优势。对新市场的竞争力进行不断的聚合，对实力强大的竞争对手进行抵御，也只有企业上下都能够具有全局的观念，才可以在今后新媒体营销策略贯彻和执行的方面上奠定坚实基础。新媒体推广的优点有以下几个方面：

（1）传播的速度较快。打破传统媒体的时间空间的限制，企业可以更容易与更快速被更多受众接触，快速寻找受众目标，并短期内把企业知名度提升。

（2）交互性强。新媒体本质其实也就是人和人间的交流，即受众也可参与传播当中来，用快速、即时沟通以及互动模式进而取代单向压迫式传统广播方式。

因此，交互式让企业可以和顾客直接互动与沟通，真正意义上实现分众沟通节省成本。在新媒体的营销中，能够借助先进多媒体技术的手段，运用图片、文字以及视频等表现形式对产品与服务进行描述，因此新媒体营销花费与传统媒体营销预算相比，更为低廉且可控性更强。

（3）持续时间长。新媒体营销是新型营销的手段，能够随时随地进行，限制性小,因此企业想要对良好效果获取,就一定会要持续进行。

二、新媒体推广存在的问题

(一) 管理者对新媒体推广认识不深,重视不够

管理者的思维是很容易被固定的,在原有经营模式中停留。虽然已经开始有意识地进行了新媒体推广营销,但是其总体上对于新媒体营销并没有很明确的概念,对新媒体推广营销重视的程度也相对较低,还没有真正意识到利用新媒体对产品和品牌进行营销推广的重要性,对虚拟市场抢占、获取企业未来经营优势的重要性与迫切性认知不清,只是单纯地把竞争中心在实体市场竞争中进行集中。

目前,企业中管理者对于新媒体推广认识的程度总体上是较低的,其中认识程度最高的管理者占比仅有 13%;其次是认识程度较高的管理者,占比为 21%;认识程度较低与一般管理者占比分别是 39%和 37%。通过数据分析就可以看出,现在管理者对于新媒体认识的程度普遍偏低。也正因如此,其重视的程度会降低,对于新媒体推广并不能更好地完成。

面对层出不穷的新媒体,企业的领导层与决策者通常会不知道如何进行改进。虽然他们也同意建立了企业网站与官方微博,同时借助新媒体开展了部分营销活动,但是他们还没有充分认识到新媒体营销推广对于企业的重要性。

另外,还是把重点放在了实体的市场竞争当中,并没有把竞争重点进行转移,也没有依靠新媒体推广营销从而抢占虚拟市场,对竞争的优势获取不足。

(二) 开展新媒体推广活动少,与受众互动少

目前,虽然企业大都有自己的网站,但其内容是比较空洞的,相关的网站信息更新也不是很及时,对于相关的新媒体营销活动的开展次数也是较少的,没有发布具有针对性的不同类型的内容信息,其产生的互动效果并不理想,与受众的沟通反馈也不够及时,因此,与受众之间的互动就会减少。对于新媒体推广营销也会产生不利影响。

第二节　新媒体推广问题的解决措施

一、加深对新媒体推广认识

作为全新营销模式的新媒体营销,其影响是全方位的,比如判断哪种营销策

略适合自身定位,怎样在新媒体中寻找目标客户,如何才可以利用新媒体和客户之间进行良好的沟通。新媒体在很大的程度上对人们的生活方式进行了改变。所以说,新媒体给企业的发展速度提供了一定的基础,对于提升企业核心竞争力具有重要作用,企业领导层与决策者就需要加深对新媒体推广营销的重视程度,增强紧迫感,积极有效地推进新媒体营销。

二、完善符合消费者需求的沟通方式,优化组织结构

新媒体的出现让顾客在市场营销的活动中占据了主导的地位,这也就表明,客户能够利用各种新媒体对自身感兴趣各种的信息进行获取。只要是企业开展了新媒体推广营销,就获取了直接和市场接触的机会。市场中有任何的信息,顾客能够和商家进行直接的沟通,进而能够运用最为直接的方式把自己的想法传达给商家,实现互动式沟通。同时,依据顾客在对商品使用中遇到问题,及时、有效地对产品存在的不足进行改进,进而能够达到让顾客满意的目的。

三、培养高素质新媒体推广人才

高薪聘请具有丰富经验的新媒体采编人员,企业还可以与高等院校之间开展合作,建立相关的专业实习基地。新媒体推广营销其实就是一种新型的营销管理,其需要的是知识面广和具有较强信息意识人才的队伍。企业在人才需求方面,应该不断增强营销人员运用新媒体的意识,加强相关人员在新媒体技术方面的培养。

四、提高目标客户捕捉准确率

1. 新媒体与传统媒体有机结合

在传统的媒体中,比如说传统四大媒介——电视、广播、报纸和期刊,其都具有各自的优点,相对来讲,电视覆盖面十分广泛,对一些中老年与儿童群体,其依然是获取信息主要的渠道。因此,在对新媒体推广营销应用中,应把新媒体与传统媒体之间进行有机结合,进而能够达到最佳的传播效果,目标客户捕捉的准确率也得到了提升。

企业应把调研作为导向,了解客户的上网习惯,各地分公司及代理商应结合当地特色,利用新媒体不同媒介的形态,选择新鲜内容并及时进行信息更新,在

网络上达到覆盖目标客户的效果,及时监测并反馈客户的信息需求,快速作出调整,对现有相关团队管理进一步加强,提升捕捉目标客户的准确率,不断寻找和完善相关体制和策略,最终能够达到预期的效果。

2. 内容制胜

站在电商品牌营销角度上来讲,企业能够对具有爆款产品进行选择,利用对爆款产品炒作的同时,能够把自身企业在电商平台中影响力得到提升。因此,一个品牌在相对比较薄弱的背景中,想要在互联网中对品牌的知名度进行宣传,就一定要具有"明星"产品,利用其和其他产品进行捆绑销售。所以,在企业对新媒体推广营销的过程中,就需对内容进行更好的更新,能够更好地获取胜利,提升企业的经济效益。

3. 建立行业间企业网络联盟

目前,诸多的企业在发展中是很容易遇到瓶颈的,在资金、技术、管理以及规模等方面上也是很容易遇到困难的。对于企业来讲,单纯在一两个知名网站中对广告进行投放,虽然费用高昂,但是效果却不明显,很容易被淹没。相反,我国有诸多的专业性、特色类以及行业性网站,把这些网站组织起来,其获取的流量已经超过了门户网站。借助这种力量能够把企业广告推广在互联网中任何一个角落。

在目前竞争与合作共存的大背景下,企业的经营应该是"竞争和合作互相渗透",不论是哪种规模的企业,单枪匹马也就意味着艰难和高风险。在企业运用新媒体进行推广营销之后,其信息共享、资源互用、知识互相学习以及效率提升方面,让企业与其他企业之间合作逐渐加深。企业一定要置身于整个行业联盟信息平台上,从事网络营销,开展电子商务,从根本上发挥整体优势,不断聚合新的市场竞争力,抵御实力强大的竞争对手。也只有企业联盟上下一条心,具有全局观念,才可为今后新媒体推广营销策略贯彻和执行奠定良好的基础。

第三节　城市主题公园品牌的新媒体推广
——以"长隆欢乐世界主题公园"为例

一、传播者:长隆欢乐世界和消费者的联动传播

经过十多年的发展,长隆欢乐世界目前在广东省已经拥有一定的知名度和

大量游客。参照上文提到的品牌推广的四个阶段不难看出,在广东省的影响区域内,长隆欢乐世界已经进入品牌全盛期。这个阶段品牌已经不需要花太大的精力宣传园区的游乐设施,而更应该将重点放在对品牌文化底蕴的塑造上,使消费者在游玩时能对园区文化产生喜爱与共鸣,长隆欢乐世界不单纯是一个游乐园,而且还应成为与消费者情感的纽带并形成口碑效应,最终对长隆欢乐世界的品牌推广起到作用,这也是旅游产业最有效、最迅速的传播方式。

对于广东省外、全国范围内乃至亚洲地区、太平洋区域,长隆欢乐世界则失去了区位优势。面对欢乐谷的遍地开花,东京、香港迪斯尼人气口碑双高的不利局势,长隆欢乐世界依旧处于品牌推广的导入期,在进军全国乃至世界主题公园市场的过程中面临着诸多挑战,因此长隆需要进一步拓宽眼界,面向全国,走向世界。所以,研究出一套有价值的推广步骤是不可或缺的,这些步骤是一个初步的尝试,在经历过市场实践获得了消费者的体验与反馈后,可进一步调整和改善。

从本质上分析,除了广告宣传需要连续之外,更重要的是营销推广要以品牌化为核心。品牌有了自己的特质和灵魂,才会让消费者愿意舍近求远,跨出探寻的第一步。同样的,在积累了初期的人气口碑后,这批消费者本身也会成为传播者的一员,自发的为长隆欢乐世界进行品牌推广。

二、传播受众：年轻群体需向家庭群体转变

（一）洞察年轻群体消费意愿

根据尼尔森的调查报告显示,长隆欢乐世界主要面向的消费群体是 13 至 35 岁,有一定经济实力的学生和白领阶层,属于偏高收入群体。从消费者的角度来看,长隆欢乐世界的品牌形象偏向年轻化,消费人群局限在消费者心目中,主题公园包含休闲、娱乐和社交等功能,范围广泛。但是消费者认为去主题公园游玩就是有计划性和目的性的"旅游",因此去主题公园的频率较低。有相当一部分的旅游者表示,大约一年至一年半才会选择去主题公园游玩一次。即使准备去,也会因为时间、天气、价格、交通等外在因素影响消费者的出行计划。

对于广州本地的消费者来说,即便到达长隆欢乐世界只需要 45 分钟的车程,他们也很少去游玩。除去学生群体,其他阶层的游客大部分只游玩过一次,并且很少有再次光顾的意愿。通过搜集数据,研究人们的消费习惯可以得出,消费者在长隆欢乐世界获得了"找刺激"的需求,然而不能满足他们休闲和娱乐方

面的需求,同时园区内的硬件设施和活动的更迭速度较慢,主题公园的特点是能够让人激动兴奋,同时又让人放松,长隆欢乐世界只满足了前者,所以他们再次光顾的意愿不高。

(二) 开发家庭群体消费需求

长隆欢乐世界在进行品牌推广时,首先需要明确品牌自身定位,其次通过研究和了解目标消费者的价值观、满足消费者功能需求和情感需求,并收集消费者的反馈意见后,确定长隆欢乐世界品牌的推广方法。

对线下旅行社的调查研究显示,尽管长隆欢乐世界游乐设施比其他主题公园有刺激新颖,但是对于消费者来说,仅仅有先进的机动设备是无法满足游客的心理需求,尤其作为有目的、有计划的短途旅游来说,除了玩,吃、喝、买同样是旅游过程中较为重要的一个方面,而长隆在"玩"之外的其他设施均不完善,不能满足游客更好的需求。

旅行社也认同这一观点,从宏观层面分析,长隆欢乐世界和国内同类型的主题公园一样,从根源缺乏独特的品牌文化,也就不能为消费者创造精神上的满足感和依赖感,大多是短暂刺激的游戏体验,稍纵即逝。长隆欢乐世界的主要竞争对手——香港迪斯尼与深圳欢乐谷,都属于更适合全家老少一起去游玩的主题公园,目标受众范围更广。迪斯尼的品牌形象突出家的氛围,强调梦幻成真的游玩体验。欢乐谷着力于营造开心、欢乐、温馨的游玩感受。

与之相比,长隆欢乐世界在现阶段表现出的品牌形象则较为单一。只能吸引想要寻求心理上刺激和新鲜感的年轻人。长隆欢乐世界想要改变这一现状,必须摆脱过去过于简单的品牌形象,着力于打造适合全家游玩的生态型主题公园。不仅需要不断更新游乐设施,获得年轻群体的关注,同时也要扩大潜在客户群,吸引其他群体的游玩兴趣。在这一方面做得较为成功的是迪斯尼主题公园,它有自己的品牌文化和故事,有栩栩如生、有血有肉的卡通人物,不仅孩子会和他们产生感情,而且会唤醒成年人对于童年的美好回忆。一旦建立了情感上的羁绊,它在消费者心目中就有了意义,这也是迪斯尼能够长盛不衰的根本原因。

因此,在功能层面上,长隆欢乐世界需要考虑到除了年轻人还有其他年龄段人群的休闲游乐需求。在维持原有的世界级游乐设施的基础上,完善配套服务设施,提高服务水平。可以适当增加咖啡厅、垂钓区和小型电影院等休闲娱乐区域和设备。制定合理的菜肴价格,增加菜品的种类,提供多种档次的餐饮,可以供不同需求的人群挑选。

在游玩过程中，工作人员的服务也十分重要，园区应站在消费者的角度，改进服务质量，改善长时间排队等候的种种情况。

在精神层面上，长隆欢乐世界想要发展自己的强势品牌，必须建设自己的品牌文化，依托一定的知识产权内容，围绕内容发展园区、打造园区特色。可由主题乐园做强之后，涉足诸如电影、动画片、玩具、漫画、电子游戏、电视节目等领域，成功投资、制作，将获得口碑的内容引入园区，形成产业生态价值链，同竞争对手拉开差距，为品牌注入文化活力。

三、传播内容：打造独特的品牌内涵

（一）打造世界级的民族品牌

国内市场对本土化的内容有很大的需求空间，若是更符合高质量的要求，那么在消费者之间可以产生极大的口碑效应。长隆欢乐世界作为中国本土的主题公园，更应该将民族化作为品牌推广的重要内容。若能生产切合国人文化心理的原创内容，并依托这些内容进行主题乐园的开发、产业链塑造，形成为中国人量身定做的体验式消费，完善商业、餐饮和娱乐各项配套基础设施，将民族化内容与机动设施完美融合，足以产生可与西方跨国集团抗衡的世界级娱乐品牌。

（二）打造丰满的卡通形象

纵观全球各大主题公园，几乎每一个主题公园都有属于自己的卡通"代言人"。卡通形象的塑造不仅给主题公园增添一份生机与活力，更是成为每个主题公园最为显著的代表。迪斯尼的米老鼠、唐老鸭等众多卡通明星俨然成为了迪斯尼最大的活招牌，无数的小朋友渴望去迪斯尼亲眼见一见从动画里蹦出来的米奇，还有那些成年人也沉浸在充满童趣的氛围中。中国本土的芜湖方特欢乐世界主题公园以动画片《熊出没》的熊大、熊二为卡通形象，凭借《熊出没》这部小朋友耳熟能详的动画片，方特欢乐世界在中国本土也取得了自己的一席之地。

而方特欢乐世界曾经使用的"嘟噜嘟比"是华强集团拥有自己知识产权的卡通形象，但是经过长达数年的苦心经营也未能达到预期效果，创立一个高知名度的卡通形象，其重要性可见一斑。

长隆集团于 2010 年虎年之际推出"卡卡虎"卡通形象，并一直沿用至今，其后陆续推出琦琦和波比的老虎形象。为了丰满这个卡通形象，长隆集团围绕卡卡虎推出卡卡虎之歌和卡卡虎故事，使其更加生动可爱，贴近小朋友的生活。

（三）打造独特的品牌符号

2011年长隆欢乐世界成功举办的第一届万圣节活动取得了极好的市场反响，经过长隆欢乐世界四年的精心打造，"长隆欢乐万圣节"已经成为比较著名的万圣节品牌活动，深受广大游客的喜爱。近年来，通过自身努力地打造品牌与内容，加上通过新媒体渠道的推广，长隆欢乐世界的"万圣节专场"已经声名鹊起，其辐射影响力已经扩大到了全国范围。

每年万圣节活动期间，不仅国内的游客争相体验，连外国游客都专程前来长隆欢乐世界，感受中国风格的万圣节独特氛围。万圣节活动已经成为长隆的标志性节庆活动。在充满异域风情的节日里，大家能找到别样的乐趣。长隆欢乐世界针对年轻人群体，重点打造的万圣节系列活动已经逐渐发展成长为长隆欢乐世界旗下一个著名的子品牌，每年都吸引着无数的年轻人前来参观盛大的万圣节表演和烟花。

长隆欢乐世界将万圣节打造为独特的品牌符号，使人们一到万圣节就联想到长隆欢乐世界，这对提高长隆欢乐世界的知名度十分有利。在现阶段首先应重点打造"长隆欢乐万圣节"，使其不仅在广东省具有一定的影响力，而且在辐射范围更广的中国中部地区和亚太地区打开知名度。其次，长隆欢乐世界需逐步开展自主内容的建设，以更多独特的节庆内容进行品牌推广。

（四）打造具有价值的衍生产品

迪斯尼是品牌价值链最为完善的主题公园，其业务涵盖电影制片、媒体网络、主题公园及度假区、消费产品和软件游戏五大领域，这五大领域相互协作，不断互动，共同推进迪斯尼的品牌发展。迪斯尼的电影票房大卖后，主题公园即刻引入电影相关的人物形象、场景，吸引消费者入园体验。并在迪斯尼连锁店推出相关纪念品、玩具、服装、食品等，紧紧抓住热点。通过线上线下的宣传活动，迪斯尼让抽象的品牌形象在观众心中具体化，并且通过制造参与体验，不断扩大潜在消费者人群。长隆缺乏原创的有价值的品牌形象，现阶段可以参与文化产业投资，或与热门品牌形象合作，购买动画形象版权，注入园区，给园区以故事感，形成热点后，借机开发相关衍生产品和游戏，促进品牌推广。此外，还可以与大品牌合作，扩大品牌影响力，注重开展活动，并积极与用户互动，形成完整品牌价值体系，多方位进行品牌推广。

第四节 喜马拉雅运营分析

喜马拉雅 FM 上线于 2013 年，是一款专业于音频传播的内容分发平台，区别于其他音频类应用，喜马拉雅 FM 的更像音频付费版的淘宝，内容更加大而广，有电台、有声书、付费课程和 AI 等。涵盖了小说、相声、育儿、商业、财经等多个领域，以 PGC 和 UGC 作为主要的运营模式。

2013 年到 2015 年期间，喜马拉雅 FM 对自己的定位都是专注于电台领域，核心的运营逻辑是由主播不断去产出优质的音频内容，搭配 AI 针对不同的用户去做兴趣分发。这段时期内产品迭代的重点是怎么样让主播更好地上传自己的音频内容，如何让用户更依赖产品。而到了 16 年，喜马拉雅开始配合着知识付费做转型，不断加入了有声书、精品课、大 IP 等元素，用户规模也因此迅速激增。

一、喜马拉雅的用户画像

按平台属性将用户大致分为以下三种：

（1）大 IP 用户（爆款内容生产者）：这类用户以 MCN 机构、明星，大 KOL 为主，他们能生产出优质的付费内容，同时也拥有大批的忠实粉丝，主要诉求为依靠平台输出内容，获得更高的名气及现金收益。

（2）主播用户（基础内容生产者）：相较于大 IP 用户，此类用户的基数更大，他们通常以小网红、电台主播为主，他们在满足了普通用户获取更多更丰富内容需求的同时，内心也渴望着自己能通过平台的孵化及流量，成为下一个大 IP。

（3）普通用户（内容浏览/付费者）：普通用户浏览用户是产品里数量最多的用户群体，他们来平台的主要目的有两种，一是想寻找优质的内容，学习充电，二是打发时间，休闲娱乐，他们也是前两类用户的粉丝及收入来源。

除这些信息外，通过相关大数据平台，普通（C 端）用户的基本情况信息如下：

（1）城市白领：习惯利用碎片化时间学习，重点在于职场培训，情商提升和新鲜事收听，用户需求主要在于自我提升，偶尔也会接触娱乐型音频用以打发时间。

（2）学生群体：学习了解相关知识，如口语学习、竞赛训练等，这部分用户有大量时间和精力花费在音频产品上,但因学生的经济原因,他们的付费意愿较低。

(3)中老年人群:这部分人群的主要目的为了解自己喜爱的领域及打发空闲时间,如收听历史解读、相声、有声读物等,因身体原因,他们不能长时期面对屏幕,对文章、视频形式的内容接受度较低,更加喜欢音频形式。

(4)司机群体:司机们因职业原因,对音频类节目有熟练认知,早就是音频市场的忠诚用户,他们的需求更多是听电台、路况、新闻及音乐。

(5)其他特殊用户:如儿童、相声爱好者、育龄期宝妈等。

二、喜马拉雅的 AARRR 增长模型

从 2018 年中至今,喜马拉雅 FM 的用户已经达到一定的量级,增长逐渐放缓,面对已经逐渐处于成熟期的产品,增长已经不在是重中之重的目标,更加重要的是如何提高用户活跃及付费转化。

1. 用户获取 Acquisition:B 端 C 端同时拉动

作为平台,B 端用户和 C 端用户都不可或缺。对于 C 端用户获取,喜马拉雅的获取方式是多样的。

首先,内容拉新。在知识付费平台,用户消费的是内容,所以,内容的增长是根本。喜马拉雅的内容包括免费内容和付费内容两部分。免费内容有声书、音乐、相声、广播剧、主播电台、听头条等。付费内容有大师课、精品小课、直播微课、喜马讲书、有声书(付费版)等。从内容品类上,覆盖了书籍、儿童、娱乐、知识、生活、艺术等领域:

头部内容如蔡康永的《情商课》等自带流量,可以自然地把讲师的粉丝转化为平台的用户。粉丝也是很多知识付费平台冷启动的首批获取用户。当然,这样的风险是,一旦头部用户离开,这些粉丝也就不会是平台的忠实用户。所以,切中不同用户需求的中长尾内容也不可或缺。有声小说、相声评书、段子、娱乐、情感生活等品类的内容,虽然单品售卖难以和头部内容抗衡,但是可以吸引不同需求的用户。

其次,依靠 KOL 拉新,一些知识大 V 会自己给课程发广告。越受用户欢迎的课程越能在喜马拉雅得到更多的流量、更好的推荐位置。这种运营机制,使得喜马拉雅可以很巧妙地调动 KOL 的积极性,让 KOL 的渠道成为自己的推广途径。

另外,大型活动自带拉新属性,在触及到更多受众时,能吸引到更多新用户。比如 2018 年 1 月 1 日,喜马拉雅和浙江卫视合作了一次"思想跨年活动",请来了包括马东、高晓松、张召忠、吴晓波等大咖,以直播＋脱口秀的形式,围绕年轻人的"科技、未来、年轻、机会、成就、幸福、困惑"等年度关键词展开了一场思想碰撞。与一线卫视合作晚会对于获取电视观众具有积极意义。

广告投放也是常用的拉新手段。无论是在电视综艺还是社交平台上,喜马拉雅均有尝试。对于平台内主动入驻的内容生产用户,喜马拉雅还有专门的培训——喜马拉雅大学,教大家如何成为出色的主播,实现变现。

(1) Activation(用户激活):大数据个性化推荐

激活的定义是帮助用户体验到产品的核心价值。喜马拉雅在 2014 年就成立了大数据团队,致力于打造"千人千面"的个性化电台。新用户进入 APP 后会有标签选择的页面,由用户自主选出自己感兴趣的领域,后续还会根据用户的行为推荐可能感兴趣的内容,每个人打开喜马拉雅的页面看到的都是不一样的,确保对每个人都可以找到自己感兴趣的节目。

(2) Retention(用户留存):多载体＋社群

喜马拉雅还充分利用社群形态,希望进一步粘住用户。在付费专辑的详情页,"加群"入口非常明显。很多爆款课程的社群也很热闹。

一般来说,次日留存＞3 日留存＞7 日留存＞次月留存。用户的留存刚开始会下降的比较严重,到了后期会逐渐稳定在一个数量级上。稳定下来的这些用户基本上就是产品的活跃用户。

喜马拉雅常用的留存手段有以下三种:

① 社群:付费课程可进入社群直接与大咖进行沟通。

② 用户成长体系:在会员等级中为用户设定了可以快速达到的任务及长期任务,以奖励形式吸引用户留存。

③ 直播互动:和社群类似,用直播关联主播和粉丝的关系,作为一种留存方式。

我们以社群运营作为重点讲解。正如前文谈到的,社群就是把那些本来跟品牌没有关系的潜在会员通过线上线下的内容、活动转化为弱关系的普通用户,然后再通过社群目标、利益、机制把弱关系用户转化为强关系的超级用户。强关系的建立意味着信任的产生,因为人们总是愿意相信那些跟自己有相同兴趣、爱好相同认知的同类,尤其是朋友的口碑推荐。

社群运营的本质及核心其实为用户触点；由于私域内可触达存量用户的渠道和触点本就不多，而且由于触达的过程中需要跟用户保持较高的互动性，用户的体验度才能有较好表现，故此这个触点的价值在私域流量运营中也越来越大同时由于管理效能的提升及人群聚集效应的产生，通过社群能够快速且直观的输出内容，也成了社群运营较大的价值。

运营抓手群流量主要是线上和线下两种渠道，线上其实核心就是通过公众号菜单栏和好友邀请。喜马拉雅的线上入群路径基本是通过好友邀请入群的，在非常明确的场景设定下有较高的转化率，类似专属福利等。

在群管理上，喜马拉雅大学有不同的"有声演播训练营"，群内目前正在进行"攀登者计划"，目标群体是对于播音、主持、有声主播行业有兴趣的上班、上学群体，通过培训提升声音技能。

运营团队将1万名学员分为50多个群，平均一个群200人左右，按照10：1的比例，一个群大概有20位讲师顾问。以便学员在群内咨询问题时，20位讲师顾问无论谁看到问题，都能及时答疑。同时，人数更多的群整个氛围会更好。

运营人员以"小马老师"作为人格IP，在群内的传播内容，只针对活动信息而设计，重点做裂变和转化，流量从综合群内进行到留转化，生命周期较短，一个学习阶段活动结束，群价值度下降或选择解散。

（3）收入Revenue：多种付费模式，多管齐下

喜马拉雅的盈利模式总结下来有四种：内容付费、粉丝经济、广告收入和硬件售卖。其中，售卖内容产品是喜马拉雅最主要的盈利方式。一方面，有各种各样的知识产品，比如大师课、精品小课、直播微课等可以单独售卖；另一方面主推的会员则是将多种权益打包售卖。通过会员付费的形式，不仅让平台有了稳定的现金流，更重要的是——平台与用户确定了一种更深层的信任关系，这对于用户的留存有着重要意义。在双十一、618等促销活动已经成为电商的代表性节日，喜马拉雅也借助"123知识狂欢节"定义属于本领域的年度促销盛典。

喜马拉雅上除了众多大V的课程，还活跃着各种主播，主播的盈利模式和其他直播平台类似：粉丝在直播间为主播打赏，还需要付费加入主播的粉丝圈。

广告是很多流量平台的收入来源，喜马拉雅在广告形式上主要有三种形式：①位置广告，App开屏、首页banner等；②音频广告，在音频中间插入语音广告，也是喜马拉雅这种音频平台的特色之一；③品牌电台，将平台上的用户转化为自己的品牌粉丝，也是音频平台的营销价值之一。

喜马拉雅也同网易云一样,开发了多款智能硬件产品,主要是为了抢占下一代流量入口,抢占用户的时间和注意力。从客观上来说硬件的售卖也会带来相应收入。

(4)用户推荐 Referral:利益+社交链

知识付费解决的是大家的焦虑问题,而并不是学习问题。信息的分发经历着编辑分发、搜索分发、社交分发和算法分发,在社交分发的信息下,用户自传播,离不开微信的朋友圈分享功能。喜马拉雅以加码的形式鼓励大家分享课程——分享课程一旦被购买,可以直接得到现金,或者心仪的课程。

第五节　二手电商交易的市场中的"妃鱼"运营体系

从物质匮乏时代过渡到过剩时代,剁手"买它"成为消费常态,过剩的消费欲望、商品供应的丰富、信用卡消费的便利和办卡门槛的逐步降低、电商送货上门服务、618与双十一甚至每月一度的购物节,享受消费快感的同时也平添了物品积压负担,在信用体系的不断完善和电商基础设施成熟下,用户更加有意愿通过二手售卖的方式处置个人冗余物品获取更多置换空间,同时也会基于节约成本的考虑购买二手物品。目前,二手交易平台对市场不断渗透,二手商品也成为用户消费决策中的重要组成部分。

一、二手市场的闯入者

淘宝直播已经不是新鲜事,新疆棉带货主题,薇娅的直播间又创造了线上销售记录。李佳琦、薇娅推荐的商品物美价廉,30万的库存在几秒内被抢购一空这都是常见的事。而直播的范畴远不止于低价跑量,我们看到越来越多非标品像珠宝、手表、奢侈品等高端产品也慢慢进入这个市场。高端产品愈发需要更多销售渠道来丰富消费场景,普通图文的形式很难介绍清楚高端商品的特点,让专业的人来直播卖货效率会提升很多。

在中国,二手奢侈品市场在 2017 年的市场交易规模达 800 亿,并且每年以40%的速度快速增长。但是相较于一手奢侈品的交易规模,二手奢侈品交易完全处于起步阶段,还有广阔增长空间。直播成为二手奢侈品销售渠道很好的补充形式。

作为二手市场的"闯入者",妃鱼是一个闲置奢侈品直播买卖平台,妃鱼为高消费人群提供高性价比的奢侈品、手表、珠宝首饰等时尚单品。同时,为个人用户提供奢侈品寄卖和回收等极速变现服务,及赋能线下二手奢侈品门店,通过直播把线下场景扩展到全网。

从 2017 年 1 月至 2020 年 2 月,妃鱼已完成四轮融资。分别为:2017 年 01 月 25 日获得御乾天使的天使轮融资;2017 年 5 月 31 日获得东方网、君联资本 Pre-A 轮融资;2018 年 11 月 19 日获得上海打水漂投资有限公司战略投资;2020 年 2 月 28 日获得五岳资本、经纬中国、君联资本数千万美元 A 轮融资。

二、专业化的主播成长机制

妃鱼从 2016 年就进入了淘宝直播,当时整个淘宝直播都处于起步阶段。不过,最早两年妃鱼专注在国外奢侈品直播代购上,在里昂、巴黎、佛罗伦萨等地都建立了 BD 团队,也培养了一批海外主播。

目前,妃鱼有自营主播 60 多位,每天 60 多场直播,数千件奢侈品上新。面对每天这么大流量的粉丝,与标品的淘宝主播不同,妃鱼更注重主播对于奢侈品时尚度的把握,根据每个人的风格划分标签。内部也已建立起了较为完善的主播筛选——培训——成长机制。随着粉丝们的信任感增强,对于更高价位的高级腕表也有了更多需求——不仅限于计时,而是集功能、时尚、价值、身份于一体。专业领域的资深讲师为主播和相关岗位人员授课,加强对主播在直播过程中对商品知识点的培训。

比如,在去年 6 月上旬,妃鱼邀请到了轻工业钟表研究所培训中心的资深讲师为主播和抖音中古运营核心成员们授课。培训中,行业讲师分别从钟表的起源、顶级腕表术语、腕表认证体系、腕表日常保养及佩戴常识、腕表品牌档位分级、腕表各部分名称的准确表达、腕表集团及家族品牌介绍等方面进行讲解,让主播及相关工作岗位人员自身对于腕表的知识有了更多的积累,为提升直播的专业度十分重要,不仅直接影响了直播间的状态,还能在选品上用更专业的角度去审视,而且给粉丝带来更多的专业讲解。比如对腕表类目更加熟悉了,对产品特点更加掌握了,在直播间也会更加游刃有余,表达精准。

三、搭建自主供应链体系

积累了两年的直播运营经验的妃鱼,建立起了"C2B2C + B2C"的供应链体系,与线下数百家二手奢侈品店展开稳定合作,店家可以寄售商品或者妃鱼派主播到店直播;B 端在其中起到了不可替代的鉴真、清洁与翻新等作用。对于大 B 店妃鱼会在店内开设直播间直播,小 B 和 C 端用户则可以选择寄售模式。C 端买家也可以寄售自己的包包等,目前 C 端货源已经占到约一半的比例。妃鱼每天在库的 SKU 两万多件,每天上新数千件。

而与其他二手奢侈品平台最大的区别是,买家和卖家之间的信息透明化,妃鱼会通过鉴定后为商品定价,可以提前垫付给卖家,用同样的定价出售给买家,妃鱼只赚取售卖商品的服务费。同时,妃鱼的卖家和买家之间并没有明确的界限,直播时主播会强调粉丝既可以买也可以卖,妃鱼三分之一的买家会来平台二次售卖。

针对二手奢侈品行业假货横行的痛点,妃鱼搭建了完善的鉴定体系来解决消费者的后顾之忧。妃鱼与中国检验集团奢侈品鉴定中心合作,携手规范和净化闲置奢侈品交易市场。妃鱼每件商品会先通过对应品类的鉴定师,经过内部三重鉴定,再由中奢中心复检出具鉴定证书。只有在确定 100% 正品的情况下,才被允许入库销售,并且承诺假一赔三。

四、二手经济是生活方式与消费主张的侧面写照

在 C2C 二手交易平台,大多数卖家关注着自己挂出商品最终售出的比例、售出速度以及获得的收入。这三者之间互相影响,定价是否合理,很大程度会决定物品售出的多少及快慢,而物品卖出后也会提升卖家的定价经验。追求闲置物品的变现价值也是很多卖家售卖二手物品的初心。

在平台买断式 C2B2C 上,由于采取了卖家申请寄卖——平台鉴定回收——买家下单——平台发货的模式,平台可通过对商品各方面的判断进行估价回收。

由于 C2B2C 平台交易的商品品类大多为单个商品且价值量较大,相对标准化的商品,例如 3C 产品和时尚奢侈品的定价逻辑相对其他品类具有更多参考性。

对于这些品类商品,卖家也会更重视现金收益,C2B2C 模式平台使卖家交付更加便捷,较为统一的定价体系也保证了卖家的收益预期。

二手交易是否发达也是一个社会经济和消费文化发达与否的标志。在北美、欧洲等地的发达国家,闲置市场对零售的渗透率相对较高,二手买卖、闲置交换是一种自然、环保、简单的生活方式。这种崛起超越了单纯的交易类经济行

为，同时赋予了集物品零售、物物交换、消费主张、契约精神、圈内社交、环保公益等价值于一身的社会消费演进方向。

电商最重要的根基之一是信用体系，二手交易则更是如此。经济发达的社会都会配套有成熟健全的信用体系，从而避免了虚假信息，有效降低沟通成本、买家的风险成本，进而提高了闲置物品的交易效率。如果能够充分利用二手交易平台实现闲置物品的二次周转，消费者购买一手物品的试错的成本将会得到降低，也将有更多机会享受简约的生活方式。

结　　语

我们现今所说的新媒体,是指建立在数字技术处理信息的基础之上的数字媒体。它除具有报纸、电视、电台等传统媒体的功能外,还具有交互、即时、延展和融合的新特征。比如,包括数字化、互联网、发布平台、编辑制作系统、信息集成界面、传播渠道和接受终端等要素的网络媒体即是一种典型的新媒体。网络媒体的用户既是信息的接收者,又是信息的提供和发布者;网络媒体已经不仅仅属于大众媒体的范畴,而是全方位立体化地融合了大众传播、组织传播和人际传播方式。当然,新媒体并不是终结在数字媒体这样一个平台上。科学技术在发展,媒体形态也在发展,新媒体的概念也在不断发展。

新媒体正改变着世界。控制论的创始人维纳曾经说过:任何一个系统的活力都表现在它与外部世界信息交换能力的强弱。媒体是人类自身这个系统与社会交换信息的主要渠道,因此研究媒体就是研究人类自己。在传统媒体时代,人们就开始大量获取信息,但是基本上是被动的。在新媒体时代,人类海量地获取信息,而且是主动的,交互式的,这是一个突变。渐媒体不仅正改变着人类对外部世界的认识,更重要的是正改变着人类对自身的认识能力和认识权力的理解和认识。新煤休对于人类社会的深远影响和本质内涵将在未来一段时间内更加清晰地表现出来,因此非常需要有志者从不同的侧面给予研究。

参 考 文 献

［1］肖勇.赢在新媒体：谁动了传统媒体的奶酪［M］.北京：东方出版社,2007.

［2］肖凭,文艳霞.新媒体营销［M］.北京：北京大学出版社,2014.

［3］周丽玲,刘明秀.新媒体营销［M］.重庆：西南师范大学出版社,2016.

［4］黄河,刘琳琳,王芳菲.新媒体管理［M］.北京：中国传媒大学出版社,2015.

［5］石本秀,蔡郎与.新媒体经营管理［M］.北京：中国传媒大学出版社,2012.

［6］刘小华.互联网+新媒体：全方位解读新媒体运营模式［M］.北京：中国经济
      出版社,2016.

［7］伊斯门.媒介内容策划与运营［M］.北京：清华大学出版社,2011.

［8］刘芸畅.新媒体营销+：互联网时代的娱乐营销解密［M］.北京：中国文史出
      版社,2015.

［9］陈永东.赢在新媒体思维：内容、产品、市场及管理的革命［M］.北京：人民邮
      电出版社,2016.

［10］李海刚.新媒体营销密码：开启全联接时代新思维［M］.北京：电子工业出
      版社,2016.

［11］讲武生,文汐.城市新媒体营销［M］.成都：西南财经大学出版社,2014.

［12］唐乘花.数字新媒体营销教程［M］.北京：清华大学出版社,2016.

［13］哈筱盈,理查德·甘那.全球网播：新媒介商业运营模式［M］.北京：清华大
      学出版社,2009.

［14］喻国明.传媒公信力：新媒体变革运营规则［M］.昆明：南方日报出版
      社,2007.

［15］周鑫.人性传播：+新媒体营销,让你的产品迅速卖脱销［M］.北京：电子工
      业出版社,2016.

［16］于文飞.玩的就是新媒体：传统企业营销转型制胜法则［M］.北京：人民邮
      电出版社,2016.

［17］沃泰姆.奥美的数字营销观点：新媒体与数字营销指南［M］.北京：中信出